中国语言文学
一流学科建设文库

"马克思主义文学批评的中国形态研究"系列丛书

主 编 胡亚敏

马克思主义文学批评范式研究

MAKESIZHUYI WENXUE PIPING
FANSHI YANJIU

孙文宪 著

人 民 出 版 社

总　序

　　"马克思主义文学批评的中国形态研究"丛书从 2011 年国家社会科学基金重大项目立项到 2019 年交付人民出版社，历时八年，若从 2009 年提出这一构想算起，则有十年之久，时间或许还更早。之所以提出建构马克思主义文学批评的中国形态（以下简称"中国形态"），是因为处于转型期的当代中国在文学和文化建设上有不少问题需要研究，这些问题不可能完全从经典马克思主义那里找到现成答案，也不可能仅靠异域的西方马克思主义文学批评来应对。中国马克思主义文学批评必须建构自己的话语体系，才能有效地面对和研究中国当代的文学现象，也才可能在与西方马克思主义文学批评家的对话中具有话语权。立项以来，课题组主持召开了以"马克思主义文学批评的中国形态研究"为主题的两次国际学术研讨会和一次国内学术研讨会，以及若干小型专题研讨会，发表了 77 篇学术论文。2018 年 5 月，"马克思主义文学批评的中国形态研究"重大项目顺利结项。2019 年 2 月，"马克思主义文学批评的中国形态研究"系列丛书获 2019 年度国家出版基金资助。

一

　　建构一种既有鲜明特色又具有普遍意义的中国形态是一项十分艰巨的任务。作为首席专家，我在申报这一重大项目时，与课题组成员商议，初步确定从四个方向入手，即探讨经典马克思主义文学批评范式，梳理和辨析马克思主义文学批评中国形态的历史进程，考察中国马克思主义文学批评在西方的传播和对西方学者的影响，探究和提炼马克思主义文学批评中国形态的理论特质。这四个方向既有各自的研究领域和重点，又以中国形态为聚焦点，构成一个相对完整的有机整体。经过这些年的艰苦努力，这一构想基本得以实现。呈现在读者面前的这套丛书共6部，分别为《马克思主义文学批评范式研究》（孙文宪著）、《走向资本批判视域的经典马克思主义文学批评》（万娜著）、《马克思主义文学批评中国形态的历史进程》（黄念然著）、《中国早期马克思主义文学批评形态研究》（魏天无著）、《"毛泽东主义"与阿尔都塞》（颜芳著）、《马克思主义文学批评中国形态的当代建构》（胡亚敏著）。

经典马克思主义文学批评范式研究旨在为中国形态提供理论根据。这一研究方向完成了两部著作。孙文宪的《马克思主义文学批评范式研究》从马克思恩格斯的文学批评与其哲学、政治经济学之间的互文关系以及围绕"艺术生产"所形成的话语特点等，阐述马克思主义文学批评作为一种自成系统的、有别于其他批评理论的文学研究范式所具有的性质、特点与功能。万娜的《走向资本批判视域的经典马克思主义文学批评》则通过细读马克思的四部与政治经济学密切相关的著作，从政治经济学这一特殊视域来研究马克思的一些新的理论或概念的发展脉络，以及这些变化与马克思主义文学批评的内在联系。

中国形态的历史研究重在考察和总结中国形态的历史经验。黄念然的《马克思主义文学批评中国形态的历史进程》和魏天无的《中国早期马克思主义文学批评形态研究》分别从史论结合和个案分析两方面展开。前者将中国形态的发展分为三个阶段，即中国形态的发生和毛泽东文艺思想的形成（近现代之交至新中国成立）、中国形态的发展与变异（1949年至"文革"结束）和新时期以来中国形态的建构实践，总结了中国形态在不同阶段的基本特征及得失。该书既纵向梳理了中国形态的历史风貌，又横向对马克思主义文学批评中国化的复杂态势作了整合，从历史和逻辑两方面对中国形态的发展史作了比较全面的描述。后者是对早期中国马克思主义文学批评家的个案研究，该书选择了七位有代表性的批评家，从文学批评形态入手，深度解读了这些批评家的批评理念和批评实践，通过这些鲜活的个案展示中国马克思主义文学批评萌芽阶段的状况以及形成具有中国特色文学批评形态的过程。

中国形态与西方关系这一方向的成果为颜芳的《"毛泽东主义"与阿尔都塞》，该书采用比较文学流变研究视野，探讨以毛泽东同志为主要代表的中国共产党人的哲学、文化和文艺思想对西方思想家的影响。她将研究对象集中在毛泽东思想与阿尔都塞的理论建构之间的关系上，厘清毛泽东的辩证法和意识形态思想如何通过跨文化的"理论旅行"参与生成了阿尔都塞的相关理论的过程，并逐一辨析阿尔都塞的辩证法和意识形态中的相关术语、范畴和理论对毛泽东思想的阐释、误读及创造性转化，为理解中国形态的理论特征提供了来自西方批评家的视角与参照。

中国形态的理论成果为胡亚敏的《马克思主义文学批评中国形态的当代建构》。该书致力于建构中国形态的理论特质，提炼和阐发了人民、民族、政治、实践等多个标志性的核心概念，并对当代社会出现的一些亟待解决的时代课题如文学与高科技、文学与资本、文学批评的价值判断等作了深入探讨，提出了一些有价值的观点和策略。这些具有中国特色的范畴和打上时代印记的问题各有侧重又互相交织，构成中国形态区别于其他形态的显著特征。

本套丛书的作者全部为华中师范大学文艺学教研室教师。华中师范大学有研究马克思主义文学批评的传统。1978 年 12 月，华中师范大学与中国社会科学院、中国人民大学联合率先成立"全国马列文论研究会"，华中师范大学为驻会单位。经过几十年的建设和几代人的努力，马克思主义文学批评已成为华中师范大学文艺学学科的主攻方向，并逐步形成了一支富于开拓和协作精神的学术团队。教研室的老师们虽有各自的研究方向和理论兴趣，但整个团队有长期合作的经验，大家能够齐心协力地投入到马克思主义文学批评的研究和教学中。这种投入起初也许出于承诺和责任，如今则成为一种理论自觉，因为老师们在研究中逐步认识到马克思主义文学批评具有其他文学批评所不具备的优势。马克思主义的历史视野和辩证精神为全面考察文学的产生、存在和发展提供了先进的理论指南，使文学研究真正成为一门科学；并且马克思主义是从超越资本主义生产方式的高度研究资本主义的，它所具有的革命性和批判性在当今世界仍具有阐释的有效性和现实的针对性；特别是马克思恩格斯所揭示的历史发展的必然规律和人类社会远景，成为激励大家前行的精神力量。

二

本套丛书对马克思主义文学批评的中国形态作了富有开拓性的总结和建构，在研究范式、研究方法和研究思路上有新的探索，产生了一批具有理论深度和现实针对性的研究成果，彰显了中国马克思主义文学批评的特色和理论贡献。本套丛书不仅是对中国形态的概括总结，而且是对世界马克思主义文学批评的丰富。

提出建构中国形态是本书的开拓性尝试。这里"形态"不是模式，不是一种固定或可以套用的样式，而是一种具有整体性和创造性的开放类型。"马克思主义文学批评的中国形态"作为一个特有的概念，之所以不同于俄苏或西方马克思主义文学批评，也就在于"中国形态"本身是一种具有区别性特征的整体性构架。这种整体性表现为即使研究某一个或两个问题，都直接影响或关联到整个形态系统。也就是说，中国形态的建构既不是孤立的分门别类研究，又不是形态内部各部分的相加，而是以整体性的面貌出现的。这种整体性又与差异性相关，中国形态的整体性是一种具有原创性的差异研究。在这一点上，"中国形态"的研究特色与阿尔都塞提出的"问题域"比较接近。阿尔都塞曾说，马克思与黑格尔、费尔巴哈的区别不是继承或扬弃的问题，而是由于"问题域"不同而形成的整体的差异性。并且，中国形态是生成性的或者说是建构性的，它始终处于不断发现和不断实践的过程中。将中国形态作为新的问题意识和研究对象，是这套丛书的重要特色之一。

本套丛书在研究视野和研究方法上也有一些新的开拓。经典马克思主义文学批评具有鲜明的意识形态性和多学科性。在研究中，《马克思主义文学批评范式研究》一书努力摆脱用现有的或西方的文学理论来解读马克思主义文学批评的思路，另辟蹊径，强调经典马克思主义文学批评具有自身的文学观念、理论基础和研究对象，并且主张文学活动与社会政治、经济体制的关系应成为文学批评关注的重要内容。该书在经典马克思主义研究上还作了跨学科的尝试，即将经典马克思主义文学批评纳入哲学、美学、政治经济学、社会学等知识背景中，为经典马克思主义文学批评的理论阐释搭建了一个视野开阔的知识平台。当然，这种探索仅仅是起步，在研究后期我们越来越强烈地意识到，还需要进一步加强对经典马克思主义文学批评与其他学科相关性和有机性的研究。《走向资本批判视域的经典马克思主义文学批评》一书力图避免以往在引用马克思恩格斯观点时忽视其思想是发展的这一事实，将经典马克思主义文学批评还原为一个动态的、历史建构性的、逐步成熟的过程。该书在文本细读的基础上，重新阐释了经典马克思主义文学批评与马克思政治经济学中的"劳动""生产""分工"等概念的关系。例如，书中具体分析了"劳动"这一概念的内涵在马克思政治经济学语境中的发展脉络，以及这些变化对马克思主义文学批评性质的影响。把握经典马克思主义的思想发展也是今后我们在经典马克思主义研究中需要注意的又一重要方面。

中国形态作为一个正在形成的批评模式，有责任向世界推出一批有自身理论特色的概念和话题。《马克思主义文学批评中国形态的当代建构》一书承担了这一任务，提炼和阐发了一些具有中国特色的批评概念。"人民"就是一个被中国形态注入了新质的概念。人民作为中国革命和建设中的阶级集合体，不是一个抽象的同质符号，而是由千千万万真实的个人组成的历史主体，"以人民为中心"成为中国形态的鲜明特点。该书对"民族"概念作了重新阐释：英语 Chinese Nation 对应的是统一的多民族的"中华民族"；中国形态的"民族"是一个历史范畴，民族的核心是文化，民族认同和民族精神是民族维度的核心尺度。该书还将"政治"概念从阶级延伸到作为人的解放的"政治"，并在政治与审美的关系上作了超越批评的外在和内在疆域的探索。"实践"作为唯物史观的核心范畴，在中国形态中被置于十分重要的位置，中国形态的实践观更注重从主体方面去把握实践，理想的实践活动是主体的超越性和历史的规定性的矛盾统一。该书还对当今文化和文学建设中出现的问题作了创造性的思考。在文学与科技的关系上，该书指出了高科技对文学创作的革命性影响和科技的意识形态建构功能；对市场经济条件下文学的性质进行重新定位，指出文学不仅具有审美属性和意识形态性，而且具有商品属性，文学的精神品格在艺术生产中具有优先权；针对当今文学创作和批评的价值判断缺失或失范问题，该书以马克思的社会理想为基础重建价值体系，提出考察作品应以是否有利于人的全面发展作为价值判断的根本准绳。

本套丛书在史料发掘、清理和辨析上也有新的特点和收获，具体包括两个方面：一是对马克思主义文学批评在中国的传播、论争、著作出版等史实作了梳理、辨析和拓展；二是有关毛泽东哲学、文化和文艺思想对西方思想界的影响的资料收集。《马克思主义文学批评中国形态的历史进程》对马克思主义文学批评在中国早期的传播与译介、对现代文学社团关于马克思主义文艺理论的著述、对文艺民族形式论争和延安时期文学社团成立等事件的梳理和总结，均为中国马克思主义文学批评研究提供了有价值的史料参考。《中国早期马克思主义文学批评形态研究》通过研读批评文本，辨析、澄清马克思主义批评家与其他批评家在历次文艺论争中立场、观点的分歧，探讨文艺与政治、文艺与现实、文艺与阶级性、文艺与大众、文艺的内容与形式等马克思主义批评中的重大理论问题，为当代中国马克思主义文学批评的创新发展提供了历史镜鉴。有关毛泽东思想对西方影响的史料收集是丛书的又一个亮点。《毛泽东思想与阿尔都塞》通过收集阿尔都塞历年公开出版物中涉及毛泽东著作的史实，证明阿尔都塞对毛泽东及其著作的关注和接受不是个别作品和个别时期的现象，而是纵贯其三十多年学术写作生涯，是一种持续的、密切的和深度的关注和接受。该书还尝试厘清阿尔都塞在重建辩证唯物主义和历史唯物主义的若干范畴时对毛泽东思想所作的吸收和转化等。

三

中国形态的建设既是一项具有学术开创意义的研究，又是一个不断建构的过程，或者说是一个不断探讨和发展的领域。提出一个新的研究领域和范式固然不容易，而真正作出有重要学术价值的思想成果更是需要付出异常艰苦的努力。今后我们将在研究思路和方法上作进一步调整，从经典文本再出发，探讨经典马克思主义与当代中国文学批评之间的内在联系，并逐步形成对西方马克思主义文学批评的超越。

从整体的和发展的观点研究经典作家的文本，是我们正在做并且准备继续做的工作。我们将会重返经典文本，将马克思主义文学批评置于马克思的整个理论体系中，以求更为完整准确地把握经典马克思主义文学批评的特质和内涵。马克思首先是一位革命家，他对文艺的关注是与他对无产阶级革命的思考紧密联系在一起的，他的文学批评是其革命活动的一个组成部分。马克思恩格斯关于文学艺术的论述多夹杂在有关社会问题的评述中，与他们所从事的哲学、政治经济学、历史学等学科的研究交织在一起，并且马克思恩格斯的批评理论和实践多散见于不同文稿、笔记或书信中。因此，只有回到经典文本的初始语境，以跨学科的视野作综合研究，才能避免对经典马克思主义文学批评理解上的片面和疏漏。同时，整体研究又需要与经典作家的理论发展联系起来。我们面对的是一个在崎岖山路上不断攀登和探索的马克思，他的理论兴趣在不同阶段随着研究的需要不断转移，其思想观念也有所改变和发展。马克思关于文学批评的观念也经历了一个发展的过程，其中既有范式的转换，又有认识的深化。并且有关马克思的著述也处于不断发现、更新和变动之中，《马克思恩格斯全集》第二版的编辑和出版就充分说明了这一点。因此，我们需要在马克思的整个知识语境和思想发展历程中把握马克思主义经典文本群的丰富内涵和思维轨迹。

经典文本语境的研究还需要扩展到文本产生的写作环境和文化传统中。深入了解经典作家写作的那个时代的社会性质和特点，包括当时的现实状况和工人阶级运动、马克思的个人际遇以及马克思与同时代人的关系等，将会更加深切地体会和理解经典作家提出问题的缘由和针对性。不仅如此，经典马克思主义植根于西方文化传统之中，马克思的博士论文《德谟克利特的自然哲学和伊壁鸠鲁的自然哲学的差别》研究的就是德谟克利特和伊壁鸠鲁这两位著名的古希腊学者。我们在考察经典马克思主义的理论来源时，应该从19世纪德国古典哲学、英国古典政治经济学和法国空想社会主义的基础上延伸，把马克思主义文学批评的思想来源与"两希"（古希伯来文明与古希腊文明）以来的西方文化传统联系起来，辨析整个西方文化传统对马克思的浸润和马克思对这些思想文化的批判和吸收。简言之，只有把马克思的思想置于西方文化和历史的长河中考察，才有助于更加全面地把握经典马克思主义文学批评深邃的理论内涵。

关于中国形态与经典马克思主义的关系问题，是下一步有待认真思考的又一问题。21世纪的今天不同于20世纪，更不同于19世纪，由于文化传统和时代的差异，中国马克思主义文学批评不可能完全复制19世纪的经典马克思主义，但也绝不是像西方有些学者所说的那样，毛泽东的理论是对马克思主义的一种"偏离"(Divergence)①。一方面，中国形态始终保持着与经典马克思主义在精神上和血脉上的内在联系；另一方面，又不能把马克思主义视为一种固定的体系，正如詹姆逊所说，那些将马克思主义作为永恒不变的观念系统的看法是对马克思主义的误解，"在它凝固为体系的那一刻便歪曲了它"②。

理论的发展和突破需要反思。马克思本人就是在对黑格尔、费尔巴哈、欧文、亚当·斯密等人的理论的吸收和反思基础上形成和提出自己的观点的，并且马克思也有对自身理论的反思。马克思主义诞生一百多年来，西方马克思主义的诸多理论观点也多是在反思经典马克思主义的过程中展开的，如他们反对照搬第二国际、第三国际的一些理论，根据西方社会的发展和需要提出一些独树一帜的观点，包括总体性理论、意识形态理论、文化工业理论、交往理论、异化理论、新感性和晚期资本主义等。尽管西方马克思主义的有些观点有偏颇之处，但这些学者针对西方社会问题提出的理论和对策，无疑延续并强化了马克思主义的生命力。中国形态同样需要有一种反思的态度，根据中国国情对经典马克思主义文学批评的一些观念或概念有所调整和发展，同时也需要从中国立场反思西方马克思主义文学批评，辨析和批判西方马克思主义对经典马克思主义的重构和遮蔽，并在对西方马克思主义的反思中逐步彰显中国特色。

理论的价值在于在场，批评应该对现实发言。中国形态将在反思的基础上，努力运用马克思主义的立场方法研究当代社会和文化中的新问题，并作出引领时代的新阐发，形成具有自身理论特质的体系和观点。卢卡奇在《历史与阶级意识》一书中明确表示，马克思主义不是一个现成的能够应用于一切场合的公式，而是方法。即使现代的研究完全驳倒了马克思的全部命题，"每个严肃的'正统'马克思主义者仍然可以毫无保留地接受所有这种新结

① Catherine Lynch, "Chinese Marxism", *Encyclopedia of Modern Political Thought* (Volume 1), Gregory Claeys (ed.), Los Angeles & London: CQ Press, 2013, p.130.
② [美] 弗雷德里克·詹姆逊：《语言的牢笼 马克思主义与形式》，钱佼汝、李自修译，百花洲文艺出版社 2010 年版，第 306 页。

论，放弃马克思的所有全部论点，而无须片刻放弃他的马克思主义正统"①。"正统"绝不是坚持马克思所得出的每一个个别结论，而在于方法。在新的历史条件下，中国形态将随着社会的发展和时代的变化不断调整和产生新的理论、新的范畴，以回应时代之问。而这种对马克思主义的发展才是对马克思主义的最好坚持。

最后想说的是，一路走来，要感谢的人很多。感谢全国社科规划办和评审专家的信任，感谢鉴定会上九位学者的肯定和鞭策，感谢人民出版社和国家出版基金规划管理办公室的大力支持。所有这一切我们都铭记在心，唯有以在马克思主义文学批评研究的道路上继续前行，来表达我们的谢意和敬意！

胡亚敏

2019 年 6 月 6 日于华大家园

2019 年 6 月 30 日（二稿）

---

① ［匈］卢卡奇：《历史与阶级意识》，杜章智等译，商务印书馆 2009 年版，第 47—48 页。

目　录

引论：重读马克思

　　无论是把马克思文艺思想的解读与阐释作为一个认知的历史过程来考察，还是在实践层面上检讨这种诠释对中国马克思主义文学批评所产生的实际影响，都让我们的反省聚焦为这样一种认知：要推动中国马克思主义文学批评的发展、深化与创新，我们必须重读马克思。

一

　　形成这一认知，强调重读马克思是发展中国马克思主义文学批评必须具备的思想前提和理论基础，是因为在业已形成的关于马克思主义文学批评的各种知识中，有太多的内容实际上来自后人的建构，其中虽然也有符合或者接近经典作家思想观点的诠释，但更多的解释却因为受历史语境和理解条件的限制，不可避免地掺入了解释者个人演绎的成分，它们与马克思的文艺思想并不完全吻合，有些甚至相去甚远。所以，不管解释者的主观意愿如何，这些知识在客观上对理解马克思的文艺思想和马克思主义文学批评，都会产生彰显与遮蔽并存的效果。从哲学解释学的角度讲，由于任何解释都是在理解的参与下实现的，演绎成分的存在几乎无法避免。就此而言，说演绎是解释的题中必有之义也不为过。可是对马克思的文艺思想和马克思主义文学批评理论的研究来讲，演绎与理解的这种并生关系，却因为涉及作为阐释依据的文本而变得复杂起来。这让我们不得不把各种阐释和与之相关的文本意识结合在一起，作为一项必须予以考量的要素，纳入马克思主义文学批评理论的研讨之中。于是，不仅是马克思所表述的文艺思想，而且包括读解其文艺思想所依据的文本以及各种阐释方式，共同构成了我们的研究内容。研讨格局的如此设置也可说明，重读马克思之所以被我们视为展开研究的逻辑起点和知识基础，原因就在于重读直接关系到文本问题的解决。

这里所说的文本问题，是研究马克思主义文艺理论必须面对也不可能绕开的一种情况，指的是在马克思的著述中，关于哲学、经济、社会、历史、政治、法律、新闻等话题，都有具体、完整的阐述；即使在某些问题的论述上，马克思并不一定都像他的政治经济学研究和哲学研究那样，已经形成了严谨的理论系统，但还是留下了涉及重要话题、由相对翔实的论证过程所构成的各种文本，从而给相关研究提供了较为系统的文献资料。相比之下，马克思文艺思想的研讨却没有这种可作直接对象的文本基础。从现有的文献材料看，在文学艺术问题上马克思并没有做过系统化的理论阐述，而且与之相关的讨论还往往是在阐述其他非文艺问题的过程中才涉及的。因此从现象上看，马克思关于文学艺术问题的各种阐述，除了极少的话题之外，一般都是以尚未充分展开的片段形态呈现的，相当多的文论话语都有近似语录的文体特征，缺少甚至没有理论文本应有的分析论证过程。于是，如何认识马克思表述其文艺思想的文本特点及其特有的文本性（textuality），进而确定相应的读解策略，便成为阐释马克思文论话语的关键，也是梳理马克思与马克思主义文学批评之间的关系首先需要解决的问题。可以说，在马克思主义的研究中，恐怕只有文艺理论的研讨才会遭遇这样的文本难题，以致造成在研究和阐发马克思主义文学批评理论的历史过程中，理解分歧的发生和由此引发的各种争论，几乎都和这类文本问题纠缠在一起。如何确定研讨马克思文艺思想的文本基础，采取怎样的解读方式来分析他的文论话语，始终或隐或显地左右着马克思主义文学批评研究的走向。

文本问题的提出始于文学批评；不过正像致力于"文本认识论"研究的格雷西亚所说，文学批评所关注的文本问题，主要集中在"关乎解释、作者权（authorship）以及读者在决断文本的意义和功能方面所扮演的角色"上，讨论的话题是在理解文本意义的时候，如何认识作者、读者与文本三者之间的关系。可是如此展开的研讨却忽略了，关于文本性质的认识实际上也会影响到对文本意义的理解和发掘，所以格雷西亚主张在哲学层面上切入讨论，把"文本是什么"以及"文本如何发挥作用"这类形而上的思考引入文本研究，通过"去探讨诸如文本的性质、文本的理解和解释以及文本在重现过去时所起的作用这样一些问题"，进而形成"一个全面的、连贯一致的、系统的、关于文本的性质和功能的看法，即一种文本性理论"①，以此打开理解文本意义的思路。格雷西亚认为，在文本性理论所讲的各种关系的交织中展开的研究会让人们发现，文本的意义并非仅仅取决于语言的表述与读解，人们对文本意义的理解同时还和文本的性质与功能、和意义生成的各种语境以及语境之间的关系、和文本符号的构成与使用等，都有密切的关联。比如说按照通常的看法，对语言本身的读解在文本意义的确认上起着决定性的作用，可是文本意义的形成"既与文本相关，也与理解行为相关"②，而理解行为却涉及更复杂的关系、不得不受"文本约定性"的限制就是其中之一；"文本的约定性是指文本的意义与构成文本的实体之间的关系……它们之间的联系来自那些将构成文本的实体用作文本的符号和构成要素的人所建立的约定"，所以"符号排列的语义意义以及语境的作用也都具有这种约定性特征"③，对语境和符号的分析也因此进入了文本意义形成机制的考察视野。格雷西亚关于文本及其意义生成机制的这些分析，对我们如何认识马克思文论话语的文本特点及其文本性，以及在这个基础上探讨这些话语的深层语意，都有一定的启发。

反省现有的马克思文论话语研究中几乎已成模式的那种阐释路数，所欠缺的就是对文本及其意义生成机制的研讨，其主要表现为读解活动往往把马克思言及文艺的那些话语直接作为理解其文艺思想的文本依据，却放弃了对话语意义生成过程的分析与研讨，以致让自己的读解只是滞留在字面意义的阐述上。所以在读解马克思的文论话语时，这种阐释模式几乎从不涉及话语和语境的关系，也不讨论马克思的文论话语和他理论研究话语

---

① ［美］格雷西亚：《文本性理论：逻辑与认识论》"序言"，汪信砚等译，人民出版社 2009 年版，第 2 页。

② ［美］格雷西亚：《文本：本体论地位、同一性、作者和读者》，汪信砚等译，人民出版社 2015 年版，第 6 页。

③ ［美］格雷西亚：《文本：本体论地位、同一性、作者和读者》，汪信砚等译，人民出版社 2015 年版，第 7 页。

之间存在的联系，因而无从发现在那些看似零散无序的文论话语中实际上存在的逻辑关系，完全忽略了这种潜存的逻辑关系给文论话语赋予的深层意涵。那些影响文论话语意义生成的内在因素，如穿行于各种知识语境之间的文论话语在符号编码上的特点，当然也不在其思考的范围之中。这种阐释方式更不可能意识到的，从话语意义生成机制的维度出发，是可以把马克思对文艺问题的各种阐述作为一个文本约定的过程去把握的，其文论话语的文本性正体现在这个过程中。可以说，上述的传统读解方式的诸种失误，皆源于文本性观念的缺失，源于这种读解不能在意义生成的复杂机制中去理解马克思的文论话语。

综合考虑上述因素与读解马克思文论话语的关系，可以说马克思主义文学批评研究所面对的文本难题，既是对研究缺乏系统的文献资源所构成的文本基础而言的，又是对研究如何认识马克思文论话语的文本性，进而构建一个什么样的文本作为研究基础来讲的。前者作为已然存在的事实不可改变，除非发现新的文献资料；而后者则取决于我们的研究在观念、思路和方式方法上的转变。重读马克思的诉求，就是在反省历史经验的基础上，为了重新认识马克思文论话语的文本特点和文本性才提出的。就是说，我们力图通过重读马克思，了解其文论话语生成的知识语境，梳理马克思的文艺思想和他的理论研究之间的关系，明确马克思研讨文艺问题的思路和途径，以此拓展我们探讨马克思文艺思想的知识视野，调整研究的方式和策略，深化对马克思主义文学批评的认识。

二

马克思文艺思想的诠释难以走出既有的思路，涉及文本问题和读解方式，还与一种几乎被认为是理应如此的读解视域有关。我们指的是，许多研究者往往都把马克思的文论话语放在既有的文学理论的知识框架中去理解，现成的文学理论知识构成了读解马克思的视域，人们似乎约定俗成地将其作为阐释马克思主义文学批评的知识依据。可是，这种被许多研究者认可、几乎已经固化成读解视域的知识框架，却在相当大的程度上限制了我们读解马克思的视野与思路，使我们无法摆脱既有的文学理论知识对理解马克思主义文艺理论的影响，更遮蔽了马克思在文艺研究上不同于现有文学理论的新思想和新思路。可以说，这种读解视域既成为理解马克思文论话语深层意涵的严重障碍，也模糊了马克思主义文学批评与一般文学研究的质性差异；仅根据研究方法的不同来区别二者的做法，也由此流行开来。

从认知的角度讲，读解马克思的文论话语所以会满足于字面语意的领会，却很少思考如此理解是否会遗漏话语中隐含的深层语意，和读解活动未能走出现有文学理论的知识结构有着直接的关系；那种古老的认知方式，即"为了通过已知的旧事物来理解未知的新事物，我们的大脑无时无刻不在作类比，并用类比选择性地唤醒脑中的概念"①，很容易让人把马克思关于文艺问题的那些简约言论，放在自己熟悉的文学理论话语中去理解。可是，用既有的文学理论知识去读解马克思却会导致各种曲解的发生，因为它忽略了，与两套文论话语相关的存在境况和知识基础其实是不同的。

被用于理解马克思文论话语的那些文学理论知识，基本上来源于19世纪成型的、将审美自律视为文学艺术本质规定的现代文学理论，这种文学理论知识是现代学科划分、致力于专业研究的产物，而马克思的文艺研讨则有突出的跨学科的特征，他是在远比审美活动更复杂更多样的社会关系中思考文艺问题的。这说明两种文艺理论知识得以形成的存在经验和社会语境，以及它们所关注的文学现象，都有很大的区别。根据存在的相关性来辨析现有的文艺理论知识，使人们发现这些知识并不具有普适性的意义，它们其实只表达了特定时代的文学观念，而从文艺理论研究的发展来看，"在现代思想史中，艺术通常与美联系在一起；不过在历史上，艺术与实用和知识的联系可能更为紧密和广泛。把艺术和美联系在一起的看法反映了19世纪把艺术理论合并于美学的倾向"②。可是把马克思的文艺思想放在现代文学理论的知识框架中去理解的做法，却意味着已经先验地认定了，马克思的文艺之思也

---

① ［美］侯世达、［法］桑德尔：《表象与本质：类比，思考之源和思维之火》，刘健等译，浙江人民出版社2018年版，第3页。

② ［美］美国不列颠百科全书出版公司编辑：《西方大观念》第1卷，陈嘉映等译，华夏出版社2008年版，第51页。

是在追问文学艺术如何被审美规律所支配的问题域中展开的；在研讨文艺的问题意识和价值取向上，二者具有相同的旨趣。可以说，这种读解方式，因为无视理论知识与社会存在的相关性，混淆了马克思的文艺研究与现代文学理论的区别，从一开始就走上了曲解的歧途；所以对这种读解视域来讲，误读马克思不可避免，认识马克思主义文学批评的性质与特点更无从说起。下面的事实或许可以证明，这么说并不是无的放矢。

20 世纪 80 年代，中国学界对马克思主义文艺理论是否具有自己的体系性，曾展开过一场几乎延续了八年之久的大讨论；反思个中得失，能让人清楚地看到，已成惯例的那种读解方式会对理解马克思的文论话语产生多么大的影响。在那场讨论中，对马克思主义文艺理论有无自己的理论体系的认识，争论双方的看法截然相反；但在如何理解马克思主义文艺理论体系的知识构成上，对立双方的认知却有惊人的一致性，那就是都把是否涉及现代文学理论所讨论的那些问题，作为鉴别经典作家的文艺论述是否形成体系的唯一根据。而后有人在总结中对这种认知标准做了这样的归纳："马克思主义文艺理论具有完整的理论体系是不言自明的。因为，马克思主义文艺理论的内容的确丰富，马克思主义创始人对文艺创作、文艺欣赏、文艺生产、文艺消费、文艺批评、文艺发展、文艺继承、文艺创新、文艺规律以及文艺与政治、经济、生活、历史、哲学、宗教等各方面的关系都有全面的论述，一般文艺理论需要研究的对象，他们都论述到了。"[1] 显然，对立双方都认为，是否与现代文学理论的知识结构相同，应该成为判断经典作家的文艺思想有无体系的最终根据。此处提及的虽然只是现代文学理论在知识构成上的特点，但正如韦勒克在《近代文学批评史》第 1 卷的"导论"中所说，现代文学理论已经"十分明确地提出我们现今依然尚未解决的批评方面所有基本要端问题"[2]。上述归纳所罗列的文艺理论研究必须涉及的各种知识以及对知识的分类，正是在研讨这些"基本要端问题"的过程中逐渐形成的；现代文学理论的知识构成，与其所要研讨的问题之间存在着一一对应的关系。以经典作家

---

① 季水河：《回顾与前瞻：论新中国马克思主义文艺理论研究及其未来走向》，中国社会科学出版社 2009 年版，第 48 页。

② [美]韦勒克：《近代文学批评史》第 1 卷，杨自伍译，上海译文出版社 2009 年版，第 1 页。

的论述已经囊括了"一般文艺理论需要研究的对象"来指认马克思主义文学理论的系统性，正体现了我们所说的那种认知方式，即用现代文学理论的知识框架去理解马克思的文论话语。认同这种做法的人似乎没有意识到，在文学研究上，马克思与现代文学理论的问题意识、对象构成和知识结构，都存在着巨大的差异；在后者的知识框架中去理解前者的文艺思想，无异于缘木求鱼，南辕北辙。强调二者之间存在的这些差异是为了提醒人们注意一个问题：混淆马克思主义文学批评与一般文学研究在问题意识、研究对象和知识结构上的区别，把马克思主义文学批评解释成一个与现代文学理论研究几乎没有什么区别的阐释范式，只能淡化、模糊甚至消解马克思主义文学批评的特质；可以说，这种认识实际上已成为阻碍中国马克思主义文学批评发展和创新的重要原因之一。

以观念史研究著称的斯金纳曾经指出，思想史研究"很容易首先碰上一个明显的困难，即关键词语的字面意义有时会随着时间而改变，就是说，一位特定作者可能说到的事情，与可能出现在读者面前的事情，有着截然不同的意义和指涉"[①]。为了克服这种困难，斯金纳强调历史语境主义的方法对思想史研究的重要性，指出在研究中应"尽可能地以文本理解自己的方式来理解文本。首先要理解文本的社会背景——为什么它们会存在，是社会中的哪些问题导致了这些文本的产生？其次要理解这些文本自己如何看待它们所使用的概念"。所以他认为："以非常不同于我们自己的那种方式来看待文本，是更有收获的思考途径。"[②]就是说，在文本生成的历史语境中理解它所使用的概念，才能比较准确地把握文本的意义。以此反省在现代文学理论的知识框架中理解马克思文艺思想的做法，让我们意识到如此操作的致命弱点，就在于忽略了马克思对文艺问题的思考，是在自己的、完全不同于现代文学理论的知识语境中展开的；即便他使用了一般文学理论研究也在使用的术语和概念，我们也需要进一步追问在马克思的话语系统中，它们被赋予了什么样的特殊语义。正如威廉斯在言及现代文学观念的形成时所说，含有

---

① [英] 斯金纳等：《〈语境中的哲学〉导言》，刘智宏译，见贺照田主编：《并非自明的知识与思想》下册，吉林人民出版社 2011 年版，第 248 页。

② [英] 斯金纳：《谈文本的解释》，赏一卿译，见李强等主编：《国家与自由：斯金纳访华讲演录》，北京大学出版社 2018 年版，第 21 页。

"literature（文学）、art（艺术）、aesthetic（美学的）、creative（具有创意的）与imaginative（具有想象力的）所交织的现代复杂意涵"的文学理论的形成，实质上是"社会、文化史的一项重大变化"①，与康德以降的美学研究趋势和现代学科的构建有着密切的关联。这使威廉斯在他的关键词研究中，特别注重梳理社会存在和历史语境的变迁所引起的语义变异，强调："我们应该对于意义的变异性有所认识，因为意义的变异性呈现出不同的经验以及对经验的解读，且以互相关联却又互相冲突的形态持续下去……在社会史中，许多重要的词义都是由优势阶级所形塑，在很大程度上是由某些行业所操控，因此有些词义被边缘化。"② 由此来看，辨析在相同概念的使用中语义所发生的变异，是读解马克思文论话语不可或缺的一个环节，因为只有这样才能真正摆脱现代文学理论认知框架对读解马克思的干扰。也就是说，我们能否重建研讨马克思文论话语的知识语境，认真辨析他的文论话语特有的意涵，将直接影响到对马克思主义文学批评特质的认识。

受制于现代文学理论的认知框架，仅从现象而不是内在的规定性上去认识马克思主义文学批评与其他文学研究的区别所在，使许多人把马克思主义文学批评的特质归结为持有不同的研究方法。长期以来，人们似乎已经习惯了这样一种说法：马克思主义文学批评是一种运用马克思主义的理论与方法去解决各种文学问题的阐释活动。可是深究下去就会发现，以方法而不是更内在的规定来指认马克思主义文学批评与一般文学研究的区别，也是建立在它们拥有相似的知识结构这一基础上的，即认为二者关注同样的文学问题，享有共同的研究对象，在理论知识的构成上也基本相同，唯一的区别就是持有不同的研究方法。其实，作为一种以自己特有的文学观念所展开的研究活动，马克思主义文学批评的规定性，首先取决于它在文学研究上有与众不同的问题意识和由此形成的研究对象，而不是仅仅体现在方法上。因为任何一种与众不同的研究方法，都是派生于特殊的文学观念和自己独有的问题意识，强调这个前提意味着方法只能生成于这样一个

---

① ［英］威廉斯：《关键词：文化与社会的词汇》，刘建基译，生活·读书·新知三联书店2005年版，第272页。

② ［英］威廉斯：《关键词：文化与社会的词汇》，刘建基译，生活·读书·新知三联书店2005年版，第18页。

过程：在特定的文学观念和问题意识的引导下，批评面对的是一个已被问题化了的文学现象；用哲学解释学的话说："问题使被问的东西转入某种特定的背景中。问题的出现好像开启了被问东西的存在。"① 批评此刻才能面对一个仅仅为它而存在、只向它开放的研究对象。只有经历了这样一个"问题化"的过程，研究方法才得以形成，才能进入属于它的阐释活动。也只有在这个时候，我们才能确认方法的存在，才能见识到方法在研究中的意义。马克思主义文学批评的实践历史也告诉我们，当脱离了问题意识和问题化的先决条件，孤立地强调方法的使用却对方法赖以存在的理论基础一无所知，是导致马克思主义文学批评庸俗化的根源之一。

英国的马克思主义文学批评家本尼特曾尖锐地指出，如果认为马克思主义文学批评的特点仅仅取决于方法，那么"这样做的代价是，马克思主义批评只是在方法层面上与资产阶级批评有区别（用不同的分析原则处理同一类问题），而在批评对象的理论构形这一关键层面上却丝毫没有区别"，他认为如此含混不清的认识会让"马克思主义批评构成了马克思主义理论中最缺乏马克思主义的部分"②。就是说，把方法从其所属的理论系统中剥离出来，将其抽象化和模式化，使之演变成可以套用在一切文学现象上的公式，会从根本上模糊马克思主义文学批评的特质，所以本尼特说只关注方法的马克思主义文学批评，因为无视自己的问题意识和研究对象有别于一般的文学研究而成为最缺乏马克思主义的批评。

三

一旦摆脱了现代文学理论的知识框架去重读马克思，我们就会发现，马克思关于文学艺术的各种言论其实并不像韦勒克所说的那样，仅是一些"零

① ［德］加达默尔：《真理与方法：哲学诠释学的基本特征》上卷，洪汉鼎译，上海译文出版社 2004 年版，第 471 页。
② ［英］本尼特：《马克思主义与通俗小说》，马海良译，见 ［英］马尔赫恩编：《当代马克思主义文学批评》，刘象愚等译，北京大学出版社 2002 年版，第 206 页。

零散散，随口道出，远谈不上定论"①的即兴之见。从问题生成的层面上来看马克思论及文学艺术的那些言论，可以说他研讨文艺问题的思路，与他毕生所从事的理论研究之间存在着密切的、多方面的关联。重读马克思此刻强调的是，当我们面对马克思的文论话语时，首先需要关注的是马克思提出的文艺问题和他的理论研究之间存在着什么样的关系，而不是急于把这些言论分门别类地置放到既有文学理论的知识框架中去解释。也就是说，确认马克思讨论文艺的知识语境对读解其话语具有至关重要的意义。从文艺问题得以生成的知识背景上看，马克思对文艺的种种思考实际上是在他理论研究的问题域中酝酿和展开的。这种关系既表现在他的文艺之思往往产生于研讨其他问题的语境中，也体现在作为一位有着明确研究方向的思想家，马克思关于文艺的思考，哪怕是不期而遇的灵感，始终都和他一直追索的基本问题有着一定的关联。问题、话语和知识背景之间的这种关联使我们意识到，了解马克思理论研究的问题域，可以为理解他的文论话语提供一把足以"解密"的钥匙。

　　强调问题域（problematic）对理解马克思的重要性始于阿尔都塞；这一见解的提出，原本是他对人本主义思潮在西方马克思主义中的泛滥所做的一种批判性的回应，但从研读马克思的角度讲，也可以把从问题域出发的读解，视为一个具有方法论意义的理论建树。阿尔都塞指出，许多西方马克思主义者之所以会曲解马克思，将其视为一个人本主义的思想家，就是因为他们有意无意地割裂了马克思不同时期著述之间的关系，孤立地理解和强调《1844 年经济学哲学手稿》（以下简称《手稿》）中的某些观点和言论。针对这种以偏概全的做法，阿尔都塞提出若要准确理解马克思的思想理论，就应该将他各个时期的著述和言论，都放在其理论研究的问题域中去读解，因为"如果用问题域的概念去思考某个特定思想整体（这个思想直接以一个整体而出现，它明确地或不明确地被人们作为一个整体或一个'总体化'动机而'体验'），我们就能够说出联结思想各成分的典型的系统结构，并进一步发现该思想整体具有的特定内容，我们就能够通过这特定内容去领会该思想各'成分'的含义，并把该思想同当时历史环境留给思想家或向思想家提出的

---

① ［美］韦勒克：《近代文学批评史》第 3 卷，杨自伍译，上海译文出版社 2009 年版，第319 页。

问题联系起来"①。由此可见，阿尔都塞把了解马克思理论研究的问题域，视为避免片面理解马克思的著述和言论的重要方法和有效途径。由于马克思文论话语本身的片段性，从问题域出发的读解显然更为重要。

马克思没有使用过"问题域"这个术语，但是从马克思从事理论研究的工作习惯来看，发现和提出问题，进而通过"问题化"的途径来构建自己的研究对象和确定研究思路，是他展开研究工作的一个重要特点。例如，在讲到《资本论》的写作时，马克思就对自己所要讨论的问题做了明确的定位，他说："我要在本书研究的，是资本主义生产方式以及和它相适应的生产关系和交换关系"，"本书的最终目的就是揭示现代社会的经济运动规律。"② 指出研讨资本运作与现代社会的关系是《资本论》所要阐释的基本问题。熟悉马克思研究生涯的人都知道，他尽毕生之力所做的一切研究，实际上都是围绕着这个基本问题展开的。正是在这个意义上，我们把研讨"资本与现代社会的关系"或"资本与现代性的关系"，理解为马克思理论研究的问题域。

许多学者在言及马克思理论研究的基本特点时，也从不同的角度印证了这一点。文学批评家伊格尔顿在言及当今形形色色的马克思主义让人眼花缭乱、不知所措时，明确指出，能否从资本主义的基本矛盾中认识现代性问题，是识别马克思主义的重要依据："马克思主义的典型特征是特别注意资本主义的矛盾：它无法自禁地同时生产财富和贫困，二者互为物质条件。这反过来使马克思主义对现代性问题表现出一种特有的立场。"③ 社会学家吉登斯则通过比较马克思的社会学思想与韦伯、涂尔干的区别，指出马克思理论研究的特点就是从资本主义生产的角度对现代性做出了解释。吉登斯说："尽管《资本论》所涉及的大多是经济分析，但马克思在这一著

① ［法］阿尔都塞：《保卫马克思》，顾良译，商务印书馆 2006 年版，第 53—54 页。译者在此书中将 problematic 译为"总问题"，为统一关键术语的译文和避免误解，我们在引文中将 problematic 都改译为"问题域"；以后的相关引文均作同样的改动，不再赘述。

② ［德］马克思：《资本论》第 1 卷"第一版序言"，见《马克思恩格斯文集》第 5 卷，人民出版社 2009 年版，第 8、10 页。

③ ［英］伊格尔顿：《马克思主义文学理论》，见［英］伊格尔顿：《历史中的政治、哲学、爱欲》，马海良译，中国社会科学出版社 1999 年版，第 108 页。

作中的首要兴趣是资产阶级社会的动力学。也就是说，《资本论》的首要目标就是要考察资产阶级社会生产基础的动力，揭示资产阶级社会的'经济运动法则'。"① 哲学家雷蒙·阿隆在论及马克思学说的特点时，更是直接涉及了他的各种理论研究的问题域。阿隆指出："马克思的计划，经济学和哲学、历史学和社会学的计划，试图理解现代社会，即在其结构中，在其功能中，在其结构内和结构间的演变中，在其内在的必然性中，在其不可避免的自行灭亡中的所谓资本主义社会。"② 从这些论述中可以看出，认为马克思理论研究的问题域是"资本与现代社会的关系"，已成为许多思想家的共识。

资本主义生产方式的出现被马克思视为历史步入现代社会的重要标志；如他所说："资本一出现，就标志着社会生产过程的一个新时代。"③ 但是马克思又指出，随之而来并在现代社会中愈演愈烈的各种矛盾、异化、危机和阶级斗争，同样也是资本现代性带来的结果。马克思从二者并生相互依存的关系上，深刻揭示了资本现代性中存在的悖论。一方面，马克思肯定了"资本的伟大的文明作用：它创造了这样一个社会阶段，与这个社会阶段相比，一切以前的社会阶段都只表现为人类的地方性发展和对自然的崇拜……资本破坏这一切并使之不断革命化，摧毁一切阻碍发展生产力、扩大需要、使生产多样化、利用和交换自然力量和精神力量的限制"。另一方面又指出"决不能因为资本把每一个这样的界限都当作限制，因而在观念上超越它，所以就得出结论说，资本已在实际上克服了它"④；因为资本主义的发展历史，"只不过是现代生产力反抗现代生产关系、反抗作为资产阶级及其统治的存在条件的所有制关系的历史"⑤。正是对资本既推动又阻碍现代

---

① ［英］吉登斯：《资本主义与现代社会理论——对马克思、涂尔干和韦伯著作的分析》，郭忠华等译，上海译文出版社 2007 年版，第 54 页。

② ［法］雷蒙·阿隆：《想象的马克思主义：从一个神圣家族到另一个神圣家族》，姜志辉译，上海世纪出版集团 2007 年版，第 196 页。

③ ［德］马克思：《资本论》第 1 卷，见《马克思恩格斯文集》第 5 卷，人民出版社 2009 年版，第 198 页。

④ ［德］马克思：《政治经济学批判（1857—1858 年手稿）》，见《马克思恩格斯全集》第 30 卷，人民出版社 1995 年版，第 390 页。

⑤ ［德］马克思、恩格斯：《共产党宣言》，见《马克思恩格斯文集》第 2 卷，人民出版社 2009 年版，第 37 页。

社会发展的这种二重性的分析与批判，构成了马克思在其问题域中展开各种理论研讨的主题。

作为理论研究的有机组成部分，马克思对文艺问题的研讨显然也是在这个问题域中展开的。于是，反思和批判资本作为现代性原则的普遍贯彻给予艺术生产乃至整个精神生产的影响，便构成了马克思的文艺研究和马克思主义文学批评特有的问题意识，并由此形成了有异于现代文学理论的研究对象和与之对应的阐释空间与理论范畴。这说明马克思的文艺研究并没有简单地接受现代文学理论以审美界说文艺的性质与功能的思想，而是强调审美关系建构与发展的历史性，以及社会形态的演变对文艺审美的形塑作用，致力于揭示资本现代性所造成的异化对社会审美追求的侵蚀和扭曲。马克思主义文学批评因此特别关注文艺的审美活动与各种意识形态的纠缠，关注各种社会体制及其运作方式对文学艺术活动的制约和干预，在文艺与政治、经济、阶级、文化诸因子的关联中，阐释"自律"与"他律"之间的复杂关系对文艺发展的种种影响，尤其重视文学艺术活动对现实生活与社会变革的介入和参与。不仅如此，在反思"资本现代性"的基础上，马克思还为文艺研究引入了现代文学理论几乎不曾思考过的新问题和新对象，如艺术生产及其运作机制的问题、物质生产的发展同艺术生产的不平衡关系、资本主义生产与诗歌和艺术相敌对、以艺术创造与消费为例对生产性劳动和非生产性劳动的讨论、文学艺术在商品生产及市场经济条件下的生存与发展、科学技术的发展给文艺活动带来的影响，以及用"两种生产"即物质生产与人自身生产共同决定历史发展的观点，提升我们对人自身生产的认识，为诠释和界定文学艺术活动的价值提供了新的思路，等等，都显示了马克思对文艺研究的视野和场域的极大拓展，为马克思主义文学批评的运作奠定了思想理论基础。正是基于马克思的这些观点和他对文艺研究场域的开拓，我们说马克思关于文学艺术问题的种种思考显示了不同于现代文学理论研究的范式特征。也就是说，马克思主义文学批评与现代文学理论的区别，就在于它们实质上是两种不同的文学研究范式。

四

在马克思理论研究的问题域中理解他的文艺思想，意味着我们应把马克思的文论话语放在他的文艺理论研究和其他理论研究的双重甚至多重语境中去读解。由此可以发现，马克思研讨文艺问题的知识语境具有跨越学科界限的特点。从知识语境角度看，马克思研讨文学艺术问题的话语，大多出自他阐述其他理论问题特别是政治经济学问题的语境之中；在非文艺理论的知识语境中研讨文艺问题，几乎可以说是马克思涉及文艺话题的一个标志性特征。这个现象曾经引起过各种各样的议论：有人据此断言，马克思的文艺思想有经济决定论的性质；另一种解释则把这个现象归结为马克思修辞艺术的体现，认为言及文艺现象的话语能让枯燥的经济学分析显得生动活泼一些；还有一些人将其视为经典作家学识渊博的表征，感叹马克思能随手拈来那么多的文艺作品、文学典故和艺术历史，旁征博引不仅丰富了他的学术话语，也给读者增添了阅读的兴趣。诸如此类的说法或许各有自己的理由，但是这些解释都有仅仅着眼于话语表层现象的倾向，却忽视了对马克思文论话语构成特点的思考。

若能换一个角度，从语境对话语意涵的规定关系上来思考这种跨学科的阐释现象，追问马克思为什么要把文艺问题放在他理论研究的知识语境中去讨论，也许会得到更能打开思路的启发。从表述文艺观点的语境来看，马克思是把各种文艺问题放在自己理论研究的知识基础上去分析讨论的，他的文论话语因此有了在不同知识语境中穿行的特点，言及文艺的话语也由此获得了与其他知识有关的语意。

长期从事批评史研究因而熟识各类批评话语的韦勒克，就敏锐地注意到了这一点，这让他在论及马克思的文艺研究时提出了一个似乎前后矛盾的看法：在批评马克思的文学言论由于随口脱出所以不成系统之后，韦勒克又表示，"这些言论并未由此而显得互不连贯"，只是这种连贯性并不存在于马克思的文艺见解中，而是"通过其总的历史哲学贯通起来，而且显露出可以理解的演变"①。言下之意似乎是，马克思关于文艺的种种言论只是因为他的理论学说才有了某种联系，而文艺观点和相关知识本身却是散漫无序的。把马克思文学言论的连贯性归结为他的"历史哲学"，让人有了这样的猜测：韦勒克是否已经意识到，马克思的文学见解是在另一种知识语境中形成的，建立在另一种知识基础即他的理论学说之上。只是因为排斥以专业之外的理论话语阐释文学的"外部研究"，维护用现代文学理论的专业知识诠释文艺问题的话语权，才让韦勒克这位饱学之士也摆脱不了学科分工的门户之见，以致忽略了"历史哲学"作为研讨文艺的知识基础，会给马克思的文论话语赋予什么新意，从而低估了马克思文学研究的价值所在。因为仅仅过了不到五十年的时间，被韦勒克排斥的"外部研究"就逐渐风行起来，具有跨学科性质的文学批评在 20 世纪后期甚至成为主流；这种文学研究格局的形成，显然也有马克思主义文学批评的影响。

从政治经济学或者历史唯物主义的视角去看文学艺术，使马克思有了与一般文学研究不同的眼光，让他看到了别人视而不见的文艺问题。一个手边的事例就是由于韦勒克的无知所导致的对马克思的希腊艺术魅力论的误读。

在言及马克思对希腊艺术的高度评价时，韦勒克责备说，"马克思只能牵强地回答说，希腊艺术的魅力是童年的魅力"；并引马克思的原话"希腊人是正常的儿童。他们的艺术对我们所产生的魅力，同这种艺术在其中生长的那个不发达的社会阶段并不矛盾"，说明马克思的希腊艺术魅力论"和大多数当时的德国作家看法一致，他视之为具有永恒而无时间性的美"②。由于不了解马克思的学说，韦勒克根本没弄清楚他引用的那段话，即马克思说希腊艺术的魅力与其生长的那个不发达的社会阶段并不矛盾究竟是什么意思，就断言马克思说的魅力是指希腊艺术表现了"永恒而无时间性的美"；其实他完全弄拧了原话的本意。

强调希腊艺术的魅力与它所处的那个不发达的社会阶段有关，源于马克思的这样一种美学思想：虽然与现代资本主义社会相比，古代社会的生产能

---

① ［美］韦勒克：《近代文学批评史》第 3 卷，杨自伍译，上海译文出版社 2009 年版，第 319 页。

② ［美］韦勒克：《近代文学批评史》第 3 卷，杨自伍译，上海译文出版社 2009 年版，第 315 页。引文中马克思的原话，参照《马克思恩格斯全集》第 30 卷第 53 页的译文做了修订。

力极其低下，人的发展也受到极大的限制，但这种让人只能在孤立的地点上和有限的关系中生存的历史局限，却使"单个人显得比较全面，那正是因为他还没有造成自己丰富的关系，并且还没有使这种关系作为独立于他自身之外的社会权力和社会关系同他自己相对立"①。这种生存状况，使"个人把劳动的客观条件简单地看作是自己的东西，看作是使自己的主体性得到自我实现的无机自然"，于是"在这里，人不是在某一种规定性上再生产自己，而是生产出他的全面性"②；在这种关系中去面对自己的劳作生活，也因此有了感受本质力量对象化的审美内涵；可是在受资本控制、已被异化了的现代生活中，这种感受已经荡然无存。马克思称道希腊至今仍有表现人类童年的艺术魅力，就是对此而言的，所以他特别指出这种魅力与那个不发达的社会阶段并不矛盾。韦勒克却将其解释为马克思对"永恒而无时间性的美"的肯定，而且还和德国浪漫主义的怀旧情绪联系起来，真不知此话从何说起。

反省韦勒克的失误提醒我们，若要准确理解马克思文论话语的丰富意涵，采取什么样的读解方式或读解策略确实具有至关重要的意义。在我们看来，根据马克思的文论话语生成于多重语境的特点，"互文阅读"应是一种可行的读解方式。在这里，重读马克思是从互文阅读的意义上讲的。

所谓的"互文阅读"是指，如果把马克思直接论及文学艺术和美学问题的那些言论视为第一文本的话，那么，与第一文本相关的、马克思研讨其他理论问题的那些阐述，如关于政治经济学的、哲学的或社会历史问题的各种阐述，则可以说是第二文本。第一文本虽然是马克思对文艺问题的直接论述，但正如我们一再强调的，由于这些文论话语本身具有尚未充分展开的片段性和简约性，以及它们往往出自马克思研讨其他问题的语境中，因此仅根据第一文本的字面意思去读解的方式——与"互文阅读"相比较，权且称之为"孤立阅读"——因为忽略了马克思理论研究的知识系统对其文论话语意涵的内在规定，显然难以获得准确深入的理解。为了改变这种脱离知识语境

---

① ［德］马克思：《政治经济学批判（1857—1858年手稿）》，见《马克思恩格斯全集》第30卷，人民出版社1995年版，第112页。

② ［德］马克思：《政治经济学批判（1857—1858年手稿）》，见《马克思恩格斯全集》第30卷，人民出版社1995年版，第476、480页。

和理论系统的孤立阅读状况，了解马克思研讨文艺问题的知识基础，更准确地理解他的文论话语，我们就需要进入第二文本，展开互文阅读。互文阅读就是指穿行于两类文本甚至更多文本之间的读解活动，其要点在于探讨和确认文论话语与其形成的知识语境之间的关系，把马克思言及文艺问题的话语放在其理论研究的知识基础上去理解。

互文阅读对于理解马克思文论话语的重要性，从下面的误读事例中可见一斑。

在《1844 年经济学哲学手稿》（以下简称《手稿》）中，马克思在论及异化劳动时说了这样一段话："劳动生产了美，但是使工人变成畸形。"① 国内一些研究者仅取这个短语的前半截，并舍弃具体语境仅从字面意思入手，以孤立阅读的方式把"劳动生产了美"界说成马克思主义美学的一个基本命题。可是若采取互文阅读的方式，将这句话放在马克思理论研究的语境中来理解，就会发现这里的"劳动"并不是泛指一般的劳动，而是有确切含义的。在互文关系中去理解"劳动"会让我们发现，涉及文艺美学的这个短语绝不能理解为马克思主义的美学命题，而且它表达的意思也远比字面语意更为丰富。

在马克思的政治经济学话语中，首先"劳动"是一个与特定的生产关系相关联，因而由于生产关系的不同而有了多种含义的概念；其次是在不同的历史条件下和不同的社会形态里，"劳动"与"劳动者"之间的关系也有很大的区别。《手稿》短语中所讲的是资本主义时代的劳动，即马克思所说的"雇佣劳动"，其特点是工人把自己的劳动即他的生命活动出卖给资本家。用马克思的话说："劳动是工人本身的生命活动，是工人本身的生命的表现。工人正是把这种生命活动出卖给别人，以获得自己所必需的生活资料。可见，工人的生命活动对于他不过是使他能够生存的一种手段而已。他是为生活而工作的。他甚至不认为劳动是自己生活的一部分；相反，对于他来说，劳动就是牺牲自己的生活。劳动是已由他出卖给别人的一种商品。"② 这种出卖工人自己生命活动的雇佣劳动，因为"劳动所生产的对象，即劳动的产品，作

---

① [德] 马克思：《1844 年经济学哲学手稿》，见《马克思恩格斯全集》第 3 卷，人民出版社 2002 年版，第 269—270 页。

② [德] 马克思：《雇佣劳动与资本》，见《马克思恩格斯文集》第 1 卷，人民出版社 2009 年版，第 715 页。

为一种异己的存在物，作为不依赖于生产者的力量，同劳动相对立"①，所以在《手稿》中又被马克思称为"异化劳动"，它与能够实现人的本质力量对象化的劳动有着本质的区别。

因此，仅根据字面语意，不加分析地把上述短语界说为马克思主义的美学命题，既是对"劳动"的严重误读，更遮蔽了马克思给这个言及审美的短语所赋予的真正意义：资本主义时代的审美关系由于异化劳动而发生了根本的扭曲，它彻底败坏了现代社会的审美趣味，因为"私有制使我们变得如此愚蠢而片面，以致一个对象，只有当它为我们拥有的时候，就是说，当它对我们来说作为资本而存在，或者它被我们直接占有，被我们吃、喝、穿、住等等的时候，简言之，在它被我们使用的时候，才是我们的"②。从这里可以看出，马克思即使讨论审美问题，也不像现代文学理论那样，仅在于证明审美性如何成就了文学艺术，而是致力于揭示受制于资本运作的审美活动在现实生活中的异化状态。这个误读事例说明，作为第一文本的马克思言及文艺和美学的那些话语，只有在第二文本即他理论研究的知识系统中才可能得到深入准确的理解。

五

当我们把中国形态的马克思主义文学批评作为研讨对象时，意味着要在马克思主义文学批评"中国化"的视域中进一步思考中国形态的运作特点。就是说，作为把实践品格视为生命的马克思主义文学批评，中国形态的形成与发展，以及它的性质与特点，都和参与中国文学的实践活动和解决本土的文艺问题有着直接而密切的关联；理论联系实际，即把马克思主义文学批评理论的一般原则用于解决具体批评所面对的实际问题，是中国形态作为文学

---

① ［德］马克思：《1844 年经济学哲学手稿》，见《马克思恩格斯全集》第 3 卷，人民出版社 2002 年版，第 267 页。

② ［德］马克思：《1844 年经济学哲学手稿》，见《马克思恩格斯全集》第 3 卷，人民出版社 2002 年版，第 303 页。

研究活动最为显著的特点。之所以要特别强调这一点，是因为中国形态的马克思主义文学批评的形成与发展，始终是一个与我们对马克思主义文艺理论的理解与认知同步展开的过程：它一方面涉及如何用马克思主义文艺理论的基本原则去分析解决中国文艺的具体问题，另一方面还涉及我们对马克思主义文艺理论的理解、选择与接受。就是说，中国形态的形成与发展，既是一个解决本土文艺问题的批评实践过程，又是一个接受和消化马克思主义文艺理论知识的认知过程。或更准确地说，这是一个以认知马克思主义文艺理论为前提的批评实践过程。

正如我们一开始就强调的，如果把马克思文艺思想的理解与阐释作为一个认知与实践并行的历史过程来考察，那么，累积于其中的许多历史经验，是需要深入反思和认真总结的；其中最值得记取的，恐怕就是要更充分地认识，中国化作为一个理论联系实际的过程在现实运作中的复杂性。

理论联系实际是马克思主义的一项基本原则，也是马克思主义文学批评的中国形态得以存在和发展繁荣的命脉所在；从这个意义上讲，可以说理论联系实际为马克思主义文学批评的中国化提供了思想基础和学理依据。这使人们在讨论中国形态的建构与发展时，往往习惯于强调坚持理论联系实际这一基本原则对实现中国化的重要性，却多少低估了我们对马克思主义理论的认知、选择与运用在这个过程中可能产生的影响。所以提出这个问题，是因为回顾马克思主义文学批评中国化的历史，许多经验都在提醒我们，理论联系实际不仅是一项必须坚持的基本原则，而且也是一个理解和运用马克思主义文艺思想的实践过程；作为基本原则的理论联系实际，只有作用于批评实践并对实践产生了积极的影响，才可能从观念形态的原则转化为现实形态的事实。也就是说，理论联系实际作为一个实践过程，是需要检验的。

以此反省中国形态的马克思主义文学批评运作的历史经验，可以说我们不能仅仅因为中国化内含了理论联系实际的原则，或者因为中国形态是以理论联系实际为思想基础的，就先验地认定由此展开的理论研究和批评实践都必然是正确合理的。因为此刻的理论联系实际尚未走完自己的全过程，它还只是一种合理的诉求，一项被认可的原则，而它能否实现还要取决于如何解决理论联系实际可能遭遇的那个难题，即当中国形态为了解决本土的文艺问题而和马克思主义文艺理论发生关系时，生成于中国现实情境的问题，势必会作用于我们对马克思主义文学批评理论的诉求与理解，进而影响到对理论的选择与侧重。这说明理论联系实际始终关系到两个方面：它不仅涉及批评是否遵循了这项原则，而且还取决于批评对理论的理解与运用和马克思主义基本原理的契合程度。对于中国形态的建构与发展来说，后者才是更需要时时反省的问题，因为它既关系到我们对马克思主义基本原理的准确理解，又涉及中国形态的批评实践运用马克思主义理论的能力和水平。因此，在考察马克思主义文学批评的中国化时，我们至少需要两个测度：其一是考察马克思主义理论的运用是否注意到中国文学活动的特殊性，这个测度关系到理论联系实际原则的贯彻；其二则需要反思，当我们把中国文学活动的特殊性作为理解和运用马克思主义理论的出发点时，生成于现实需要的具体意向作为对理论接受的期待和预设，会在多大程度上影响到对马克思主义理论本身的准确理解。从中国马克思主义文学批评的历史经验来看，第二个测度显然不可缺少。

例如，由于极左思想的长期泛滥，曾使中国的马克思主义文学批评放弃甚至排斥对文学艺术的审美阐释，因此在摆脱极左思想的禁锢之后，重申文艺的审美性便成为 20 世纪 80 年代我们重构马克思主义文学批评理论的重要内容。然而回顾当年的重构却使我们发现，这种产生于特定的现实语境中的问题意识，使一些研究者在这一中国化的过程中，仅仅关注以致放大了马克思文论话语中的审美成分，而且这种为我所用的接受方式，还使他们的阐释在有意无意之间，忽略、淡化甚至消解了马克思主义文学批评话语中的政治意涵，甚至认同那种以人本主义思想读解马克思的做法，从而在某些阐释中，出现了对马克思文艺思想读解的"去政治化"和"泛人性论"的倾向。这种倾向的发生与阿尔都塞说的那种状况很有点相似："我们甚至没有读过马克思成熟时期的著作，因为我们太热衷于在马克思青年时期著作的意识形态火焰里重新发现自己帜烈的热情。"①

从知识社会学的角度看，理论联系实际始终都面临着如何处理"知识的存在相关性"难题，这种相关性是指，思想过程和思想成果总是和一定的生存状态密切相连的，因此对知识的理解来讲，"只要我们不考虑思维和认知同存在的联系或同人类生活的社会含义，它们的很大一部分就不可能被正确

---

① ［法］阿尔都塞：《保卫马克思》，顾良译，商务印书馆 2006 年版，第 3—4 页。

理解"①。可是出自实际需要的理论诉求，却往往会忽略理论本身原有的生存状况给它赋予的意涵，仅仅按照自己的现实需要去理解理论。这个现象在马克思主义文学批评中国形态建构的早期阶段，特别是在翻译马克思主义文艺理论的过程中，表现得特别突出。有研究者指出，"马克思主义在中国的早期翻译并不是直接、系统、完全的翻译，而是始于间接、无意、零碎的译介……这些看似随意、无序的译介细节蕴含着思想交流的重要脉络，看似偶然的选择导引了马克思主义在中国的体系化进程"，"但是，正是这些似乎间接、零碎的翻译奠定了马克思主义在中国传播和立足的基础，以其特殊的文本形式选择性地引介了马克思主义思想，开始了其中国化的翻译历程"②。与马克思的文艺思想相比，如此译介的理论其实已被改写，但这些似是而非的知识却被中国早期的左翼文学批评视为马克思主义；造成这种误读的原因当然不是无知，而是缘于中国革命的现实对马克思主义的需要和选择。所以国外专攻翻译学研究的学者认为，翻译本身就是一种折射（Refraction）和改写（Rewriting），影响翻译最重要的因素就是意识形态，"有意义的翻译研究在本质上一定具有社会、历史的特性（socio-historical in nature）；翻译最需要考虑的不是字面上的对应，而是为什么那样对应，译者出于何种社会的、文学的以及意识形态的考虑，那样翻译期望达到什么效果，是否达到了预期的效果以及原因"③。

当年参与过马克思主义文艺理论翻译的胡秋原，对这种选择与折射有切身的体验。他注意到 1929 年以后中国左翼批评界讨论革命文学的理论资源，大多来自日本对苏联马克思主义文艺理论的转译，而不是直接取自苏联。胡秋原指出："中国近年汹涌澎湃的革命文学的潮流，那源流不是从北方的俄罗斯来的，而是从同文的日本来的……在中国突然勃发的革命文艺，那模特儿完全是日本，所以实际说起来，可以看做是日本无产文学的一个支流。"④出现这种现象，固然与中国左翼批评家大多是日本留学生有关，但更内在的

---

① ［德］曼海姆：《意识形态与乌托邦》，黎鸣等译，商务印书馆 2000 年版，第 272、273 页。
② 方红：《马克思主义在中国的早期翻译与传播》，上海三联书店 2016 年版，第 36—37 页。
③ 转引自方红：《马克思主义在中国的早期翻译与传播》，上海三联书店 2016 年版，第 24—25 页。
④ 转引自旷新年：《1928：革命文学》，山东教育出版社 1998 年版，第 57 页。

原因则是由于日本的许多左翼批评家深受苏联"拉普派"极左思想的影响，认同他们把文学视为阶级斗争的强大武器，以阶级和政治的"纯洁性"来衡量作家与作品的种种主张。苏联的"拉普派"在1925年受到苏共中央的批评而不得不终止活动，但它对日本的影响却依然强劲，"拉普派"鼓吹的"辩证唯物主义创作方法"仍被日本左翼批评视为革命文学必须遵循的金科玉律。这种经过日本过滤之后的苏联形态的马克思主义文艺理论，显然更适应中国左翼文学的现实需要，于是有了"舍近求远"的转译现象。

反省上述的历史经验让我们意识到，无论是否自觉，在一定的现实语境中去理解和阐释马克思主义文学批评，都会让我们难以跳出知识社会学所揭示的这样一种接受心态，即"如何在某种理论、学说和知识运动中找到对自身利益和目的的表达"[①]，殊不知即使这种对理论联系实际来讲是合理的意向，也可能引出偏离马克思主义理论的结果。从这个意义上讲，在重读马克思的基础上，反省和检验为联系实际而生的理论取向以及由此形成的马克思主义文学理论知识，本身就应当是实现中国化过程中的一个不可或缺的环节；而这一环节的必要性则再次说明，对马克思主义文学批评中国形态的建构和发展来讲，重读马克思始终是一种必须坚持的规范。

---

① ［美］路易斯·沃思：《〈意识形态与乌托邦〉序言》，见［德］曼海姆：《意识形态与乌托邦》，黎鸣等译，商务印书馆2000年版，第21页。

第一章　马克思和马克思主义文学批评的建构

　　从马克思主义文学批评和马克思的关系切入研讨，意味着我们的研讨是以这样一种认知作为前提的：梳理和澄清马克思主义文学批评的建构和马克思文艺思想之间的关系，对认识什么是马克思主义文学批评，以及确认这种批评具有什么样的性质与特点，都有至关重要的意义。

　　马克思主义文学批评已经存在了一百多年，在现代文学批评史上能够延续如此之久的理论思潮或批评学派可谓绝无仅有；连对马克思主义持有偏见的韦勒克也承认，在 20 世纪的文学研究中，马克思主义文学批评是最有影响的潮流之一①。这个事实既让人强烈地感受到马克思主义文学批评生命力的旺盛，同时又在提醒我们，一百多年的历史也意味着面对各种文学艺术潮流的兴衰变迁，马克思主义文学批评自身同样也处在不断构建和发展衍化的过程中，各种形态的马克思主义文学批评由此而生。这些批评形态由于持有不尽一致的文艺观念和批评视域，与马克思文艺思想的联系于是也有了不同的选择和侧重，甚至还可能存在着程度不一的偏离。从这个角度看，梳理和反思各种批评形态与马克思的关系，对于我们了解在不同的社会历史语境中它们对马克思文艺思想的理解会有怎样的变化，显然是一个难得的视角。因为只有通过如此梳理，我们才能获得历史比较的眼光，就像马克思说的："对人类生活形式的思索，从而对这些形式的科学分析，总是采取同实际发

---

① 参见［美］韦勒克：《20 世纪文学批评的主潮》，见［美］韦勒克：《批评的诸种概念》，罗钢等译，上海人民出版社 2015 年版，第 318 页。

展相反的道路。这种思索是从事后开始的，就是说，是从发展过程的完成的结果开始的。"①也就是说，只有通过成熟的批评形态，我们才能更深刻地认识到马克思的文艺思想对建构马克思主义文学批评理论的重要意义。正是基于这样的认识，我们把梳理、澄清马克思主义文学批评与马克思的关系，视为进入马克思主义文学批评理论研讨程序必不可少的一个前提。

一、什么是马克思主义文学批评

那么，什么是马克思主义文学批评呢？②

在有些人看来，这也许是个早有定论因而根本无须讨论的话题：作为文学研究的实践活动，马克思主义文学批评已经存在了一百多年，历史悠久影响深远；纵观文学批评的发展历史，一种理论思潮或批评学派能够持续如此之长的时间仍无衰退之势，也是绝无仅有。在现代中国的文学活动中，马克思主义文学批评虽然也历经过坎坷，但是一直受到现代批评的关注甚至推崇；其不仅参与文艺理论的研讨和文本批评的实践，而且还被左翼批评视为

---

① [德]马克思：《资本论》第1卷，见《马克思恩格斯文集》第5卷，人民出版社2009年版，第93页。

② 行文中若无特别强调，我们对"马克思主义文学批评""马克思主义文学理论""马克思主义美学"以及"马克思主义文论"等概念没有做严格意义上的区分，而是根据语境灵活使用这些概念。如是操作借鉴了韦勒克在《近代文学批评史》中的做法，他在这部著述第1卷的"前言"中说，书中所讲的"文学批评"可以理解为一种广义的文学研究活动，"批评不仅是关于个别作品和作者的评价"，同时还包括"有关文学的原理和理论，文学的本质、创作、功能、影响，文学与人类其他活动的关系，文学的种类、手段、技巧，文学的起源和历史这些方面的思想"以及"探究美的本质以及一般的艺术思辨"的"美学研究"。参见[美]韦勒克：《近代文学批评史》第1卷，杨自伍译，上海译文出版社2009年版，第1—2页。这种做法似乎已成各种批评史著述的惯例，如汉学家高利克在《中国现代文学批评发生史（1917—1930）》中也有类似的说明："本书所指的文学批评，确切地说就是某种文学哲学"，其关注的是"对文学艺术的本质的探讨"；"本书与其说与狭义的文学批评有关，不如说与文学理论和文学思想关系更密切。"参见[斯洛伐克]高利克：《中国现代文学批评发生史（1917—1930）》"引论"，陈圣生等译，社会科学文献出版社1997年版，第4—5页。

辨别是非乃至统一认识的依据所在；与诠释文学的各种理论话语相比，马克思主义文学批评在价值判断和引领走向上，都有无可置疑的权威性。更不用说新中国的文学教育很早就把马克思主义文学理论作为必须掌握的基础知识，系统阐述其思想观点和研究方法的教材也编撰出版了几十种……凡此种种客观存在的事实都足以说明，马克思主义文学批评在中国几乎是一个不言自明的概念，何以还要节外生枝地提出需要辨析的问题。

其实，我们的问题正是在回顾历史和反省现实之后产生的。

从历史上看，对"马克思主义"的辨识似乎在这个概念被认可不久就出现了；马克思自己就有过若不撇清与某些"马克思主义者"或"马克思主义"的关系，他的思想理论就会被扭曲得面目全非的遭遇。这使马克思在面对19 世纪 70 年代末的某些法国的"马克思主义者"时，不得不郑重声明，"我只知道我自己不是马克思主义者"。恩格斯在回顾这段往事的时候又添加了一句评论："马克思大概会把海涅对自己的模仿者说的话转送给这些先生们：'我播下的是龙种，而收获的却是跳蚤'。"[1] 由此可见，马克思在世的时候，澄清自己的思想与某些"马克思主义"或"马克思主义者"的区别，就已经是个需要郑重对待的问题了。

法国学者洛克曼认为，当年马克思遭遇的现象在今天更为常见，因为他发现马克思最有价值的思想理论，"却很少被他的马克思主义追随者以及最敏锐的非马克思主义和反马克思主义的批判者所认识到，这显然是自相矛盾的"。就是说在洛克曼看来，无论是马克思主义的追随者还是反对者，他们的对抗与争论，其实有时候和马克思的思想并没有太大的关系，这让洛克曼不能不对这种"马克思主义"产生怀疑，所以他主张："不管用什么方式来理解马克思，都需要从他与马克思主义的关系开始。"[2] 试图把马克思和马克思主义严格地界分开来，并将后者对前者的任何改变，都一概归结为是对马克思的偏离或扭曲，却不考虑在面对现实的过程中，为了解决实际问题马克思主义理论总得做出一定的调整，这难免会让人觉得洛克曼的固执有陷入原

---

[1]　参见《恩格斯致康拉德·施米特（1890 年 8 月 5 日）》与《恩格斯致保尔·拉法格（1890年 8 月 27 日）》，见《马克思恩格斯文集》第 10 卷，人民出版社 2009 年版，第 586、590 页。

[2]　[法] 洛克曼：《马克思主义之后的马克思——卡尔·马克思的哲学》，杨学功等译，东方出版社 2008 年版，第 4 页。

教旨主义的嫌疑。不过，即使如此也并不意味着他要将二者界分开来的主张毫无意义，至少对马克思主义文学批评的研究来讲，弄清楚它和马克思之间的关系就很重要。因为各种批评形态之间存在的思想差异，并不都是由于理论联系实际所造成的；在很多时候，差异的形成确实与如何理解马克思有着密切的关联。更何况与马克思主义文学批评相关的许多争论，起因就是对其思想是否源于马克思的看法不一。

在追溯马克思与西方政治思想传统的关系时，阿伦特发现，"马克思主义的流传，连马克思自身不存在的东西都会受到赞赏或非难"，因为"马克思主义思潮不仅传播了真正的马克思学说，同时也在某种意义上遮蔽和隐灭了真实的马克思学说"。但是她相信，只要回到马克思，了解"真实的马克思是如何思考的？是个什么样的人？在政治思想传统中居于何种地位？一旦要追问上述问题的话，面临这种质问，马克思主义就会遇到障碍，乃至完全达不到那种影响力了"①。若要真正地理解马克思，阿伦特也认为在一些关键问题上，需要厘清他和某些马克思主义思潮之间的关系。

回顾历史会让人们发现，围绕着马克思主义文学批评与马克思文艺思想所展开的讨论，或者说得更直白一些，关于马克思到底有没有自己的文艺理论系统的争论，实际上一直影响着人们对马克思主义文学批评的理解和定位。若不把这些争论的来龙去脉梳理清楚，不明确马克思的文艺思想在批评理论的建构中是否具有不可替代的关键作用，就难以说清楚马克思主义文学批评的性质与特点。可以说，如何认识马克思主义文学批评与马克思的关系，已成为和批评的发展走向休戚相关的大问题。

"什么是马克思主义文学批评"的叩问所以如此重要，另一个原因在于，如果我们不满足于一个抽象的概念化的定义，不回避被那种省略了过程细节的宏观描述所遮蔽的矛盾冲突，而是直面马克思主义文学批评的建构历史，从构成文学研究活动的那些学理要素上，如"问题意识""研究对象"以及"知识基础"等，进一步追问马克思主义文学批评与一般的文学批评究竟有何不同，并由此出发去深究马克思主义文学批评的建构历史和演化过程，就会发

---

① ［美］阿伦特：《马克思与西方政治思想传统》，孙传钊译，江苏人民出版社 2007 年版，第 4 页。

现，在关乎学理的基本问题上，对马克思主义文学批评的认识其实仍有许多含混不清的地方，甚至还存在着被大而化之的泛论和言不及义的概说所忽略的一些知识盲点。从这个角度来看，作为一个有待充分展开的话题，对"什么是马克思主义文学批评"的追问，在马克思主义文学批评史上会随着研讨和思考的深入而被人们一再提及。

英国的马克思主义文学批评家威廉斯就提出过类似的问题。在回顾自己接受马克思主义文艺理论的过程时，威廉斯说他最初接触的是英国马克思主义的正统观念，可是在阅读了马克思的许多著述之后他才发现，"马克思的思想同我和大多数英国人所理解的那种马克思主义有所不同，就某些方面来说甚至是存在着重大差异"。于是，在"广泛阅读马克思主义的历史，并试图探索其形成的过程"之后，威廉斯终于弄清楚了，造成思想混乱的根源在于有一种"被大力阐述的、人所共知的正统观念"即苏联形态的马克思主义文学理论，长期左右着人们对马克思主义文学批评的认识。而在"正统的"种种说法之中，首先涉及的就是马克思主义文学批评与马克思的关系；按照苏联某些学者的说法，"马克思主义文化及文学理论首先是由普列汉诺夫根据恩格斯晚期著作的观点加以系统化的，随后又由苏联占主导地位的马克思主义流派加以普及的"①。威廉斯指出，苏联学界这种完全否认马克思主义文学批评与马克思有关的说法，实际上是无视马克思在《〈政治经济学批判〉序言》中所阐明的唯物史观对构建马克思主义文学批评的重要性；特别是马克思说的："随着经济基础的变更，全部庞大的上层建筑也或慢或快地发生变革。在考察这些变革时，必须时刻把下面两者区别开来：一种是生产的经济条件方面所发生的物质的、可以用自然科学的精确性指明的变革，一种是人们借以意识到这个冲突并力求把它克服的那些法律的、政治的、宗教的、艺术的或哲学的，简言之，意识形态的形式。"②威廉斯认为，正是被马克思特别强调的要充分认识作为一种"意识形态形式"的艺术与物质生产、经济基础之间的复杂关系，对马克思主义文学批评来讲，有着更为重要的意义。

---

① [英] 威廉斯：《马克思主义与文学》，王尔勃等译，河南大学出版社 2008 年版，第 3 页。译文略有修订，引文中的"民众主义"（Populism）依照通行的译法改译为"民粹主义"。

② [德] 马克思：《〈政治经济学批判〉序言》，见《马克思恩格斯文集》第 2 卷，人民出版社2009 年版，第 592 页。

然而苏联学界却为了推行他们的"社会主义现实主义"（Socialist Realism），片面强调艺术的反映性，混淆了马克思主义的基本概念，从而造成了许多混乱。威廉斯问道："究竟艺术是被动地依赖社会现实（在我们看来这是机械唯物论的说法），还是对马克思主义的庸俗化诠释？或者说艺术作为意识的创造者，决定着社会现实（这是浪漫主义诗人们经常提出的观点）？抑或，艺术尽管最终和其他事物一样，要依赖真实的经济结构，但是部分地反映了这个结构及其后续现实，部分地通过影响人们看待现实的态度，从而推进或阻碍不断改变现实的事业？我发现马克思主义关于文化的理论经常是一片混乱，因为在我看来，这些理论在不同场合和不同作者那里，大家都在各取所需地随意使用所有这些说法。"①威廉斯的疑惑和他的经历都在告诉我们，马克思主义文学批评并不是一个不言自明的概念，许多由于苏联学界的大力阐述而成为人所共知的定论，如关于马克思主义文学理论如何产生的说法，其实是有悖于历史的；被苏联形态竭力宣扬的一些理论如"社会主义现实主义"，和马克思所阐发的文艺思想实际上相去甚远。威廉斯因"什么是马克思主义文学批评"而生的困惑和思索，在马克思主义文艺理论的研究中可以说是一种相当普遍的现象，类似的经验或感受对许多研究者来讲恐怕都不陌生。

在对马克思主义文学批评所做的定位中，苏联形态的文学批评还有一个影响深远的观点，那就是强调马克思主义文学批评的特质主要体现在方法上；根据文学研究的"方法"而不是"问题"来指认马克思主义文学批评与一般文学批评的区别所在，似乎已成为许多研究者的共识，至今仍有广泛的影响，人们已经习惯把马克思主义文学批评解释成一种运用辩证唯物主义的方法去研讨各种文学问题的阐释活动。

"方法"能否体现马克思主义文学批评的特质？晚年的卢卡奇在论及这一问题时指出，仅仅强调方法在马克思主义理论研究中的决定作用，从根源上讲，是把辩证唯物主义和历史唯物主义的关系简单化了，他说："斯大林时期对马克思主义庸俗化的一种倾向表现在：有时候将辩证唯物主义与历史

---

① ［英］威廉斯：《文化与社会：1780—1950》，高晓玲译，吉林出版集团有限责任公司2011年版，第289页。

唯物主义作为两种独立无关的学科，甚至培养出只通晓其中之一的专家。"①
而作为哲学家的卢卡奇十分清楚，如果真像斯大林说的那样，"历史唯物主义就是把辩证唯物主义的原理推广去研究社会生活，把辩证唯物主义的原理应用于社会生活现象，应用于研究社会，应用于研究社会历史"②，把辩证唯物主义视为方法，把历史唯物主义视为用辩证唯物主义方法研究社会历史的产物，并不符合马克思理论研究的实际情况，在研究实践中二者之间的关系其实非常复杂，可以说是不可分离的。卢卡奇以马克思的研究实践为例指出："体现出辩证唯物主义与历史唯物主义之间复杂的相互关系的显著标志是：马克思主义不是由理念的内在发展推演出历史发展的各个阶段，而相反地是从以下观点出发，即由纷繁复杂的历史体系的规定中去把握实际进程。理论（……）的与历史规定的统一，最终是以极其矛盾的方式实现的。因此不论是在原理上还是在各种具体情况下，只有通过辩证唯物主义与历史唯物主义不间断的合作才能确立。"③卢卡奇还结合自己的研究经验，指出方法实质上是对认识途径或认识方式而言的，方法只能体现在认识的思维过程中。他说："方法的本来词义，是与认识的途径不可分割地联系着的。这种词义包含对思维过程采取一定途径达到某种结论的要求。显然，这些途径的方向包括在马克思主义经典作家所描述的世界图景的总体中。特别是通过现有的成果——作为这些途径的终点，清楚地展现在我们的面前。"④就是说，把马克思主义的方法用于文学研究，并不像唯方法论者想象的那样，把文学现象套在某种程序或关系中就可完成，这样做只能导致马克思主义文学批评的庸俗化；方法的操作仅在于把研究对象纳入到它所认可的一定的认识途径或认识框架之中，研究成果实质上是在认识过程中完成的。

在学理层面上进一步深究就会发现，把马克思主义文学批评的特质仅仅归结为"方法"，其实是一种过于泛化的认识，马克思主义文学批评的特质反而因此显得含混不清。以批评方法的界说批评特质的人忽略了，作为一

---

① 　[匈]卢卡奇：《审美特性》第 1 卷，徐恒醇译，中国社会科学出版社 1986 年版，第 3 页注释①。
② 　[苏]斯大林：《论辩证唯物主义和历史唯物主义》，见《联共（布）党史简明教程》，人民出版社 1975 年版，第 116 页。
③ 　[匈]卢卡奇：《审美特性》第 1 卷，徐恒醇译，中国社会科学出版社 1986 年版，第 3 页。
④ 　[匈]卢卡奇：《审美特性》第 1 卷，徐恒醇译，中国社会科学出版社 1986 年版，第 5 页。

种文学研究，马克思主义文学批评的规定性从根本上讲，是取决于其具有自己特有的文学观念、问题意识和由此形成的研究对象，而不只是体现在研究方法的特点上。更何况这里所说的马克思主义的理论与方法，又常常被理解成强调政治、经济因素给予文学的影响，甚或被简化为阶级分析和政治定位，对文学批评来讲它们的作用更接近抽象的观念或原则。对此，英国的批评家本尼特曾有相当深刻的分析，他对仅从方法论上理解马克思主义文学研究的特点做了尖锐的批评，指出："这样做的代价是，马克思主义文学批评只是在方法层面上与资产阶级批评有所区别（用不同的分析原则处理同一类问题），而在批评对象的理论构形这一关键层面上却丝毫没有区别。就此而言，马克思主义文学批评构成了马克思主义理论中最缺乏马克思主义的部分，仍然接受资产阶级问题框架的强大的万有引力，与马克思主义的经济或政治理论形成很大反差。"① 就是说，把方法从它所从属的理论中剥离出来，使原本属于特定理论的方法抽象化、模式化，无视方法实质上是由于理论提出的问题而使研究的思路和方式得以"问题化"的产物，会从根本上模糊马克思主义文学批评的特质。而马克思主义文学批评史也一再证实了，方法一旦脱离了对其具有规定性的理论，或者说只看重方法而对其从属的理论所知不多甚至一无所知，往往会导致庸俗化的马克思主义文学批评的泛滥。所以本尼特说，只强调方法论的马克思主义文学批评其实最缺乏马克思主义。安德森更明确地指出，仅把方法视为马克思主义文学批评的特质，意味着"马克思主义批评的基本指向是在同一平台上以自己的依据与资产阶级批评竞争，而不是争论或移置那个平台"② ；全然无视马克思主义文学批评与一般文学研究的实质性区别，其实是取决于由理论、问题、观念、对象等要素构成的研究平台的不同。马尔赫恩因此警告说："如果马克思主义批评作出的判断到头来是前面的唯心主义传统所下断语的幽灵，那将是令人愕然的。"③ 对我们来讲，可以

---

① ［英］本尼特：《马克思主义与通俗小说》，马海良译，见［英］马尔赫恩编：《当代马克思主义文学批评》，刘象愚等译，北京大学出版社 2002 年版，第 206 页。

② 转引自［英］本尼特：《马克思主义与通俗小说》，马海良译，见［英］马尔赫恩编：《当代马克思主义文学批评》，刘象愚等译，北京大学出版社 2002 年版，第 206 页。

③ 转引自［英］本尼特：《马克思主义与通俗小说》，马海良译，见［英］马尔赫恩编：《当代马克思主义文学批评》，刘象愚等译，北京大学出版社 2002 年版，第 206 页。

说明确这一点，即强调马克思主义文学研究的规定性实质上取决于研究的"问题"或"问题意识"而不是"方法"，才是认识马克思主义文学批评特质的关键所在。所以我们一再强调，如果把"方法"视为马克思主义文学批评的特质，那就意味着在文学研究上马克思主义文学批评没有自己的"问题"和"对象"，似乎马克思主义文学批评的存在只是为了在同样的文学问题上与其他批评争夺话语权，而不是通过自己的问题去发现其他批评视而不见的"盲点"，那马克思主义文学批评的独特价值又体现在哪里呢。所以，在这种认知框架中讨论什么是马克思主义文学批评，显然不可能关注、思考和探讨马克思主义文学批评与一般文学理论研究在知识结构、问题意识和研究对象上有什么不同，从而迷失了对马克思主义文学批评理论的认知方向。

中国学者在研讨马克思《资本论》的研究思路时，认为片面强调"方法"的阐释完全忽略了，"马克思的研究思路是连贯的、延续的，但是被块状化和教科书体系化的马克思与早期的马克思之间出现了沟壑，这一沟壑在很大程度上妨碍了人们对马克思研究思路的整体性理解。……马克思主义哲学教科书的叙述从世界的本体论开始，政治经济学教科书的叙述从商品开始，而马克思的新历史观（唯物史观）与其劳动价值论之间的内在联系则完全被忽略，由此产生的直接结果便是，马克思的思想或者被简单地降解为一种方法论，或者被简单地视为政治经济学批判理论。这种被块状化的解读方式，看不到马克思在理解人类生存模式和尝试着改变人类既有生存模式的努力时所具有的综合性和整体性，而且块状化的解读方式遮蔽了马克思理解问题的深度"[1]。确实，块状化和教科书式的体系性解读，最要命的地方是遮蔽了"问题"和思维的连续性、整体性在研究实践中的存在，无视理论观点对研究的意义而一味强调方法。

以"方法"而非"问题"去解释马克思主义文学批评为什么有别于一般的文学批评，在苏联学界阐释列宁的文艺思想在马克思主义文学理论建构中的作用时被进一步强化了。用卢那察尔斯基的话说，列宁在马克思主义文学

---

① 魏小萍：《通向〈资本论〉之路：前〈资本论〉时期马克思劳动价值论的探索轨迹及分析——以 MEGA^2 为基础的解读》，中国社会科学出版社 2013 年版，第 11 页。

理论建构上最为重要的贡献，就是用唯物主义的反映论来界定文学的本质和阐释文学与社会生活之间的根本关系。他进一步解释说，"反映论所注意的，与其说是作家隶属的家系，不如说是他对社会变动的反映，与其说是作家主观上的依附性和他同某个社会环境的联系，不如说是他对于这种或那种历史局势的客观代表性"①，从而把文学对生活的反映与作家的世界观、历史观联系起来。由于和恩格斯一样把哲学的基本问题归结为思维与存在的关系，所以列宁特别强调反映论对认识文学本质的重要性，形成了苏联文艺理论界以反映论的认识论来阐释和建构马克思主义文学批评理论的走向。

但是根据英国学者柏拉威尔的考证，"马克思在谈到文学时从来没有用过'反映'或'反射'的形象"，"他显然从来没有把作家笔下的世界错误地当作那个作家所了解的生活的简单的镜面形象"②。由此来看，强调意识的反映属性，把文学艺术解释成对社会生活的反映或再现，是列宁对马克思主义文学理论的一种阐释。同时，出于巩固和建设世界上第一个社会主义国家的需要，列宁在强调文学的阶级性的同时，更突出了党性原则对文学活动的规范性。这种构建在反映论基础上的、强调党性原则的苏联文学批评观和马克思的文学批评思想并不完全相同，可以说是马克思主义文学批评的又一种理论形态，即苏联形态的马克思主义文学批评。辨析并反思二者之间的关系和区别，对认识什么是马克思主义文学批评同样具有重要的意义。

不过，美国学者凯文·安德森在深入研究了列宁1914—1915年的《哲学笔记》之后，却给我们展现了一个与苏联学界说法并不完全一样的列宁。他说，"作为马克思之后第一位深入研究黑格尔和辩证法的马克思主义者"，列宁"关于黑格尔和辩证法的笔记是对辩证法的一种严肃的和原创性的研究，这种研究超越了其早期的机械论著作，特别是（写于1908年的）《唯物主义和经验批判主义》"③。正是在这部被安德森称为《黑格尔笔记》的《哲

---

① ［苏］卢那察尔斯基：《列宁与文艺学》，见《卢那察尔斯基论文学》，蒋路译，人民文学出版社1978年版，第6页。

② ［英］柏拉威尔：《马克思和世界文学》，梅绍武等译，生活·读书·新知三联书店1980年版，第549页。

③ ［美］凯文·安德森：《列宁、黑格尔和西方马克思主义：一种批判性研究》，张传平译，南京大学出版社2012年版，第1页。

学笔记》中，列宁明确指出："人的意识不仅反映客观世界，并且创造客观世界。"①这个有别于反映论而且更符合文艺与生活关系的说法，倒是接近马克思对旧唯物主义所做的批评："从前的一切唯物主义（包括费尔巴哈的唯物主义）的主要缺点是：对对象、现实、感性，只是从客体的或者直观的形式去理解，而不是把它们当做感性的人的活动，当做实践去理解，不是从主体方面去理解。因此，和唯物主义相反，唯心主义却把能动的方面抽象地发展了"。② 安德森认为只有认识到列宁对意识并非纯粹反映的这一阐述，我们才能"把列宁与官方的列宁主义区分开来"③。从这个角度来看，列宁虽然偏重于在反映论的层面上理解和解释马克思主义的文学观念，但这种说法似乎更多的是出于应对社会现实的需要，是在政治策略的意义上对文学性质的一种论述。

列宁强调党性、阶级性对文学艺术活动的制约和规定，强调反映论对认识文学艺术与社会生活关系的重要性，带有反对唯心主义和强调唯物主义认识论的特点，是从策略角度对马克思主义文艺理论的一种阐释。就是说，列宁开启了马克思主义文学批评策略研究的维度，这个维度通过凸显马克思主义文学批评在如何认识文艺与社会生活的关系上与一般文学理论的区别，为相关文艺政策的制定，如强调文艺的党性和阶级性，以及文艺创作必须深入社会生活等原则奠定了基础，体现了关注文艺活动与社会生活以及社会体制的关系是马克思主义文学研究的一个重要特点。如何通过相关体制的建立、文化政策的制定和科学管理来促进文学艺术的健康发展，直接关系到文艺对人的发展具有重大影响的社会功能，它与马克思把人自身的生产视为影响历史发展重要因素的思想是相通的。正如马克思所说，人对自己生命的生产与生产物质生活、满足新的需要一样，是影响"历史发展过程的第三种关系"，"从历史的最初时期起，从第一批人出现以来，这三个方面就同时存在着，而且现在也还在历史上起着作

---

① ［苏］列宁：《哲学笔记》，见《列宁全集》第 55 卷，人民出版社 1990 年版，第 182 页。

② ［德］马克思：《关于费尔巴哈的提纲》，见《马克思恩格斯文集》第 1 卷，人民出版社 2009 年版，第 499 页。

③ ［美］凯文·安德森：《列宁、黑格尔和西方马克思主义：一种批判性研究》，张传平译，南京大学出版社 2012 年版，第 10 页。

用"①。因此文艺体制、文艺政策的研讨是马克思主义文艺思想的题中应有之义，也是马克思主义文艺研究不同于一般文学理论的一个重要标志。问题在于斯大林领导下的苏联政府，在文化管理实践上未能按照文艺活动的规律处理好这个问题，以致在马克思主义文学批评理论的研究中，文化管理、文艺政策与文学艺术发展之间的关系，在国内一直没有作为一个重要的理论问题得到深入细致的研讨。

倒是主张把政策问题引入文化研究的英国马克思主义批评家本尼特，在他关于博物馆政治的研究中，揭示了当代资本主义社会如何利用文化的治理性来强化自己的统治，从中可以看到西方马克思主义在文化批评上的发展趋势。本尼特指出，公共博物馆看起来似乎是一个平等地和免费地向所有民众开放的文化机构，但实质上博物馆却成了一种展示权力和实施治理的工具，"这种博物馆的特征是修辞性地将大众（被视为公民）整合进博物馆本身展示的权力形式中"，在这个意义上博物馆"可以被视为一本教科书"，因为"在实践中它已被证明是一种促成那些社会区分实践发展的非常有效的生产性技术，而通过那些社会区分实践……努力寻求展示那些趣味原则和风度形式（它们象征性地校正着他们自身与大众阶层的桀骜不驯成员的界限）"②。就是说博物馆及其展示，实质上显示的是权力的历史辉煌，它以这种方式重复和强化了社会阶层的区分，已成为巩固资本统治的一种工具。

美国批评家斯坦纳对恩格斯和列宁关于文学倾向性的论述所作的比较分析，也涉及文艺政策的问题。他指出，"恩格斯为诗人坦言的无倾向性进行辩护，列宁则要求作家完全与党的美学思想一致"，两种观点都被视为马克思主义文学理论的经典表述，但是二者却"在论点的倾向和主旨方面有深刻的差异"。斯坦纳提醒我们，存在于马克思主义文学批评中的这种差异要求我们必须思考一个更大的问题，即"作为哲学的马克思主义和

---

① [德] 马克思、恩格斯：《德意志意识形态》，见《马克思恩格斯文集》第1卷，人民出版社 2009 年版，第 532 页。
② [英] 本尼特：《文化、治理与社会》，王杰等译，东方出版中心 2016 年版，第 215—216 页。

作为战略眼光的辩证唯物主义对文学批评资源的贡献是什么？"① 斯坦纳的反问似乎可以这样理解：恩格斯和列宁对文学如何表现倾向性的阐释之所以不同，与他们在何种意义上把马克思主义作为文学批评的思想资源有关。恩格斯在哲学美学的意义上强调文学批评与马克思主义理论的关系，所以他特别关注倾向性与文学审美活动的协调；而列宁则是以战略的眼光，在政治策略的意义上将马克思主义的阶级斗争思想引入批评理论，其更关注的是文学的阶级倾向及其对社会生活和意识形态的影响，于是有了文学必须坚持党性原则的要求。斯坦纳的分析涉及马克思主义文学批评的两种理论形态，或者说两种批评维度，一种是建立在马克思主义哲学美学基础上的文学批评，另一种是以马克思主义的战略思想为理论基础的批评模式，后者被伊格尔顿称为"政治的批评"，并指出在批评的主旨和取向上，政治批评"关注的是一套相当不同的问题……批评成了一种论战和干预的事情"②。

　　确认"什么是马克思主义文学批评"之所以是必要的，还因为从历史发展的谱系来看，马克思主义文学批评先后出现过不同的理论形态，这些不同的理论形态既在某些基本观点上有所交集，也存在着与彼此质性相关的差异。若无基本的共识，理论形态的多样性就可能导致批评原则的多元论，以致模糊了对马克思主义文学批评性质的认识。如果把审视的眼光从历史转向当今，所看到的情景似乎更为复杂。用马尔赫恩的话说，"纠缠在这一团混乱中"的当代西方马克思主义文学批评，已经"不可能成为一个稳定的实体，甚至不可能成为一个确定的线性历史中的阶段。它只能是由'当代''马克思主义''文学'和'批评'这四者变动不居的争论所形成的一个相互吸引、再吸引的力的场"③。马尔赫恩所以要把"当代马克思主义文学批评"这样一个专用术语，拆解成四个概念的拼贴，就是因为这

---

① ［美］斯坦纳：《马克思主义与文学批评家》，见［美］斯坦纳：《语言与沉默——论语言、文学与非人道》，李小均译，上海人民出版社 2013 年版，第 352、368 页。

② ［英］伊格尔顿：《马克思主义文学理论》，见［英］伊格尔顿：《历史中的政治、哲学、爱欲》，马海良译，中国社会科学出版社 1999 年版，第 111 页。

③ ［英］马尔赫恩编：《当代马克思主义文学批评》"引言"，刘象愚等译，北京大学出版社 2002 年版，第 2 页。

些概念本身现在都成了争议不休的对象，"马克思主义文学批评"也因此失去了确切的意涵。

伊格尔顿曾将马克思主义文学批评分为四种模式，指出这些模式的特点"都与马克思主义理论内部的一定'区域'相对应"①，就是说四种模式是因为它们对应的马克思主义理论的"区域"不一样而有了差异，强调各种批评模式或理论形态对文学的阐释都是在自己选定的理论范围中展开的。尽管这些"区域"都出自马克思主义理论，但它们之间的"细微的嬗变和移植"，毕竟会影响到批评的提问方式、思路设置和阐释文学的基本视域，甚至还会留下各取所需的痕迹，从而使不同模式的文学研究有了彼此相异的走向，马克思主义文学批评的各种理论形态也因此产生了某些质性意义上的不同。对于这种情况，许多研究者都习惯用理论联系实际或所谓的多样化来解释。就是说，我们既可以把多种批评模式的出现，视为马克思主义文学批评为适应不同的现实需要和解决不同文学问题的产物，也可以用马克思主义文学批评的开放性来解释理论形态上的多样化。不过，在这里似乎还需要考虑一个与之相关的问题，那就是马克思主义文学批评的实践性及其在理论形态上的多样化，也可能隐含着由异质性所导致的冲突，以致让我们再度面临"什么是马克思主义文学批评"的质询。

伊格尔顿坦承，什么是马克思主义文学批评的问题，确实让他在选编《马克思主义文学理论读本》时颇为犯难。他一方面试图以宽容的心态来面对这个难题，说"'马克思主义'一词的作用似乎是表示一系列的家族相似之处，而不是指某种不变的本质"，于是他把不同理论形态的存在理解为马克思主义文学批评历史发展的必然结果。但是从另一个方面看，伊格尔顿又发现，家族相似的解释会因为这样一种状况而难以成立，那就是"我们这个时代业已证明个体们可以在马克思主义者的名义之下对这一信仰的许多古典信条打折扣……不清楚捐弃了所有这些原则之后是否仍然算一个马克思主义者"。为此纠缠不清的伊格尔顿最终不得不强调，"如果'马克思主义'一词要有意义的话，从逻辑上讲就必须有与它不相容的东

---

① ［英］伊格尔顿：《马克思主义文学理论》，见［英］伊格尔顿：《历史中的政治、哲学、爱欲》，马海良译，中国社会科学出版社 1999 年版，第 109—110 页。

西"①。于是问题又回到了我们所追问的"什么是马克思主义文学批评"的原点。伊格尔顿的纠结让我们意识到，要对"什么是马克思主义文学批评"做出明确的回答，与如何认识这种文学批评和马克思的关系有着直接的关联，澄清二者之间的关系成为解决问题的关键。

二、马克思主义文学批评的建构与马克思的关系

对"什么是马克思主义文学批评"的追问和由此引出的更多问题，使我们不得不思考，马克思与马克思主义文学批评的建构与发展究竟是什么关系？所以强调这个问题的重要性，是因为在文学批评史上，这是一个不断被人们从各种角度提出、同时又关系到如何理解马克思主义文学批评的思想理论基础的问题。

要确认马克思与马克思主义文学批评之间的关系，首先需要澄清这样一个问题，那就是在文学艺术问题上，马克思究竟有没有自己的、自成系统的理论见解？后一个问题的解决，直接影响到对二者关系的认识。从这个关节点上来看与之相关的论述，我们发现质疑的甚至是否定的看法似乎更多一些。

质疑马克思文学研究理论价值的最有影响的表述，出自著名的文学理论家韦勒克。他在《近代文学批评史》第 3 卷的"德国批评家"一章里，虽然用了整整一节的篇幅专门讨论了马克思和恩格斯的文学见解，但是由此得出的结论却是否定性的，即韦勒克认为他们对文学所发表的看法并没有形成一套可以称之为"文学理论"的知识系统，甚至在他们涉及较多的文学与社会之关系的话题上也是如此。用韦勒克的话说："马克思和恩格斯的主要文学言论，零零散散，随口道出，远谈不上定论。它们并不等于一套文学理论，甚或探究文学与社会关系的理论。"尽管随后韦勒克也承认，这些零散的言

---

① ［英］伊格尔顿:《马克思主义文学理论》，见［英］伊格尔顿:《历史中的政治、哲学、爱欲》，马海良译，中国社会科学出版社 1999 年版，第 104、105 页。

论之间还是可以把握到某种连贯性的线索，不过他认为这种连贯性并不存在于马克思和恩格斯对文学艺术所发表的各种见解之中，而是"通过其总的历史哲学贯通起来"①。就是说在马克思和恩格斯关于文学艺术的各种言论之间，没有因专注于文学话题所形成的连贯性，他们涉及文学的零散言论只是因为都体现了马克思主义学说的理论观点，彼此之间才有了一定的关联。言下之意显然是强调马克思主义没有自己的文学理论，因为马克思和恩格斯的文学言论并非出自对文学本身的专业研究，其意义仅在于印证了马克思主义，所以不可能构成一套系统的文学理论知识。

不过，把马克思和恩格斯文学言论的连贯性归结于他们的"历史哲学"，倒引起我们这样的猜测：韦勒克好像已经意识到，马克思主义的文学观念并不是用人们熟悉的那种文学理论话语来阐述的，而是形成于另一套话语系统，它们建立在马克思的理论学说的基础上，尽管这种学说和文学艺术没有直接的关系。只是因为排斥用文学学科之外的知识来阐释文学的"外部研究"，坚持用现代文学理论的知识和话语去阐释文学的"合法性"，才让韦勒克这样的饱学之士也难以摆脱学科划分造成的门户之见，以致让他忽略了一个重要的历史文化背景，那就是在19世纪的文学研究语境中，除了他自己笃信的现代文学理论之外，其实还存在着其他的、与现代文学理论不尽相同的文学阐释话语。所以要强调这一点，是因为在下面的讨论中我们要特别指出，与韦勒克一样，正是因为忽略了这样一个文化背景，即诸多专业知识——包括现代文学理论知识——实际上是学科建制的产物，从而盲从于现代学科的划分和建构给专业知识赋予的"真理性"，才限制了人们对马克思文学言论意涵的深层次读解，以致影响到对马克思主义文学理论的认知。

基于同样的原因，韦勒克认为即使在马克思之后，出现了梅林和普列汉诺夫这样的"在文学论题方面有所著述的作家"，他们的文学研究"也不能冠以马克思主义文学批评之称"，因为他们对文学艺术的阐释实质上是沿着马克思主义理论的路数展开的，从中只能看到"尝试把经济决定论和达尔文进化

---

① ［美］韦勒克：《近代文学批评史》第3卷，杨自伍译，上海译文出版社2009年版，第319页。

论以及种种唯心主义美学诸余结合起来"①的努力。在韦勒克看来，如此操作的批评与其说是在阐释文学艺术本身的内在特点，还不如说是用文学艺术的事例和特点去印证马克思主义原理。即使其中也有一些不乏文学理论价值的观点，那也是来自对"唯心主义美学"的借鉴和挪用，与马克思主义自身的文学观念倒没有多大关系。韦勒克认为，沿着这个路向继续前行的20世纪的马克思主义文学批评，看似"系统地阐述了统一的文学理论，却往往武断地诉诸于马克思和恩格斯演变过程中的某一或另一阶段思想"，所以"当今的马克思主义文艺理论，依然暴露出大杂烩的痕迹"②。韦勒克的这些分析让我们发现，作为坚持文学批评有"内部"与"外部"之分的理论家，他始终认为马克思主义的文学研究缺乏对文学本身的认知，更由于各种不同的非文学理论的见解混杂于其中，致使马克思主义的文学理论话语成了一种"大杂烩"。

对西方文学理论研究有着广泛影响的《霍普金斯文学理论和批评指南》，在论及马克思和恩格斯的文学研究时也表达了与韦勒克相似的看法。这部被西方学者视为在文学理论研究和批评操作上具有"指南"意义的著述认为："卡尔·马克思和弗里德里希·恩格斯没有提出过系统的文学或艺术理论，后来的马克思主义美学史也未能经过积累而逐步展现出一种统一的视角：确切地说，马克思主义美学史是为了应对具体的政治上的急迫需求而作出的一系列反应"；"鉴于马克思和恩格斯关于艺术的零星评述缺乏明晰的结论，而且有时含混不清，后来者就针对这种困境提出了解决方案，但这些方案也因他们所赖以生长的政治土壤的不同而各异。"③"指南"的如是读解，也把马克思主义文学批评没有自己的文学理论的根本原因，归咎于马克思和恩格斯在文学艺术问题上只有零星的评述而无明晰、系统的结论。并强调即便后来的研究者力图走出这种困境，提出种种完善马克思主义文学理论的方案，也因为他们的选择要受赖以生存的政治土壤的限制，不可能消除各自所处的社会

① ［美］韦勒克：《近代文学批评史》第3卷，杨自伍译，上海译文出版社2009年版，第319页。
② ［美］韦勒克：《近代文学批评史》第3卷，杨自伍译，上海译文出版社2009年版，第319页。
③ ［美］格洛登等主编：《霍普金斯文学理论和批评指南》（第2版），王逢振等译，外语教学与研究出版社2011年版，第976页。

文化环境之间的巨大差异，以致终究无法形成一套被大家都认可的文学理论系统。

与上述断然的否定稍有区别的认识，出自英国学者莱恩的阐述。他一方面强调马克思和恩格斯对文学艺术问题只有"片段提示和偶尔的评论"，而且在上层建筑与经济基础关系的表述上也存在着某种含混不清的地方，如认为"上层建筑对于社会的经济基础保持着'相对独立性'，然而'最终'又被经济基础所决定"①，这就给各种理论形态留下了按照自己的理解和需要去偏重于某一点的空间。正是这个本身就不完整、有缺陷的"理论基础"，致使马克思主义文学批评在随后的发展中常常为各种不同见解的是非争论不休，这里既有坚持经济基础直接影响文学艺术发展的观点，也有基本上不讨论经济基础问题，只强调意识形态、上层建筑对文学艺术的控制和制约。再如普列汉诺夫、卢卡奇等人把现代主义文学艺术视为资产阶级的同谋，而布莱希特和阿多诺却持相反的观点，强调现代主义艺术的革命意义并给予了相当高的评价。可以说，对基本原理的不同理解和解释是导致争议发生的又一个重要原因。不过从另一方面看，莱恩又把缺乏系统性理论的现象，归结于因为受政治影响所造成的马克思主义文学批评的"间歇性"和"不稳定"。在这里莱恩是指："在不同的研究这一课题的马克思主义方法之间，存在着深刻的政治和理论分歧。这些分歧常常反映了马克思主义内部更普遍的冲突：在'早期马克思主义者'与'后期马克思主义者'，'新黑格尔主义者'与'唯物主义者'，'莫斯科路线'的追随者与'中国路线'的追随者之间的冲突。"②把马克思主义文学理论的发展所以会呈现出不同的历史形态的原因，归结为在不同的政治环境中人们对马克思主义本身必然会有不同的理解。它意味着，即使承认马克思主义文学批评在今天已经有了广泛的影响，那也只能证明马克思主义文学理论为适应不同的需要而形成了多样化的形态，存在于它们之间的差异或冲突，实质上远远多于能被大家所认同的文学观念和理论知识。在莱恩看来，"这种局面的根源在于，马克思本人的著作

---

① [英] 戴维·莱恩：《马克思主义的艺术理论》，艾晓明等译，湖南人民出版社 1987 年版，第 1—2 页。

② [英] 戴维·莱恩：《马克思主义的艺术理论》，艾晓明等译，湖南人民出版社 1987 年版，第 2—3 页。

中根本缺乏一种艺术理论"①，最终还是把马克思视为造成这种局面的根源。与许多颇有影响的解释不同，莱恩还进一步强调，马克思之后的马克思主义文论也由于理论基础的不同才导致了多元发展，指出看似繁盛的马克思主义文化现象由于存在着内在的矛盾，其实给人带来了许多困惑。莱恩将其视为马克思主义文学批评缺乏稳定的理论基础的一种表征。所以这么说是因为，这些不同的理解彼此之间常常发生冲突，莱恩特别指出这类冲突在文学艺术理论上的具体表现是对某种"创作方法"的"偏爱"：苏联和卢卡奇偏爱现实主义特别是社会主义现实主义，而阿多诺和布莱希特偏爱的是现代主义，如此等等。此处应注意的是，莱恩是立足于文艺创作和批评实践才得出这个结论的，但他却忽略了更深层的分歧。更有意思的是莱恩的下述看法，即事实上马克思主义文学批评的发展在很大程度上不能不受现实的政治需要的制约，于是对现实社会出现的"紧迫问题"的应答，成为取舍何种创作方法的依据，应对现实也成了引起乱象的原因。总之，像韦勒克一样，莱恩也把马克思主义文学批评理论存在的种种问题，都归咎于马克思的文学见解零散化所造成的。

　　恐怕不能把韦勒克等人的上述批评，完全归咎于他们对马克思的文艺研究和文艺思想抱有的成见，因为与之相似的质疑即使在马克思主义理论家那里也不少见。

　　与西方学者否认存在着马克思主义文学理论的看法相反，坚持马克思主义文学批评的主流观点则一直强调马克思主义有自己的文学理论。只是在这种笼统的认识之下，对马克思主义文学理论的构成和特质却有不同的理解，由此产生的认知分歧涉及马克思主义文学理论的构建历史、思想基础和知识结构等基本问题，而与之相关的争论首先发生在苏联学界。

　　起初的争论带有浓厚的学派色彩，极左文艺思潮的泛滥构成了讨论的政治背景，其表现为在20世纪"二十年代的苏联，普列汉诺夫被公认为马克思主义文艺学的鼻祖和无可争议的权威"②，围绕着这一话题苏联学界曾有长

---

① ［英］戴维·莱恩：《马克思主义的艺术理论》，艾晓明等译，湖南人民出版社 1987 年版，第 1—2 页。

② 参见［苏］卢那察尔斯基《论文学》，蒋路译，人民文学出版社 1978 年版，第 618 页。

时间的讨论，许多颇有声望的学者都参与其中，后来受到严厉批评的德波林当时就提出了"为普列汉诺夫的正统而斗争"的口号；文艺思想极左的"拉普"也通过他们的刊物《在岗位上》发出号召："在文艺问题内，我们的批评将在普列汉诺夫正统的旗帜下发展。"而以庸俗社会学批评著称的弗里契则更是断言，"除了一般历史唯物主义的体系之外，马克思只给我们留下相当少量的涉及艺术的断章残篇，恩格斯则没有研究过艺术问题"，所以他认为只有普列汉诺夫才是"马克思主义美学的奠基人"①。如果说这些言论表达了这样一种观点，即强调马克思主义文艺理论是在马克思之后才形成的，其始于普列汉诺夫的建构而与马克思没有多大关系，那么它更现实的目的实际上是通过这种方式，为极左派争夺马克思主义文学批评的话语权。

可是到了 20 世纪 30 年代，在清除了极左文艺思潮之后，苏联学界的争论就越来越集中在马克思主义文艺理论的建构与马克思的关系上了。如苏联著名的文学理论家卢那察尔斯基在 1935 年发表的一篇文章中就说，关于文学艺术问题，"在马克思和恩格斯的著作里，只有为数不多的零星见解，因为他们并不曾有过怎样把辩证唯物主义的各项基本原则用于艺术领域的打算"②。另一个苏联学者波克罗夫斯基说得更绝对："历史过程的理论，我们早已有之，而马克思主义的艺术创作理论，却还有待于建立。……这跟通史和政治经济学不一样。在那方面，我们的伟大导师们留下了一系列经典范本。可是在文学史方面，除了普列汉诺夫和梅林的若干著作以外，什么都没有。"③ 据说当时持有类似看法的大有人在，他们认为"在马克思和恩格斯的著作里，除了最一般的历史观以外，再不可能找到其他什么东西，所以，马克思主义的文学艺术理论必须从新建立"；"甚至像普列汉诺夫和梅林这样的马克思主义著作的卓越代表也都认为，在这个领域里，他们这些人还不得不

---

① 转引自周忠厚等主编：《马克思主义文艺学思想发展史》（上），中国人民大学出版社 2007 年版，第 711、712 页。

② 转引自 [苏] 里夫希茨：《马克思恩格斯论艺术》，见 [苏] 里夫希茨：《马克思论艺术和社会理想》，人民文学出版社 1983 年版，第 329 页注释①。

③ 转引自 [苏] 里夫希茨：《马克思恩格斯论艺术》，见 [苏] 里夫希茨：《马克思论艺术和社会理想》，人民文学出版社 1983 年版，第 329 页。

只是根据一般历史唯物主义的观点来从新建立这门科学"①。这种质疑马克思有自己的文艺思想的观点影响极大，20 世纪 80 年代，中国学界也有人发表过与之相似的看法，即认为尽管马克思和恩格斯"对文艺问题发表过许多精辟的见解"，但是却"没有形成完整的理论体系"；原因就在于这些见解"大都散见于马克思和恩格斯关于哲学、政治经济学和科学社会主义等理论著作和通信之中，不是专门的论述，有的只是顺便提到，在某种意义上真可以说是'断简残篇'"②。虽然这个看法当年就受到了广泛的批评，许多反驳者都认为马克思和恩格斯文学艺术言论的分散性仅仅只是言语形式上的，其表达的思想观点则呈现了完整理论系统的"内在的联系性"。不过这种解释并没有彻底消除许多人都有疑虑，所以三十多年后在回顾那场争论时仍然有人指出，根据经典作家文艺言论的"内在联系"而断言他们有理论"体系"的说法，其实"回避了一个核心问题"，那就是"像马克思、恩格斯文艺思想那样只有内在联系的一些观点，没有外在统一的逻辑结构形式是否也能成为一种完整的理论体系？"③不过，如果我们把当年的那场争论放在今天的知识语境中去回顾，恐怕会发现问题的关键其实并不在这里，更需要反思的是争论双方所持有的衡量标准。也就是说，争论双方对于有没有"马克思主义文学理论"的认识看似截然相反，但在思维方式和判断依据上并没有实质性的不同——对立双方都是用通行的现代文学理论的知识结构来衡量马克思主义文学理论的体系性。这说明争议双方对马克思的文学言论的读解，都没有摆脱一般文学理论知识的限制，他们都把是否具备了现代文学理论的知识结构，视为判断经典作家的文艺思想是否具有体系性的唯一标准。

　　由此来看，厘清马克思主义文艺理论与马克思的关系，不仅涉及如何认识马克思主义文学批评的建构与发展的历史问题，它还关系到更重要的、与学理基础相关的问题，即如何认识马克思主义文学批评理论的知识构成和性质、特点的问题。

---

① 转引自［苏］里夫希茨：《马克思恩格斯论艺术》，见［苏］里夫希茨：《马克思论艺术和社会理想》，人民文学出版社 1983 年版，第 330、327—328 页。

② 刘梦溪：《关于发展马克思主义文艺学的几点意见》，《文学评论》1980 年第 1 期。

③ 季水河：《回顾与前瞻：论新中国马克思主义文艺理论研究及其未来走向》，中国社会科学出版社 2009 年版，第 42 页。

　　在论及马克思主义文学批评的发展演化时，也涉及如何认识马克思与马克思主义文学批评的关系问题。在这个话题的讨论中，一般来讲，人们虽然都承认马克思的文学观念对马克思主义文学批评的建构与发展具有思想之源的意义，与那种全然否认马克思有自己的文学理论的观点有所不同，但在梳理马克思主义文学批评的历史发展时，许多影响甚大的阐述却都倾向于把马克思的影响力限定在一定的时段上和某种范围之内，他们认为随着社会历史的发展和文学艺术活动的变化，马克思的文学思想对马克思主义文学批评的实际影响有日益衰弱的趋势。然而在我们看来，这种看法其实低估了马克思文学思想在马克思主义文学批评发展中的作用；马尔赫恩与伊格尔顿对马克思主义文学批评发展历史的分析，都留下了以这种观点阐释马克思文论思想的痕迹。

　　马尔赫恩在他为《当代马克思主义文学批评》论文集所写的"引言"中说："马克思和恩格斯都是素养很深的人，热衷于探索他们自己建立的理论对于文学现状和实践究竟有怎样的意义。他们著作中'论文艺'的标准材料有大约 500 页左右（关于马克思个人与文学、文化关系的权威性论述也几乎同样长）。从他们的论述中没有发展出更多的理论。"[①] 让人感到意外的是，像马尔赫恩这样对马克思的文学言论颇有研究的批评家，也认为在马克思的文论话语中没有多少足以影响后来理论发展的东西，即使这些言论汇集长达 500 多页。而在论及马克思主义文学批评的发展时，马尔赫恩则做了这样的分析："关于马克思主义文论发端与发展的历史，一般可以分出三种不同的相位……一种古典主义的或科学社会主义的相位，这一相位由马克思和恩格斯创立，一直强劲地持续到 19 世纪后半期和 20 世纪前半期；一种具有自我风格的批判相位，这一相位从本世纪 20 年代兴起，在随后的 30 年中成熟和趋于多样化，然后在 60 年代确立一种'非正统的规范'；一种新的相位，这一相位起初效忠于 60 年代早期的批判古典主义，在其后的 10 年间得到广泛传播，然后又在'唯物主义'和'反人文主义'之类含义宽泛的名目下迅速发展、演变，这个发展演变的过程今天仍在继

---

① 　[英]马尔赫恩编：《当代马克思主义文学批评》，刘象愚等译，北京大学出版社 2002 年版，第 3 页。

续。"① 马尔赫恩所以用"相位"而不是"阶段"或"时期"来划分马克思主义文学批评发展的历史阶段，似乎是为了提醒读者，不要以简单的、线性的"因果关系"来理解马克思主义文学批评在发展过程中与各种因素以及不同阶段之间的关系，因为这个过程实际上是由"兴盛与衰落、连续发展但有断裂和重组、替代但有停滞和回归"的交集所构成，具有后现代历史观所说的"谱系学"特征。

马尔赫恩所谓的"古典主义的或科学社会主义的相位"，是指马克思、恩格斯以及普列汉诺夫等人即第一代马克思主义理论家从事文学研究的时期，其最为显著的特征就是在"社会结构及其转变的一般理论"的基础上展开文学研究，基本上是按照经济基础决定上层建筑的思路来研讨文艺问题的。而"古典主义"的称谓，似乎暗示马克思的文艺思想已经成为一种历史现象，或者说他的文艺思想的历史意义大于它的现实价值。随后出现的是"具有自我风格的批判相位"，其特点在于从哲学上批判"正统的"即苏联形态的马克思主义文学批评，而批判的主要指向不仅有文学艺术领域，还包括了以往马克思主义文学批评很少涉足的文化领域，它给这个时段的马克思主义文学批评带来了"古典主义相位"所没有的多样化特点。最后确立的是一种"非正统规范"的新相位，从下面的描述来看，这种相位的马克思主义文学批评已经具有了所谓的"后学"特征，它虽然"在方法上是'社会学的''历史的'和'政治的'。但是，这些都是简化的（也常常是辩护的）特征……事实上，这些含义对古老的文学批评世界是致命的。就其最一致的含义说，它们瓦解了文学这一学科赖以建立的深层分类学和标准性原理，并以这一方式……解构了文学全体的想象力"②。从马尔赫恩的这个带有后现代谱系分析色彩的描述中，人们可以发现马克思主义文学批评的历史发展有越来越远离其"古典的观点"即"走向科学社会主义"的趋势，就像马尔赫恩在他的"引言"中一开始就指出的那样，在今天"马克思主义文学批评"只是一个"近乎确切的名称"，实际上"'马克思主义'的含义则一直是 20 世纪文化中意见最

---

① [英]马尔赫恩编：《当代马克思主义文学批评》，刘象愚等译，北京大学出版社 2002 年版，第 3 页。

② [英]马尔赫恩编：《当代马克思主义文学批评》，刘象愚等译，北京大学出版社 2002 年版，第 16 页。

为分歧的"①。马克思主义文学批评也因此有了多样化的形态和特点，而所以如此的根源，马尔赫恩认为与马克思和恩格斯都没有系统深入地阐述过文学艺术问题有着直接的关联，"从他们的论述中没有发展出更多的理论"，即使"一些现代理论家坚持说，历史唯物主义本身的根本范畴中暗含着一种美学，但就一些实质上相对立的术语而言，这些范畴又显出了矛盾，因为它们主要是强调缺场的哲学事实"②。由此可见，马尔赫恩虽然也肯定了马克思的文学研究具有奠定基础的意义，但是当他强调马克思的影响仅在于此的时候，实际上又切断了马克思主义文学批评的发展与马克思的关系，从而影响到人们对当今马克思主义文学批评的认识。

伊格尔顿在梳理马克思主义文学批评的发展历史时，也曾表述过与上述看法相似的观点，不过在论及这种发展与马克思的关系时，他要比马尔赫恩谨慎得多。

在为其编选的《马克思主义文学理论读本》所写的"序言"中，伊格尔顿提出："马克思主义批评大致可分为四种，每一种都与马克思主义理论内部的一定'区域'相对应，因而也与特定的（非常笼统地讲）历史时期相对应。它们是人类学的、政治的、意识形态的以及经济的——模式，这些模式之间的种种细微的嬗变和移置构成了本书所讲的马克思主义批评的主要内容。"③ 不过伊格尔顿并没有把这四种理论形态简单地视为马克思主义文学批评历史发展的四个阶段，而是指出它们与"历史时期"的对应关系只能在"非常笼统"的意义上理解，四种理论形态的区分在更大程度上是因为它们的形成，都取决于自己仅仅只和马克思主义理论内部的"一定区域"有关，这意味着它们和马克思的关系都是建立在某种选择基础之上的。或者说得更直白一些，就是它们对马克思主义都是有选择的，仅与马克思文艺思想的某个方面发生关系。所以伊格尔顿提醒人们注意，从只和

---

① ［英］马尔赫恩编：《当代马克思主义文学批评》，刘象愚等译，北京大学出版社 2002 年版，第 1 页。

② ［英］马尔赫恩编：《当代马克思主义文学批评》，刘象愚等译，北京大学出版社 2002 年版，第 3 页。

③ ［英］伊格尔顿：《马克思主义文学理论》，见［英］伊格尔顿：《历史中的政治、哲学、爱欲》，马海良译，中国社会科学出版社 1999 年版，第 109 页。

一定区域相关的角度来看，"'马克思主义批评'中的'马克思主义'一词再也不能看作当然无疑的限定词了"①。伊格尔顿也不敢仅仅根据这种选择或侧重，来判断它们与马克思的关联是否能够决定它们作为马克思主义文学批评的身份。于是，存在于这些模式中的种种嬗变以及它们对其他思想理论的移植，则让伊格尔顿产生了这样的担忧甚至是困惑："我们这个时代业已证明个体们可以在马克思主义者的名义之下对这一信仰的许多古典信条打折扣，包括劳动价值理论，历史规律思想，生产力和生产关系之间的矛盾，基础和上层建筑模式，'阶级身份'观念，假定的马克思主义认识论的科学基础，虚假意识概念，'辩证唯物主义'哲学，等等。不清楚捐弃了所有这些原则之后是否仍然算一个马克思主义者。"②他担忧的是各种批评模式一旦模糊了自己与马克思文学思想的关系，马克思主义文学批评在什么意义上还可以称之为是马克思主义的。正如伊格尔顿所说，让他焦虑的是"如果'马克思主义'一词要有意义的话，从逻辑上讲就必须有与它不相容的东西，正如女权主义可能有各种各样，但是没有一个女权主义者会把妇女受男人支配看作一件好事情……'马克思主义'一词的作用似乎是表示一系列家族相似之处，而不是指某种不变的本质"③。用"家族的相似性"来回避马克思主义文学批评的各种形态之间存在的质性差异，其实并没有解除伊格尔顿自己的疑虑，当然也不能让人信服。

相比之下，用萨义德关于"开端"（beginning）的诠释来理解马克思与马克思主义文学批评的关系，似乎更容易让人理解二者之间的实际关系。按照萨义德的说法，"开端不只是一种行为；它也是一个思维框架，一种工作，一种态度，一种意识……它也是理论化的——就像我们问一般的开端是否有独一无二的认识论特征或者认识论表现的时候"，"开端其实是一个持续的、

① ［英］伊格尔顿：《马克思主义文学理论》，见［英］伊格尔顿：《历史中的政治、哲学、爱欲》，马海良译，中国社会科学出版社 1999 年版，第 109 页。

② ［英］伊格尔顿：《马克思主义文学理论》，见［英］伊格尔顿：《历史中的政治、哲学、爱欲》，马海良译，中国社会科学出版社 1999 年版，第 104—105 页。

③ ［英］伊格尔顿：《马克思主义文学理论》，见［英］伊格尔顿：《历史中的政治、哲学、爱欲》，马海良译，中国社会科学出版社 1999 年版，第 105 页。

有意义的事件或过程的起始点"①。就是说"开端"并不等同于"开始","开始"只是就"发生"而言的，它不涉及"结果"，而"开端"则意味着它是指向一定"结果"的开始，"开端"要求随之而来的后续工作应在一定的框架、程序和思路中展开。从这个意义上说，开端是理论化的，即后续发展则是在特定的理论框架或一定的认识架构中展开的。也就是说，理论或认识论框架的存在是开端之为"开端"的前提，开端是在一定认识程序中展开研究的第一步。说马克思的文学研究是马克思主义文学批评的"开端"，同时也是强调，马克思之后的文学批评之所以能够称之为是马克思主义的，从根本上讲就是因为这种批评的发展和演变始终都没有离开马克思为文学研究所设置的"问题"，始终都是把马克思文学研究的问题或问题意识作为引导批评理论后续发展的开端，马克思主义文学批评始终都是在马克思文论研究的问题域中，在问题域所设置的理论架构中展开的。当然，这种后续的发展并不是对"开端"的简单延续或全盘承继，其不可避免地会因为语境和问题的不同而有一定的演变甚至偏离，但这一切又是"开端"的延续，是在开端设置的走向上发生的。如果从这个角度审视马克思主义文学批评与马克思的关系，我们对马克思主义文学批评的理解、建构和发展，是否会少一些伊格尔顿式的困惑与焦虑，而多一些自信和坚持呢？这对马克思主义文学批评中国形态的建构和发展来讲，显然有重要的意义。

如何认识恩格斯的文学思想及其在马克思主义文学批评建构中的作用，也是一个在讨论马克思与马克思主义文学批评关系时绕不开的话题。恩格斯直接参与了马克思主义的创建，又是最早的、最权威的马克思主义阐释人。而他关于文学艺术问题的诸多论述，如现实主义、典型问题、真实性与倾向性的关系以及历史和美学的维度是批评的基本标准等，又被视为马克思主义文学理论的重要组成部分。与马克思的文艺言论相比，恩格斯的这些阐述似乎更完整更具体更在行，这让许多熟识现代文学理论话语的人，都在有意无意之间把恩格斯看成是马克思主义文论的实际奠基人；或者说，至少在我们编撰的马克思主义文论的教科书中，在论及文学理论的具体观点和文学

---

① [美] 萨义德：《开端：意图与方法》，章乐天译，生活·读书·新知三联书店 2014 年版，第 15、21 页。

批评的实际操作时，都愿意把更多的篇幅放在对恩格斯观点的阐述上，以致忽略了恩格斯的文学思想其实与马克思并不完全一样。恩格斯关注的文学问题一般都比较具体，而且多是在现实主义文学理论的框架中展开的，所涉及的话题，甚至阐释这些话题的理论观念和批评术语，基本上没有超出现代文学理论研讨的范围。所以韦勒克认为恩格斯的文学阐述，若放在19世纪80年代的文学理论语境中，"毋庸赘言，这些看法并不新鲜：泰纳、左拉、杜勃罗留波夫在六十年代的扼要阐述，已经广泛传播开来。尤其是左拉，他以十分相似的措辞，强调了巴尔扎克政治观点与他的小说实践的冲突"①。而马克思所阐述的文学艺术观点，则更多地属于具有形而上意义的话题，他往往是在美学或艺术哲学的层面上思考各种文学艺术问题。更重要的是，马克思的文学阐述中关注的问题、蕴含的理论思想甚至使用的术语概念，都和形成于19世纪的现代文学理论有所不同。存在于马克思和恩格斯二人之间的这些差异，可以发现他们在文学研究上的某种区别。若对这种区别无所认识，把马克思与恩格斯的文学思想及其形成的知识语境混为一谈，必然会影响到对马克思的文论思想和马克思主义文学批评的理解。实际上，由于苏联的影响，马克思主义文学批评在相当长的时间里，是沿着恩格斯的路向发展的，对马克思文学思想的研究和阐发反而被忽略了。在本书中，我们所以一再强调马克思的文学言论和文学思想为马克思主义文学批评奠定了理论基础，也是对这种现象而言的。

三、马克思文论话语的文本性

——对里夫希茨编纂《马克思恩格斯论艺术》的反思

影响人们在更深的层面上理解马克思文艺思想的直接原因，在很大程度上与马克思阐述文艺问题的话语往往都过于简略有关，我们称这个现象为马

①　[美] 韦勒克：《近代文学批评史》第3卷，杨自伍译，上海译文出版社2009年版，第318页。

克思文论话语的"文本性"问题。

从现有的资料来看，除了青年时代的几篇评论之外，马克思和恩格斯都没有对文学艺术和美学问题做过专门、系统的理论阐述；马克思关于文学艺术的那些言论，又往往是以尚未充分展开的观点、命题或例证的话语形态，夹杂在研究其他问题的各种著述、特别是政治经济学的著述之中①。语录式的话语形态、过于简略的文本特点、再加上言说语境的错位，让许多研究者对马克思是否有自己的文学思想心存疑虑，更由此带来了一个对马克思主义文论研究而言可谓至关重要的问题：马克思的文学思想在马克思主义文学理论的建构中究竟起了什么样的作用？

我们已经指出，韦勒克是质疑马克思文学言论理论价值的最有影响的表述者，他在自己的《近代文学批评史》第 3 卷第六章中，虽然用一节的篇幅专门讨论了马克思和恩格斯的文学批评活动，但却认为在他们所发表的言论中，实在找不到可以称之为"文学理论"的知识。马克思和恩格斯关于文学艺术的零散言论，在他看来都是随口道出的，既谈不上表达了什么观点，也没有理论应有的系统性，更何况这些言论一般都是在讨论政治经济学的问题时被带出的，缺乏论证，互不连贯，不足以构成一套成系统的文学理论知识。可以说，韦勒克的质疑涉及了如何理解马克思文论话语的文本性问题。

与之相似的看法在西方学界十分普遍，只是在许多当代学者那里，他们似乎并没有简单地否定马克思主义文学理论具有系统性，而只是通过指认经典作家文学思想中的各种"缺陷"，强调马克思主义的文学理论实际上无助于人们真正理解文学艺术。例如，哈灵顿在论及经典马克思主义用阶级学说阐释文学艺术问题时，就指出这种批评"最普遍的缺陷在于它们把艺术形式机械地理解成对于其所处的时代阶级结构的反映。这种说法用镜

---

① 马克思和恩格斯对文学艺术和美学问题的讨论是有区别的。从整体上看，恩格斯的言论偏重于对文学艺术问题的研讨，其见解大多与 19 世纪的现实主义文学思潮有着直接的关联，讨论基本上是在现代文学理论的论域中展开。而马克思对文学艺术问题的讨论则是在哲学美学和艺术哲学的层面上展开的，其相关言论的知识语境也不限于美学和文艺理论，而是带有跨学科的特点，成为 20 世纪以后的马克思主义文论发展的重要思想来源，因此本书讨论的主要是马克思的文学言论。

子暗喻艺术品对阶级结构的反映，艺术作品被说成像镜子一样反映阶级结构关系"①，并认为由此带来了一系列问题，比如对"艺术的审美习俗、规范与风格的形式发展有着相对自主的逻辑"的忽略，对"文化艺术形式本身塑造社会经济生活结构的种种方式"的忽视，以及"倾向于用一种招人不满的眼光来看待艺术家个体的创造能动性"②，如此等等。也就是说，哈灵顿把马克思主义文学批评所存在的各种缺陷，归结为其思想理论的简单化，比如由于强调经济基础决定上层建筑而无视文学艺术相对独立的自主性；没有认识到文学艺术与社会生活的关系是通过一定的文化形式才建立起来的；仅仅强调个体的社会属性、社会身份而低估了个体的创造性以及文学艺术活动本身的创造性，指出这些观点均源于经典作家阐释言论的零散性，他的批评都是"针对古典马克思主义思考艺术的简单化倾向"而言的，并提醒"我们应该记住，马克思本人就具体艺术品几乎没写过什么值得注意的笔记"③。与韦勒克一样，哈灵顿的指责也与文本性问题有关。

　　美国当代著名的文学批评家文森特·里奇也认为，马克思和恩格斯有关美学和文学艺术的专门论述并不多而且零碎散乱。所以他强调："马克思主义美学必须要（重新）建构。虽然在马克思主义哲学中找不到统一的美学理论，但我们还是可以发现为这方面的研究提供方向和一致性的某些传统思路。在他们偶尔论及文学艺术的论著中，马克思和恩格斯为我们提供了三个相去甚远的视角：（1）艺术依赖于某一特定的社会形成；（2）艺术是（而且应该是）政治活动的工具；（3）艺术是相对独立的。普列汉诺夫是第一种视角的第一位主要理论家，他系统地提出论艺术反映生活的观点。列宁是第二种视角早期有力的倡导者，后来的日丹诺夫把它进一步体系化了。这种视角提倡：艺术必须为推动社会主义革命服务。在这一观点的影响下，出现了无产阶级文化、政治教育电影和社会主义现实主义等现象。早期的托洛茨基是第三种视

---

① ［英］哈灵顿：《艺术与社会理论——美学中的社会学论争》，周计武等译，南京大学出版社 2010 年版，第 54 页。

② ［英］哈灵顿：《艺术与社会理论——美学中的社会学论争》，周计武等译，南京大学出版社 2010 年版，第 54 页。

③ ［英］哈灵顿：《艺术与社会理论——美学中的社会学论争》，周计武等译，南京大学出版社 2010 年版，第 12、11 页。

角的拥立者。虽然他在《文学与革命》一书中对文学的独立自足圈定出种种限制，但是，他还是允许创作型艺术有自己的发展空间。"① 里奇通过上述的概括力图说明，虽然关于美学和文学艺术问题的论述在马克思那里零碎散乱，没有统一的理论，但还是可以看出某种"方向"或"一致性"。据此，里奇为马克思主义文学批评总结了三个视角，即从文艺与社会历史的关系上阐释文学艺术、强调文学艺术为政治服务以及承认艺术有相对的独立性。作者还把列宁视为文艺为政治服务的首倡人，认为列宁开创了马克思主义文学批评的一种新的理论形态。里奇的这些说法让我们从一个特定的角度认识了，西方学者对马克思主义文学理论的理解，依然受制于经典作家文学阐释的文本特点。

像韦勒克等人一样，他们也把马克思讨论文学艺术问题的文本特点即言论的简约、零散和语境错位，当作质疑马克思的批评话语是否表达了系统的文学思想的主要根据。也就是说，在马克思主义文论的研究中，人们几乎都会为马克思文学言论的零散性而纠结，如何理解其言论的文本性，已成为人们质疑马克思是否有自己的理论思想的主要根据。这就涉及所谓的"文本性"问题。

西方学界对文本性问题的关注始于结构主义文学批评，最初的文本性概念实际上是一个来自结构主义批评的术语。后来由于欧洲大陆哲学家的参与，对文本性的认识才有了重要的变化。正如格雷西亚所言："在文学界，对文本和文本性（textuality）的探讨越来越热烈。文学批评业已提出了许多重要的问题，这些问题关乎解释、作者权（authorship）以及读者在决断文本的意义和功能方面所扮演的角色等。实际上，这些关注主要导致了某些哲学家（特别是某些处在大陆传统中的哲学家）开始注意到由文本引起的种种谜题。"② 也就是说，由于欧洲大陆哲学家的参与，"文本性"概念才摆脱了结构主义思想的约束而有了更丰富的意涵，马克思文学言论的文本性正是在这个意义上讲的，它强调对马克思文学言论的理解应注意"由文本引起的种种谜题"，就是说在文本的意义上理解马克思的言论，就必须关注这些言论本身

---

① [美] 文森特·里奇：《20 世纪 30 年代至 80 年代的美国文学批评》，王顺珠译，北京大学出版社 2013 年版，第 6 页。

② [美] 格雷西亚：《文本性理论：逻辑与认识论》"序言"，汪信砚等译，人民出版社 2009 年版，第 1 页。

的文本性，"探讨诸如文本的性质、文本的理解和解释以及文本在重现过去时所起的作用这样一些问题"对马克思文学言论意涵的规定性，而不是把这些言论视为没有文本语境的片言只语，孤立地理解它们的意指。

为了纠正那种影响甚广的、把马克思的文学阐释视为片言只语的看法，苏联学者里夫希茨开始收集、整理马克思和恩格斯关于文学艺术和美学问题的各种论述。在长达数十年的时间里，经过多次修订，终于完成了根据相关言论编辑而成的《马克思恩格斯论艺术》①。里夫希茨试图通过由大量的客观材料构成的文本证明，马克思广泛地涉猎和思考过各种的文学艺术问题，只要掌握并认真研读这个文本，不难发现他对文学艺术问题的阐述已形成了系统的理论格局。而且，为了强化人们的认知，里夫希茨还撰写了一部讨论马克思艺术哲学的专著，对他收集、梳理的重要材料做了几乎是一一对应的解读②。他显然是想通过自己的阐释，更清晰地勾勒出马克思文学研究的理论架构。由里夫希茨开创的整理马克思和恩格斯关于文学艺术和美学言论的工作，为研究马克思的文学思想和马克思主义文学理论提供了具有实证意义的文本基础，因此受到各国学者的普遍关注；基于同样的愿望，中国学者也在 20 世纪 80 年代编辑了我们自己的《马克思恩格斯论文学与艺术》③。

但是多少让人感到意外的是，里夫希茨编选的文本并没有终结对马克思言论已有的各种非议，反倒引起了新的争议话题，英国马克思主义理论家马尔赫恩的看法可以视为其中的代表。他说："马克思和恩格斯都是素养很深的人，热衷于探索他们自己建立的理论对于文学现状和实践究竟有怎样的意义。他们著作中'论文艺'的标准材料有大约 500 页左右（关于马克思个人与文学、文化关系的权威性论述也几乎同样长）。从他们的论述中没有发展出更多的理论。……这些最低限度的思考构成了马克思和恩格斯许多文章对

---

① 里夫希茨在 1933 年与舍列尔合作编纂了第一部《马克思恩格斯论艺术》，1938 年出版了增订本。1957 年重新编纂的《马克思恩格斯论艺术》扩充为两卷本，中译本分为四册于 1960—1966 年出版；1976 年经编者修订，出了《马克思恩格斯论艺术》两卷本的第二版，中译本分为四册于 1982—1983 年出版。

② 相关内容可参见［苏］里夫希茨的《马克思的美学观点》《上篇：从革命的民主主义者到科学共产主义》和《下篇：成熟年代》等论文。见［苏］里夫希茨：《马克思论艺术和社会理想》，吴元迈等译，人民文学出版社 1983 年版。

③ 陆梅林辑注：《马克思恩格斯论文学与艺术》上下卷，人民文学出版社 1982 年版。

文化的论述，虽然它们未必形成了一套理论，但它们提供了至今仍有效的一种观点。"①马尔赫恩还用注释特别说明，他的上述结论就是根据里夫希茨编纂的《马克思恩格斯论艺术》和柏拉威尔的《马克思和世界文学》所提供的文本材料做出的②。

我们认为，问题就出在里夫希茨的《马克思恩格斯论艺术》对马克思文学言论的梳理上。说得更准确一些，问题出在里夫希茨整理的文本对马克思批评话语的知识分类上；马克思的文学言论所以被马尔赫恩指认为"古典主义"，显然与里夫希茨的分类梳理所呈现的"理论体系"有关。

对里夫希茨来说，为了使马克思的文学批评话语能够呈现出一个体系化的知识结构，就必须对他的零散言论进行分类性的梳理。可是他似乎没有意识到，"分类"的意义并不在于把各种言论简单地划分到不同主题的名下；"分类"的实质是把马克思的批评话语分门别类地放置到一定的文学理论知识系统之中。借用福柯的观点来说，把马克思关于文艺的零散言论进行"分类"，实质上就是让这些言论呈现出一种"知识的秩序"，而"知识的秩序"则是按照特定"知识型"的认知方式所做的排列组合③。从这个意义上来看里夫希茨的分类梳理，可以说他的梳理工作的最大失误就在于"本末倒置"，违背了研究先于分类的要求。也就是说，要对马克思的文学批评话语进行分类梳理，首先需要确认马克思文学思想的特点，明确其零散的文艺言论之间存在的逻辑关系，分类梳理的意义就在于根据这种特点来呈现马克思文学思想特有的知识结构，它意味着研究和确认马克思文学思想的特点是对其言论进行分类梳理的基础和前提。然而里夫希茨却背离了"研究在先"的要求，直接用现代文学理论的知识结构来梳理和划分马克思的相关言论，似乎认定马克思关于文学艺术问题的思考就是在现代文学理论的知识基础上展开的，这意味着马克思的文学思想与现代文学理论具有同

---

① ［英］马尔赫恩编：《当代马克思主义文学批评》，刘象愚等译，北京大学出版社 2002 年版，第 3—4 页。

② 参见 ［英］马尔赫恩编：《当代马克思主义文学批评》，刘象愚等译，北京大学出版社 2002 年版，第 34 页注释③。

③ 参见 ［法］福柯：《词与物——人文科学考古学》，莫伟民译，上海三联书店 2001 年版，第 10 页。

质性。可是，正如福柯所说："分类学限定了存在物的一般规则，同时也限定了人们借以有可能认识存在物的种种条件。"① 如此操作的分类梳理确实凸显了马克思的文学言论不乏理论的系统性，可是对马克思文学思想的认知来说，里夫希茨的梳理实质上是用现代文学理论的知识遮蔽了马克思在文学问题上的独到见解，模糊了马克思主义文学批评与现代文学理论之间所存在的质性差异。

从带有"总论"性质的《马克思恩格斯论艺术》第一卷的编排来看，里夫希茨对马克思文学言论的梳理，几乎完全是按照现代文学理论的知识框架来分类和归纳的②。例如在第一部分"文艺创作总论"中，里夫希茨把马克思和恩格斯的言论分门别类地放置在"思想性与现实主义""革命悲剧问题""现实历史中的悲剧和喜剧""唯心主义的悲剧观""黑格尔的美学"和"散论"等名目之下，以"文艺创作""现实主义""悲剧""喜剧"和"美学"的知识分类，把马克思的批评话语与现代文学理论确认的"文学问题"和由此形成"理论知识"对应起来。不同的地方仅在于指出，马克思对文学理论基本知识的理解还有"思想性""革命"或反对"唯心主义"等限制。但即使加上这些限制，也只能说明马克思与现代文学理论有"方法"或"视角"上的区别，而在文学研究"基本问题"的认知上和"基础知识"的构成上，二者并没有本质的不同。置于"散论"中的言论，也被里夫希茨分别放置在"理论思维以及艺术对世界的掌握""思想和语言""材料在艺术中的作用""即兴之作与诗歌""论作品风格的意义""论文字论战"和"论翻译"等现代文学理论所关注的话题之中，似乎马克思完全认同了现代文学理论提出的所有文学问题，也热衷于讨论"语言文字""材料""即兴""作品风格"之类的"纯文学"话题。不过只要看看被放置在这些话题中许多言论，就会发现里夫希茨如此"分类"实在难以容下马克思的见解，因为马克思并不像一般的文学理论家那样，只是在单纯的文学维度上去讨论"语言"和"风格"的意义。

除了"文艺创作总论"外，里夫希茨还在"唯物主义的文化史观""阶

---

① ［法］福柯：《词与物——人文科学考古学》，莫伟民译，上海三联书店 2001 年版，第 99 页。

② 参见本章附录的里夫希茨：《马克思恩格斯论艺术》第一卷目录。

级社会中的艺术"和"艺术与共产主义"的题目下整理了马克思和恩格斯的另一些言论。从题目上看，如此分类似乎注意到马克思文学思想与现代文学理论并不完全一样，强调了马克思的文学论述与唯物史观的关系，关注文学艺术的阶级性和文艺审美活动与资本主义的矛盾冲突。但是放在这些题目下的马克思的言论，实际上还是按照现代文学理论的知识来分类的，例如在"阶级社会中的艺术"题目下，马克思的言论是作为"艺术感觉的历史发展"与"艺术创作和审美感受"的知识来读解的。如果仅从文学问题和理论概念上看，里夫希茨的分类梳理所呈现的文学理论知识结构，与现代文学理论几乎相差无几，可以说他竭力想把马克思的批评话语装入现代文学理论的框架之中，最好能把这些言论和观点与已有的理论概念一一对应起来，从文学理论的知识构成上提醒人们，现代文学理论所关注的基本文学问题马克思几乎都涉及了，以此证实马克思的言论在知识结构上已具备了构建文学理论体系的条件。可是，正如本尼特所说："这样做的代价是，马克思主义文学批评只是在方法层面上与资产阶级批评有所区别（用不同的分析原则处理同一类问题），而在批评对象的理论构形这一关键层面上却丝毫没有区别。"① 人们因此只能产生这样的印象，好像马克思就是在既有的文学理论知识框架中来思考和讨论文学艺术问题的。就此来看里夫希茨对马克思文学言论的整理和分类，恐怕只能说他所编辑的文本仅仅表明了马克思对于文学艺术问题确实有着持久的关注和思考，他的言论绝不像某些人所说的那样，只是随口道出的泛泛而谈。至于马克思的文学思想而不是研究方法与一般的文学理论究竟有什么区别，以及马克思是在什么关系、什么框架中来讨论文艺问题的，其研究文艺的问题意识有什么特点，似乎并不在里夫希茨梳理工作预设的目标之内。他显然还缺乏寻找马克思批评话语特质的自觉意识。若从这个角度看，作为研究马克思文学思想的基础文本，《马克思恩格斯论艺术》还有待完善，更何况用现代文学理论的知识来分类梳理马克思的言论，实际上只能误导对马克思批评话语的读解，马尔赫恩断言马克思的文学思想属于"古典主义"的观点，或许就是因此而来的。

---

① ［英］本尼特：《马克思主义与通俗小说》，马海良译，见 ［英］马尔赫恩编：《当代马克思主义文学批评》，刘象愚等译，北京大学出版社 2002 年版，第 206 页。

从文本性的角度来看，里夫希茨对马克思文学言论的分类梳理实际上构成了一个与现代文学理论相差无几的文本，它与一般文学理论的不同仅在于方法，而在文学观念上，在文学活动的构成和运作上，甚至包括对文学艺术性质特点的认识上，似乎二者并没有什么不同。正是这种文本性，极大地限制了人们对马克思文艺思想的理解。

值得注意的是，以现代文学理论的知识来读解马克思的文学思想，在马克思主义文论研究中其实是一个相当普遍的现象。例如20世纪80年代，在中国学界关于马克思主义文论是否具有系统性的那场讨论中，有人根据马克思文学言论的零散特点，断言他没有完整系统的文学思想；而反驳这种看法的学者，则认为马克思和恩格斯的言论涉及文学的审美属性、创作特点、艺术形象、文艺思潮以及欣赏批评等问题，已形成了与现代文学理论相似的知识构架，从而得出他们的文学思想具有理论体系的结论。两种截然相反的观点看似针锋相对甚至水火不容，但是在立论的基础上他们却有惊人的一致性，那就是都把现代文学理论的知识架构和认知模式，作为衡量马克思主义文论是否具有理论体系的条件和根据。这就向我们提出了一个问题：马克思对文学问题的认识究竟与现代文学理论有没有区别，或者说，马克思主义文学批评究竟有没有不同于现代文学理论的特质？

要回答这个问题，恐怕不是仅靠分析马克思相关言论本身的意涵就能做到的；从文本理论的角度来看，制约我们深入理解马克思文学言论的最大障碍是其零散简略的文本特点，所以要把握马克思的文学思想，关键在于对文本读解方式的选择。从这个角度讲，美国学者巴克桑德尔（Eds. L.Baxandall）与莫拉夫斯基（S.Morawski）以不同于里夫希茨的分类方式编辑的马克思、恩格斯关于文学艺术的言论，似乎已经意识到用现代文学理论的知识结构去梳理他们的文学思想的不合理性。在他们编辑的《马克思恩格斯论文学与艺术》1973年版的"引言"中，明确表示要改善里夫希茨整理马克思和恩格斯言论的做法，其中就涉及如何对他们的言论进行分类的问题。从中可以看出编者已有自觉的"文本意识"，其表现在编者对如何进行分类的谨慎思考上，并据此提出他们的分类原则：一是关注言论的主题性，即把马克思恩格斯阐释文艺问题的言论，按照不同的主题来分类；二是关注言论阐述的完整性，也就是把只表述了观点的言论，与那些既有观点，又有一定的分析、论证的言论区分开来。强调"主题"涉及对马克思文学思想构成的理解，强调"阐述的完整性"就是一个文本问题了，涉及对观点的展开、论述和分析。"引言"指出，里夫希茨是以马克思主义哲学即辩证唯物主义和历史唯物主义的思想观点为基本架构，来梳理马克思论文学艺术和美学的言论，这种几成惯例的、仅按照马克思主义原理的逻辑架构或理论观点来分类的做法，使读者只注意到相关言论所表达的观点是用什么"方法"阐述的，却忽略了马克思关于文艺和审美问题的具体阐述，忽略了他对文艺活动的特点及其特殊性的阐述，从而影响到对马克思文学言论主要意涵的理解。更何况马克思主义的基本原理只是理解马克思文艺思想的理论基础，在其他著述中也可以查找到。所以他们认为，在编辑马克思论文学艺术的言论时，应考虑的是如何分类才有利于显示和理解马克思与恩格斯的文学思想。

出于这种考虑，巴克桑德尔和莫拉夫斯基把马克思和恩格斯阐述文学艺术的言论分为三种类型。第一种类型是那些对文学艺术问题做了充分阐述，意涵相对完整而不会引起误读的言论，编者按照不同的"主题"（themes）将其归类划分。第二种类型是"观察性的意见"（observations），其中包括马克思和恩格斯没有充分展开的各种观点和见解。第三种类型则是对具体的文学现象以及作家、作品所做的"评论"（remarks）①。也就是说，第二、三种类型的言论是马克思、恩格斯尚未完成或刚开始思考，所以还有待深化的文艺思想或理论观点，对研究者来讲必须谨慎地读解这些言论，当然，它们也给读解活动留下了相当大的阐释空间。对于巴克桑德尔和莫拉夫斯基来讲，明确"文本"问题，具有清醒的"文本"意识，涉及两个方面，其一是对马克思的相关言论做"主题"式的分类，即应按照马克思提出的思想理论来梳理他的相关言论，从而呈现出马克思文艺思想的逻辑架构。其二是在这个基础上，又要注意马克思的文艺思想中还有一些虽然可作某种"主题"来理解，但又尚未充分展开的言论，在研究马克思的文学思想时，这类言论就需要以特殊的方式来读解。对马克思恩格斯

---

① 参见 Eds. L. Baxandall and S. Morawski, *On Literature and Art*, New York, International General, 1973, p.12。

文学言论的这种划分方式，避开了对言论做知识属性上的判断，显然要比里夫希茨基本上是在即有的现代文学理论知识系统中理解马克思谨慎得多。在马克思、恩格斯论文学艺术的言论汇编上，我们还是第一次看到如此重视分类问题的选本。就此而言，巴克桑德尔和莫拉夫斯基的意见是值得重视的。

按照马克思文学言论在意义表达上的完整性来对其言论进行分类，把言论意涵呈现的程度而不是意涵内容作为分类标准，意味着编者已经清醒地认识到，编辑一个什么样的"文本"，以及这个"文本"的性质及其构成的内在逻辑关系，对人们准确理解马克思的文学思想具有引导性的意义。也就是说，梳理编辑马克思的文学言论，应以完整了解了马克思文学思想为基础；在尚未把握这个基础之前，他们宁可放弃以言论内容进行分类梳理的编辑方式，而以言论表达的完整性作为梳理、分类的原则，其目的仅在于便利读者的阅读和理解，为读者更深入细致地展开研究提供一个资料性的文本。在这之前，不应该也不可能确定马克思这些文学言论的性质和它们的理论意涵。

把现代文学理论知识作为理解马克思文学思想的依据，在马克思主义文论的研究上是一个相当普遍的现象，里夫希茨以这种方式梳理马克思的文学思想不过是在这种研究思路的一个突出的案例而已。强调这一点是为了阐明，从知识构成上看马克思主义文学批评与现代文学理论的区别，我们应注意学科的划分和建构在文学观念形成过程中的重要作用。也就是说，人们往往把学科的划分和构建视为一种纯粹的学术行为的产物，习惯于讨论知识的普适性而忽略了知识的学科性，忽略了知识的形成与学科之间的关系。可是正如特纳所说，"学科的连贯协调性是具有统治力的国家文化的产物"，"知识实践是学术圈内的权力关系和社会结构建构的。学科的兴衰是权力联盟作用的结果"[①]。这说明，无论构建者是否自觉，学科的建立都与国家体制存在着某种关联。特纳指出，从历史上看，"在西方文化中，'学科'概念不可避免地有一些宗教含义。在传统意义上，一个学科也许可以定义为对现象的一组观点的集合，它们通过学术训练或者说对思维的规

---

① 　[英]特纳、瑞杰克：《社会与文化——稀缺和团结的原则》，吴凯译，北京大学出版社2009年版，第5、6页。

范来维持。……有些训练对一套方法论的实践比对一套知识的传授显得更加关心"。这里所说的似乎接近于学科与专业、知识的关系，即学科的意义就在于构建关于现象的一套观点，并由被其认可的这套观点、概念和范畴形成学科知识系统。它意味着学科的一个功能就是确定对现象应持的观念。同时，学科还需要通过专业知识的教育和学术训练形成思维规范；对于学科来讲，一套规范思维方式的方法论要比传授知识更重要。从这个意义上看学科，可以说在貌似纯粹的知识建构中，实际上隐含着对思维规范的训练，学科正是通过专业术语、理论观点和与之配套的方法来实现对现象的解释，进而实现学科对事实的塑形。"一个基础学科是一个为其他一系列应用或者交叉学科领域提供基础的学科。……这些知识实践是学术圈内的权力关系和社会结构建构的。学科的兴衰是权力联盟作用的结果，它在一个学术实践领域分配报酬。"特纳的结论是："学科显然是人工构建的；它们不是自然发生的智力分化，这种分化指头脑的分化。它们是社会构建的观点，构成了对特定社会现实的理解，因此总是可以被重构或者解构。"①借用福柯的理论来解释：学科知识的建立和权力有关，我们不能简单地把学科的建构视为单纯的学术行为。因为学科的意义就在于建构一套认识某种现象的观点，并由被其认可的这套观点、概念和范畴形成学科知识系统。它意味着学科的一个基本功能就是通过专业知识的教育和学术训练，形成特定的认知程序和思维规则。学科与权力之间的这种关系，说明学科所认同的知识以及这些知识建构的专业体系，在一定程度上要适应和满足权力与体制的需要。因此在考察现代文学理论的形成与学科的关系时，我们不可忽视体制／权力的维度。

但是我们对现代文学理论的认知，似乎很少注意到其作为学科划分的产物与知识、权力、社会体制之间的关系，很少思考作为学科知识的现代文学理论实质上是由特定的社会文化打造并服务于这种社会文化的，而学科生产的现代文学理论知识又反过来制约着我们对文学活动的理解。当然，这并不是完全否认学科的划分和构建对文学知识生产的积极作用，而是强

---

① ［英］特纳、瑞杰克：《社会与文化——稀缺和团结的原则》，吴凯译，北京大学出版社2009年版，第6、7页。

调我们应清醒地意识到学科知识可能带来的双重效果，即我们既要看到学科构建的最大优势就在于知识的专业化，它细化和深化了我们对文学的认识；但也正是现代文学理论的专业知识构成了认识文学现象的边界，排斥了非专业的域外知识和思维方式对文学研究的必要性，限制了不同路向介入文学研究的可能，直至文学知识的凝固化和认识文学能力的固步自封。对于我们所要讨论的问题来讲，指出现代文学理论是学科划分和构建的产物，是为了强调，当我们忽略了学科审视维度时，势必会混淆马克思主义文论和现代文学理论在文学知识构建上的不同，以致错失对马克思主义批评特质的探索和认识。

附　录

《马克思恩格斯论艺术》第一卷目录[①]

文艺创作总论

思想性与现实主义

革命悲剧问题

  马克思和恩格斯就拉萨尔的剧本《弗兰茨·冯·济金根》同他的通信／拉

  萨尔附在 1859 年 3 月 6 日的信中关于悲剧观念的手稿

现实历史中的悲剧和喜剧

唯心主义的悲剧观

黑格尔的美学

散论

  理论思维以及艺术对世界的掌握／思想和语言／材料在艺术中的作用／即

  兴之作与诗歌／论作品风格的意义／论文字论战／论翻译

唯物主义的文化史观

社会存在和社会意识

自然条件和文化发展

恩格斯反对把历史唯物主义庸俗化的信

[①]　［苏］里夫希茨编纂：《马克思恩格斯论艺术》第一卷，中国社会科学出版社 1982 年版，第 1—4 页。

恩格斯对弗朗茨·梅林的《莱辛传奇》一书的评价

阶级关系与阶级意识形态

先进的思想家和统治阶级自私利益的卫道士

　李嘉图和马尔萨斯

论对阶级意识形态的科学的和庸俗的理解

历史的继承性及其矛盾

历史发展的不平衡性和艺术问题

阶级社会中的艺术

艺术的产生

　艺术感觉的历史发展 / 劳动在艺术产生过程中的作用 / 艺术创作和审美
　感受

社会分工

　分工和社会意识 / 个人才能与社会条件 / 分工的摧残作用。工场手工业 /
　智力劳动与体力劳动 / 劳动的异化和劳动者在资本主义社会中的状况

交换价值、货币和世界文化

　量对质的支配 / 货币——没有个性形式的财富 / 货币的颠倒黑白的力量 /
　财富的审美形式。金和银

资本主义和古代社会

　古代世界和资本主义积累 / 古代对分工的看法 / 古代奴隶制度和资本主义
　对剩余价值的贪欲

资本主义和封建社会

　封建家长制联系的瓦解和现金交易的统治 / 封建所有制和资本主义所有制

资本主义与精神创造

　艺术和诗及其与资产阶级生产方式的关系 / 资产阶级的趣味及其末路 / 资
　本主义社会中艺术家的劳动

资产阶级文明的矛盾

　社会力量的"异化" / 资产阶级社会中的自由与奴役 / 资本主义制度下的
　人和机器 / 雇佣劳动的历史意义 / 竞争与世界文化 / 原始风俗的诗歌和
　资产阶级文明的散文 / 向前发展和家长制的局限性 / 印度家长制度的解

体 / 资产阶级文明与犯罪 / 家庭的解体 / 社会发展的三个阶段

工人阶级的历史使命

无产阶级与财富 / 工人阶级与社会的进展 / 工人阶级和文化 / 无产阶级革命与资本阶级破坏文物的行为

艺术与共产主义

无产阶级革命的人道主义内容

私有制的消灭与人类的精神发展 / 消灭私有制和发展个性 / 对平均共产主义的批判 / 共产主义社会中的艺术 / 个人与社会 / 禁欲主义与享乐 / 劳动与游戏 / 自由王国和物质劳动

第二章　马克思理论研究的问题域
及其文艺之思的问题化

　　里夫希茨编纂的《马克思恩格斯论艺术》，虽然为研究马克思的文艺思想提供了一个资源丰富的文本基础，但是在现代文学理论知识架构的基础上所做的分类梳理，却使这部言论汇编所呈现的文本结构，因为缺失了经典作家文艺之思的逻辑维度而遮蔽了马克思的文艺思想，淡化甚至扭曲了马克思主义文学批评理论的性质与特点。里夫希茨的失误使我们意识到，若要摆脱现代文学理论的影响，走出仅在字面意义上理解马克思文论话语的传统模式，我们就必须把握马克思展开文艺之思的内在逻辑，了解他的文论话语形成的知识语境和思想基础。而要实现这一目的，只有通过重读马克思去追寻他的思路，尽可能地接近他所构建的那个文论世界。于是，如何读解马克思的文学言论，又不至于因其话语的零散简约而陷入孤立、片面的理解，就成为我们重读马克思首先需要解决的问题。就是说，把握马克思阐释文学艺术问题的基本思路和内在逻辑，对理解其文学言论具有至关重要的意义。正是在这个意义上，我们把认识马克思理论研究的问题域，进而通过问题域去寻找和梳理那些零散言论之间存在的逻辑联系，视为进入马克思文论话语深层意涵的基本途径。

一、马克思理论研究的问题域

　　首先提出把握马克思理论研究的"问题域"（problematic）对准确理解

他的思想理论具有重要意义的，是阿尔都塞。这一见解的提出，原本是他对人本主义思潮在西方马克思主义中的泛滥所做的一种批判性的回应。不过从研读马克思的角度讲，强调"问题域"对理解马克思的重要性，也可以说是对阅读理论的一个具有方法论意义或认识论意义的建树。所以阿尔都塞之后，关于问题域的讨论常常出现在思想史或理论史的研究话语之中，"问题域"一时成了一个使用频率颇高的术语。

自 1927 年首次发表《1844 年经济学哲学手稿》（以下简称《手稿》）之后，青年马克思的哲学思想便成为西方马克思主义关注的热点。1932 年，在《手稿》全文公开发表不久，比利时的德曼就写了一篇题为《新发现的马克思》的论文，道破了个中的缘由。他说《手稿》让他看到了一个与以往印象完全不一样的马克思，因为"这部著作比马克思的其他任何著作都更清楚得多地揭示了隐藏在他的社会主义信念背后，隐藏在他一生的全部科学创作的价值判断背后的伦理的、人道主义的动机"。这个发现让德曼激动不已，断言这"必然会促使马克思主义的许多追随者和反对者去检查自己的观点"，让人去重新认识马克思并且"现在必须作出判断：要么就是这个人道主义的马克思属于马克思主义，这样就必须彻底修正考茨基的马克思主义和布哈林的马克思主义；要么就是这个人道主义的马克思不属于马克思主义，这样就会有一个人道主义的马克思主义，人们可以用它来反对唯物主义的马克思主义"①。就是说，西方马克思主义的《手稿》研读使他们得出了存在着"两个马克思"的结论，用人本主义思想阐释马克思的思潮也由此兴起。

20 世纪 60 年代，苏共二十大对斯大林的批判为这股人本主义思潮的进一步弥漫提供了现实语境，围绕此话题的争论因此增添了浓厚的政治意味，以人本主义阐释马克思的思潮更有了沿着"自由主义"和"伦理之道"滋生蔓延的趋势，"人性""自由""异化"之类的概念，一时成了西方马克思主义理解和阐释马克思的基本话语，他们用这种人道主义思想，用人本主义所激发的热情去抨击资本主义社会。在这样的历史情境中诠释马克思，使西方

---

① ［比利时］德曼：《新发现的马克思》，见《〈1844 年经济学哲学手稿〉研究（文集）》，中共中央马克思恩格斯列宁斯大林著作编译局马恩室编译，湖南人民出版社 1983 年版，第 348—349 页。

马克思主义再度强调德国古典哲学，特别是黑格尔哲学在马克思思想形成过程中的重要作用，抹杀马克思的异化理论与黑格尔异化思想的本质区别，把人道主义思想说成是马克思批判异化劳动的理论依据，成为他们阐释《手稿》的基本路向。沿着这条道路前行，他们把写了《手稿》的马克思与写作《资本论》的马克思对立起来，把青年马克思与其后著述作者的马克思界分成思想境界有异的两个作者，而界分的标准就是人本主义。难怪阿尔都塞会说："这些人产生了一种狂热，仓促地把他们获得解放的感受和对自由的喜爱这类意识形态言论宣布为哲学。"①这股把马克思描绘成一个人本主义思想家的思潮，在西方马克思主义内部几乎泛滥成灾。

在阿尔都塞看来，用人本主义思想去读解马克思的现象之所以会在西方马克思主义中风行，绝不是偶然的。从思想上讲，这种思潮的泛滥源于对马克思和马克思主义理论的一知半解；缺乏基本的哲学素养，不能在理论上完整地理解马克思主义，仅仅凭借《手稿》中的某些观点就去诠释马克思的思想和理论，是造成人本主义思潮泛滥成灾的一个根源。阿尔都塞指出，这种现象的发生源于理论根基缺失所造成的盲目热情，"我们甚至没有读过马克思成熟时期的著作，因为我们太热衷于在马克思青年时期著作的意识形态火焰里重新发现自己炽烈的热情"②。针对人本主义思潮对马克思的曲解，阿尔都塞提出必须"保卫马克思"，并身体力行，坚持以实证科学的态度和方法去重读马克思，力求从理论上完整地阐明马克思主义。而要实现这个目的，就必须了解马克思理论研究的"问题域"，"以指出理论形态的特殊统一性"③，在"问题域"中去理解马克思不同时期的著述和思想。就是说，阿尔都塞把掌握马克思理论研究的问题域，视为避免片面理解马克思的著述与言论的重要方法和基本途径。

今天回过头再看阿尔都塞对西方马克思主义人本主义思潮的批判，不难发现他对一些问题的认识也没有完全摆脱逆反心理给予自己的影响。比如，

---

① 　[法] 阿尔都塞：《保卫马克思》，顾良译，商务印书馆 2006 年版，第 12 页。

② 　[法] 阿尔都塞：《保卫马克思》，顾良译，商务印书馆 2006 年版，第 3—4 页。

③ 　[法] 阿尔都塞：《保卫马克思》，顾良译，商务印书馆 2006 年版，第 15 页。此书把 problematic（法文 problèmatique）译为"总问题"，为行文统一，引文都改用"问题域"。下同，不再赘述。

为了反对人本主义思潮而否认异化理论在马克思学说中的重要性，以及把人本主义思潮的泛滥归咎于对斯大林的批评，却低估了苏联官方的教条主义诠释用费尔巴哈的旧唯物主义对马克思主义思想理论的扭曲和遮蔽。不过，尽管如此，我们还是认同阿尔都塞所作的选择，即强调应在马克思理论研究的问题域中去阅读马克思，以还原马克思的方式去抵制和肃清人本主义思潮的影响。可以这么说，对现实政治语境的敏感把握，使阿尔都塞意识到不能跟风，不能随流，提出"历史把我们推到理论的死胡同中去，而为了从中脱身，我们就必须去探索马克思的哲学思想"①，于是有了关于"问题域"的思考。可是在对马克思的理论思想与经济学研究的把握上，以及自己的结构主义知识背景，阿尔都塞的认识却有些含混，以致使他的思考缺少了某些不应缺失的维度。

那么，被阿尔都塞视为对理解马克思思想理论具有重要意义的问题域究竟是指什么，它对理解马克思又有什么意义呢？阿尔都塞以某种思想成分与其所属的思想整体之间的关系为例，首先对问题域的认识功能做了这样的解释，他说："如果用问题域的概念去思考某个特定思想整体（这个思想直接以一个整体而出现，它明确地或不明确地被人们作为一个整体或一个'总体化'动机而'体验'），我们就能够说出联结思想各成分的典型的系统结构，并进一步发现该思想整体具有的特定内容，我们就能够通过这特定内容去领会该思想各'成分'的含义，并把该思想同当时历史环境留给思想家或向思想家提出的问题联系起来。"②这个解释强调了，问题域作为某种思想整体的系统结构，对我们理解思想整体的各种理论成分提供了具体的知识语境，它规范和引导着我们对各种理论成分意义的理解。关于"问题域"，阿尔都塞则在为这句话所加的注释中作了说明："这个结论具有根本的性质。问题域的概念与唯心主义地解释思想发展的各种主观主义概念的不同之处，正是问题域的概念在思想的内部揭示了由该思想的各个论题组成的一个客观的内在联系体系，也就是决定该思想对问题作何答复的问题体系。因此，为了从一种思想内部去理解它的答复的含义，必须首先向思想提出包括各种问题的问

---

① ［法］阿尔都塞：《保卫马克思》，顾良译，商务印书馆 2006 年版，第 2 页。

② ［法］阿尔都塞：《保卫马克思》，顾良译，商务印书馆 2006 年版，第 53—54 页。

题域。"① 在《读〈资本论〉》中阿尔都塞以更简洁的语言指出："科学只能在一定的理论结构即科学的问题域的场所和视野内提出问题。这个问题域就是一定的可能性的绝对条件，因此就是在科学的一定阶段整个问题借以提出的诸形式的绝对规定。"② 从上述的解释中可以看出，阿尔都塞所说的问题域，是指一种理论思想体系中隐含的内在结构；由于任何理论都是因"问题"而生的，所以问题域不仅规定了理论体系及其各种理论成分的存在方式，而且构成了理论体系及其理论成分的研究视域，并且决定了这个理论系统继续提出问题和展开研究的角度。就像阿尔都塞说的，"哲学的结构、问题，问题的意义，始终由同一个问题域贯穿着"③。用人本主义去阐释马克思的思想之所以是错误的，就是因为这种认识只是孤立阅读《手稿》之后得出的，若从马克思理论研究的问题域即他的思想整体来看，《手稿》所展现的只是马克思在特定的知识语境中、从一定的角度去研究问题所得出的观点，马克思的思想在后来的发展中已有了一定的变化，所以阿尔都塞强调，"为了认识一种思想的发展，必须在思想上同时了解这一思想产生和发展时所处的意识形态环境，必须揭示出这一思想的内在整体，即思想的问题域"④。就是说只有在马克思理论研究的问题域即他的思想整体中，我们才可能准确地理解他在《手稿》中所使用的概念和表述的思想。

"问题域"在中文译本中有多个译名，如"总问题""问题结构""问题框架""问题设定""理论构架""问题式"以及"难题性"等⑤。多种译名的并存一方面表明了不同的译者对"问题域"有着不尽一致的理解；不过换一

---

① ［法］阿尔都塞：《保卫马克思》，顾良译，商务印书馆 2006 年版，第 54 页注释①。
② ［法］阿尔都塞、巴里巴尔：《读〈资本论〉》（第二版），李其庆等译，中央编译出版社 2017 年版，第 16—17 页。
③ ［法］阿尔都塞：《保卫马克思》，顾良译，商务印书馆 2006 年版，第 61 页。
④ ［法］阿尔都塞：《保卫马克思》，顾良译，商务印书馆 2006 年版，第 57 页。
⑤ 译名"总问题"见阿尔都塞的《保卫马克思》，顾良译；"问题结构"见今村仁司的《阿尔都塞——认识论的断裂》，牛建科译；"问题框架"见俞吾金、陈学明的《国外马克思主义哲学流派》；"问题设定"见杜章智的《阿尔都塞的马克思主义》；"问题域"见麦克莱伦的《马克思以后的马克思主义》（第 3 版），李智译；"理论构架"见徐崇温的《西方马克思主义》；"问题式"见张一兵的《问题式、症候阅读与意识形态：关于阿尔都塞的一种文本学解读》；"难题性"见陈越编译的《哲学与政治：阿尔都塞读本》。

个角度，从不同译者对 problematic 的理解上看，也可以说译名的不同也反映了各位译者对"问题域"多重意涵中的某种意义的强调或凸显。例如"总问题"以及在意思上与之接近的其他译名"问题框架""问题设定""理论架构"等，要凸显和强调的是"问题域"对理论家的各种研究的统摄性，即一个成熟的理论家的研究工作虽然在不同的时期会涉及许多论题，但是他对不同论题的认识和解决，却都和他研究活动的整体思考有关，都是在他长期思考的问题框架中展开的；就是说，这个大的问题框架对他不同时期的各种研究来讲具有统摄性，或者说具有"元问题"的意义。译名"总问题"既强调了"问题域"对一个理论家不同论题的研究，具有内在的、逻辑性的规范作用，同时也说明不同论题的具体研究其实可以视为"总问题"展开的分支；这些论题虽然不同，但它们之间却因为"总问题"而有了一定的内在的关联性。这就是阿尔都塞说的："正是问题域的概念在思想的内部揭示了由该思想的各个论题组成的一个客观的内在联系体系，也就是决定该思想对问题做何答复的问题体系。"①

译名"问题式"和与之相近的"问题结构""问题设定"，则凸显了"问题域"对研究的基本思路以及研究的基本方式的规定，"问题式"强调了它像"结构""范式"或"模式"一样，通过它们对一个理论家的思维方式、对其研究思路的选择与走向，具有制约、规定、限制的作用。"问题式"之类的译名凸显了"问题域"可以影响甚至决定一个思想家的运思活动或思路展开的途径，这类译名偏重于凸显"问题域"对理论研究活动的提问和发现的导向性。今村仁司在解释什么是"问题域"时，凸显和强调的正是这种方法性和提问性的功能。他说，问题域"包摄了思维者，意味着屡屡在不知不觉间就将思维强制到一定方向的'思维结构'。'问题域'，在形式上使多种问题的确定成为可能，同时也使提出回答那些问题的多种答案成为可能，是极其严格地限定了的思维的结构。"②他的界说倾向于把"问题域"理解为一种运思程序或思维模式。

---

① [法] 阿尔都塞：《保卫马克思》，顾良译，商务印书馆 2006 年版，第 54 页。
② [日] 今村仁司：《阿尔都塞——认识论的断裂》，牛建科译，河北教育出版社 2001 年版，第 287 页。

　　综合上述各种译名的意涵可以看出，"问题域"与结构主义所说的"结构"以及哲学解释学关注的"问题"有着相近的意思。

　　说"问题域"是一个和"结构"相似的概念，是因为阿尔都塞当初提出"问题域"，显然与他的结构主义知识背景有着直接的关系。对他来说，"问题域"是一个和"结构"极为相近的概念，即"问题域"可以视为对思想家的认知具有制约性的知识结构或问题结构，思想家对问题已有的解释，甚至包括他可能做出的解释，都与这个知识结构或问题结构为其规定的思路有关。从这个意义上规定"问题域"，强调的是其作为一种结构，既是理论家生产各种观念的思想空间和知识基础，又是我们理解他的各种言论和思想必须了解的知识语境和思想之源。问题域是一个对理论家的思想生产具有制约性的结构系统，他对各种论题的发现和解释都是在这个结构中展开并受制于这个结构系统的。卡勒指出："结构主义首先是建立在这样一种认识基础上的：即如果人的行为或产物具有某种意义，那么其中必有一套使这一意义成为可能的区别特征和程式的系统。"① 对于思想家来讲，"问题域"对其理论研究的作用和意义，就类似于卡勒所说的"结构"，他的认知活动和他的思想理论不仅要受"问题域"的规范和引导，而且也只有在他的问题域中去进行的知识生产，才可能显示他的思想的独特性。

　　如果说结构主义的"结构"主要是从思想家受动的角度来解释"问题域"的功能的话，那么，哲学解释学所关注的"问题"，则让我们从思想家的能动方面来理解"问题域"在理论研究中的作用。加达默尔在阐释"问题的本质"时指出："问题的本质包括：问题具有某种意义。但是，意义是指方向的意义。所以，问题的意义就是这样一种使答复唯一被给出的方向，假如答复想是有意义的、意味深长的答复的话。问题使被问的东西转入某种特定的背景中。问题的出现好像开启了被问东西的存在。因此展示这种被开启的存在的逻各斯已经就是一种答复。它自身的意义只出现在问题的意义中。"② 加达默尔的意思是，问题的意义就在于它给研究提供了一个进入事物，并将

---

① ［美］卡勒：《结构主义诗学》，盛宁译，中国社会科学出版社1991年版，第25页。
② ［德］加达默尔：《真理与方法：哲学诠释学的基本特征》上卷，洪汉鼎译，上海译文出版社2004年版，第470、471页。

其作为思考对象的方向，被问的东西因此被置于某种背景之中，成为一个可以回答问题、可以解读的对象；关于此物的答案，就存在于提出问题的逻辑之中。正是在这个意义上，加达默尔说问题开启了被问东西的存在，马克思对古典政治经济学在"价值"研究上所以会有"盲点"的分析，给我们提供了一个理解"问题开启了被问东西的存在"的范例。

马克思指出："诚然，政治经济学曾经分析了价值和价值量（虽然不充分），揭示了这些形式所掩盖的内容。但它甚至从来也没有提出过这样的问题：为什么这一内容采取这种形式呢？为什么劳动表现为价值，用劳动时间计算的劳动量表现为劳动产品的价值量呢？"[1] 马克思通过一条注释回答了这个问题，他说：

> 古典政治经济学的根本缺点之一，就是它从来没有从商品的分析，特别是商品价值的分析中，发现那种正是使价值成为交换价值的价值形式。恰恰是古典政治经济学的最优秀的代表人物，像亚·斯密和李嘉图，把价值形式看成一种完全无关紧要的东西或在商品本性之外存在的东西。这不仅仅因为价值量的分析把他们的注意力完全吸引住了。还有更深刻的原因。劳动产品的价值形式是资产阶级生产方式的最抽象的，但也是最一般的形式，这就使资产阶级生产方式成为一种特殊的社会生产类型，因而同时具有历史的特征。因此，如果把资产阶级生产方式误认为是社会生产的永恒的自然形式，那就必然会忽略价值形式的特殊性，从而忽略商品形式及其进一步发展——货币形式、资本形式等等的特殊性。因此，我们发现，在那些完全同意用劳动时间来计算价值量的经济学家中间，对于货币即一般等价物的完成形态的看法是极为混乱和矛盾的。[2]

就是说，古典政治经济学由于在劳动价值的研究中缺乏历史观念，因而

---

[1] [德] 马克思：《资本论》第 1 卷，见《马克思恩格斯文集》第 5 卷，人民出版社 2009 年版，第 98 页。

[2] [德] 马克思：《资本论》第 1 卷，见《马克思恩格斯文集》第 5 卷，人民出版社 2009 年版，第 98—99 页注释（32）。

他们不可能从历史发展的角度提出价值问题，以致造成对"价值形式"——即价值具有不同的历史形式——的忽略。但正是这种忽略，或者说，就是因为不能提出"价值形式"与历史有何关系的问题，使古典经济学家无法认识资本主义商品生产的奥秘，哪怕他是经济学研究中"最优秀的代表人物"。

正因为有"问题"或问题集合所形成的"问题域"，世界在理论家的眼中才有了需要思考的意义。所以从一个理论家的"问题域"中人们可以发现，他把自己所要探讨的现象是作为一个什么样的"问题"来思考和"塑形"的，他的研究对象由此才形成，他解释这个对象的理论也因此随着问题而展开；这是一个"问题化"的过程。所以，我们只有进入一个思想家的问题域，了解他的思考因何而生，才可能摆脱仅在语言层面上读解其思想的局限，实现对深层意涵的理解。从问题域入手去认识思想家还有一个重要的意义，那就是我们可以通过他的理论研究的问题域，去思考和探索他的研究可能打开的世界和可能建构的对象。这意味着把握问题域不仅有助于更好地理解和解释一个思想家已有的理论学说，而且也为后继者发展他的理论学说提供了路向。那个曾让伊格尔顿为难的问题，即如何判断一种文学批评是不是马克思主义的，在这里似乎找到了回应，那就是要看这种批评对各种文学现象的思考和阐释是不是在马克思的问题域中展开的。

根据上述的理解来诠释"问题域"和思想、理论的关系，可以说把握"问题域"是我们读解一个思想家或一种理论系统的基础和前提，问题域构成了我们理解一个思想家和一种理论系统必须把握的一种具有总体性意义的语境。在人们对某个具体论述可以作出不同的、特别是相互冲突的解释时，根据"问题域"来限制所谓的过度解释，进而判断各种解释的合理性与有效性，显然有重要的意义。在这个层面上讲，可以说把握问题域也是研究某种思想体系或理论体系的重要方法。基于这种认识，我们认为把握马克思理论研究的"问题域"，是从他的那些零散的、尚未充分展开的文学言论中探索其文学观念和研究思路的可行途径。

那么，马克思理论研究的"问题域"又是什么呢？

读解马克思的各种著述和言论必须关注其理论研究的"问题域"，是阿尔都塞提出来的一种研读和理解马克思的方法，而这种研读、理解方法是否可行和可信，从根本上讲，是取决于马克思在自己的理论研究中是否确有他的"问题域"。尽管阿尔都塞一再强调,"问题域并不是一目了然的,它隐藏在思想的深处,在思想的深处起作用";"哲学家一般并不思考问题域本身,而是在问题域范围内进行思考"①,但是对于我们来讲,能否从马克思的著述中明确他是在什么"问题域"中展开研究的,却直接影响到我们把握马克思理论研究问题域的可信性。

从马克思的著述来看,提出自己的"问题",明确研究的"问题"所在,进而通过"问题化"构建特定的研究对象,根据"问题"分析复杂的材料和确定研究的思路,始终是他从事理论研究的重要特点和基本方式。马克思在阐述《资本论》研究的"问题"时,对这种以"问题"进入研究的过程做了清晰的表达,从这个过程中我们可以看到马克思怎样通过"问题"的提出,把资本主义社会中的各种社会、政治、经济和文化现象"问题化",进而形成他特有的研究对象和围绕着"问题化"所展开的研究思路。《资本论》是马克思最重要的著述,也是其思想理论最为系统的阐述。从这个意义上讲,《资本论》提出的"问题"以及对问题的研究,可以视为马克思对其理论研究基本特点的一种概括。马克思说:

> 我要在本书研究的,是资本主义生产方式以及和它相适应的生产关系和交换关系。
>
> 本书的最终目的就是揭示现代社会的经济运动规律。②

这个阐释表明,马克思在《资本论》中所要研究的基本问题就是"资本与现代社会的关系",或者也可以概括为"资本与现代性的关系"。如果沿着这个思路回溯马克思的著述生涯,就会发现把现代性与资本主义的联系在一起的思考,是马克思早已形成并贯穿于他的各种研究之中的基本主题。

在 1845 年写就的《德意志意识形态》中,马克思就指出,资本主义大工业"首次开创了世界历史,因为它使每个文明国家以及这些国家中的每一

---

① [法] 阿尔都塞:《保卫马克思》,顾良译,商务印书馆 2006 年版,第 56 页。
② [德] 马克思:《资本论》第 1 卷"第一版序言",见《马克思恩格斯文集》第 5 卷,人民出版社 2009 年版,第 8、10 页。

个人的需要的满足都依赖于整个世界，因为它消灭了各国以往自然形成的闭关自守的状态。……它建立了现代的大工业城市——它们的出现如雨后春笋——来代替自然形成的城市。凡是它渗入的地方，它就破坏手工业和工业的一切旧阶段”；“各个相互影响的活动范围在这个发展进程中越是扩大，各民族的原始封闭状态由于日益完善的生产方式、交往以及因交往而自然形成的不同民族之间的分工消灭得越是彻底，历史也就越是成为世界历史”①。

在《共产党宣言》中我们再次看到与之相似的思路，马克思对资本与现代性关系所作的如下阐释，已被公认为关于“现代性”的经典描述：

> 资产阶级除非对生产工具，从而对生产关系，从而对全部社会关系不断地进行革命，否则就不能生存下去。反之，原封不动地保持旧的生产方式，却是过去的一切工业阶级生存的首要条件。生产的不断变革，一切社会状况不停的动荡，永远的不安定和变动，这就是资产阶级时代不同于过去一切时代的地方。一切固定的僵化的关系以及与之相适应的素被尊崇的观念和见解都被消除了，一切新形成的关系等不到固定下来就陈旧了。一切等级的和固定的东西都烟消云散了，一切神圣的东西都被亵渎了。②

可以说，研讨资本与现代性的关系是马克思理论研究的问题域，马克思对各种问题——当然也包括文学艺术问题——的理解和阐释，都应放在这个问题域中去读解和思考。我们若把马克思对文学艺术问题的阐述视为其理论研究整体对象的有机组成部分，认识到产生这些文学见解的问题和对问题的思考，均源于马克思理论研究的“问题域”，把马克思关于文学的各种言论放在他的“问题域”中去读解，就意味着我们有可能还原这些言论生成的基本知识语境，找到读解这些言论意涵的方式和发现它们之间潜在的逻辑关系。

不仅如此，认为马克思理论研究的问题域是“资本与现代性的关系”，

---

① [德] 马克思、恩格斯：《德意志意识形态》，见《马克思恩格斯文集》第 1 卷，人民出版社 2009 年版，第 566、540—541 页。

② [德] 马克思、恩格斯：《共产党宣言》，见《马克思恩格斯文集》第 2 卷，人民出版社 2009 年版，第 34—35 页。

也已经成为许多学者的共识。社会学家吉登斯指出："尽管马克思对诸多的历史阶段都有所著述，但是他更关注的是现代社会的变革。在他看来，最为重要的变革都是与资本主义的发展联系在一起的。"①吉登斯还通过比较马克思的社会学思想与涂尔干和韦伯的区别，指出马克思理论研究的特点就在于从资本主义的角度对现代性做出了自己的解释。吉登斯说："尽管《资本论》所涉及的大多是经济分析，但马克思在这一著作中的首要兴趣是资产阶级社会的动力学。也就是说，《资本论》的首要目标就是要考察资产阶级社会生产基础的动力，揭示资产阶级社会的'经济运动法则'。"②马克思主义批评家伊格尔顿也有相近的认识，他说："马克思主义的典型特征是特别注意资本主义的矛盾：它无法自禁地同时生产财富和贫困，二者互为物质条件。这反过来使马克思主义对现代性问题表现出一种特有的立场。"③法国思想家列斐伏尔指出："马克思经常用'现代'一词来表示资产阶级的兴起、经济的成长、资本主义的确立、它们政治上的表达以及后来——但不是最终——对作为一个整体的这些历史事实的批判。"④美国学者劳洛则认为："对于资本主义的发展变化的分析，才是马克思的真正遗产和他的研究工作的旨趣所在。"⑤阿比奈特对马克思的理论研究作了这样的分析："马克思理论体系的特征，是对资本主义经济和技术机制的一种日益迫切的感觉……在马克思看来，由商品形式引发的生产合理化趋势代表着世界的未来；因为依赖于绝对权威和古老的农本主义的封建经济最终是无法与建立在城市的新型贸易和生产方式竞争的"；"马克思认为资本主义的现代性既是落后的又是进步的，既是野蛮的又是文明的。"⑥连后马克思主义者洛克曼也认为，马克思的贡献

---

① [英] 吉登斯：《社会学》（第 4 版），赵旭东等译，北京大学出版社 2003 年版，第 16 页。

② [英] 吉登斯：《资本主义与现代社会理论——对马克思、涂尔干和韦伯著作的分析》，郭忠华等译，上海译文出版社 2007 年版，第 54 页。

③ [英] 伊格尔顿：《马克思主义文学理论》，见 [英] 伊格尔顿：《历史中的政治、哲学、爱欲》，马海良译，中国社会科学出版社 1999 年版，第 108 页。

④ 转引自罗骞：《论马克思的现代性批判及其当代意义》，上海人民出版社 2007 年版，第 24 页。

⑤ [美] 劳洛：《马克思主义哲学和共产主义》，张建华译；见欧阳康主编：《当代英美哲学地图》，人民出版社 2005 年版，第 628 页。

⑥ [英] 阿比奈特：《现代性之后的马克思主义——政治、技术与社会变革》，王维先等译，江苏人民出版社 2011 年版，第 1、3 页。

"就在于他关于现代世界的理论","他第一次把强烈关注的目光聚焦于现代性的中心因素……现代世界是自由资本主义产生和发展的结果"①。这些出自不同理论背景的阐述在这样一点上却有了交集,那就是他们都认为,马克思的"现代"观念始终都把"资本"作为基本的、具有构成意义的意涵。对马克思来讲,研究"现代"就是研究"资本主义",反之亦然。现代性研究成为马克思切入资本主义研究的基本视角和不可或缺的维度。确认这一点对于我们理解马克思主义文学批评范式的特质,对于认识马克思的文学思想与现代文学理论有质性意义上的区别,都有极其重要的意义。

这些分析都说明马克思毕生的理论研究是在思考资本与现代性的关系的"问题域"中展开的,通过这一关系的研讨马克思形成了如下思想:资本主义生产方式的出现是人类进入现代社会的标志,现代性发展的动力源于资本对剩余价值的追逐,所以资本主义社会的基本矛盾、危机以及因此产生的异化和阶级斗争,都可以视为现代性问题的体现,由此形成了马克思对现代性问题的反思和批判,即揭示资本作为现代性原则的普遍贯彻所引发的一系列问题,马克思对现代社会的认识也因此有了不同于其他思想家的特点,更深刻地揭示了现代社会的二重性。一方面,马克思对资本现代性给予了充分的肯定,指出:

> 只有资本才创造出资产阶级社会,并创造出社会成员对自然界和社会联系本身的普遍占有。由此产生了资本的伟大的文明作用;它创造了这样一个社会阶段,与这个社会阶段相比,一切以前的社会阶段都只表现为人类的地方性发展和对自然的崇拜。②

强调只有经过资本主义历史阶段,人类社会才能摆脱愚昧落后,获得巨大发展的机会。

另一方面,马克思又对资本现代性作了深刻的批判,强调资本现代性中

---

① [法] 洛克曼:《马克思主义之后的马克思——卡尔·马克思的哲学》,杨学功等译,东方出版社 2008 年版,第 2 页。

② [德] 马克思:《政治经济学批判(1857—1858 年手稿)》,见《马克思恩格斯文集》第 8 卷,人民出版社 2009 年版,第 90 页。

隐含着不可避免的背反性，指出资本现代性的历史——

> 只不过是现代生产力反抗现代生产关系、反抗作为资产阶级及其统治的存在条件的所有制关系的历史。[①]

从马克思的这些阐释中可以看出，揭示资本主义即现代社会的运作方式和规律，构成了他展开各种研究的基本论域。马克思的所有著述和思考，包括他没有专门、系统阐述的文学艺术和美学问题，其实都是在这个"问题域"中展开的。

把马克思理论研究的问题域定位于"资本与现代社会的关系"或者"资本与现代性的关系"，还需要讨论一个问题：如果说马克思理论研究的问题域或研究对象是资本主义，而且还是在资本与现代性的关系中展开的，那么，如何解释他的历史研究呢？要知道，研究历史对于马克思来说始终都有极其重要的意义，就像他说的，在从事政治经济学研究之前，他主要研究的就是哲学和历史："我学的专业本来是法律，但我只是把它排在哲学和历史之次当做辅助学科来研究。"[②] 如是来看，研究历史对于马克思来说具有重要的意义，若我们所概括的问题域不能将历史内容容纳其中，显然是说不过去的。不过，按照马克思自己的说法，他的历史研究实际上与现代研究有着密切的关系，就像他在《资本论》中所说的那样，他的历史研究是以资本现代性为视角的："对人类生活形式的思索，从而对这些形式的科学分析，总是采取同实际发展相反的道路。这种思索是从事后开始的，就是说，是从发展过程的完成的结果开始的。"[③] 在《〈政治经济学批判〉导言》中，马克思对他的历史研究的这个特点做了进一步的说明。马克思指出：

---

① ［德］马克思、恩格斯：《共产党宣言》，见《马克思恩格斯文集》第2卷，人民出版社2009年版，第37页。

② ［德］马克思：《〈政治经济学批判〉序言》，见《马克思恩格斯文集》第2卷，人民出版社2009年版，第588页。

③ ［德］马克思：《资本论》第1卷，见《马克思恩格斯文集》第5卷，人民出版社2009年版，第93页。

资产阶级社会是最发达的和最多样性的历史的生产组织。因此，那些表现它的各种关系的范畴以及对于它的结构的理解，同时也能使我们透视一切已经覆灭的社会形式的结构和生产关系。资产阶级社会借这些社会形式的残片和因素建立起来，其中一部分是还未克服的遗物，继续在这里存留着，一部分原来只是征兆的东西，发展到具有充分意义，等等。人体解剖对于猴体解剖是一把钥匙。反过来说，低等动物身上表露的高等动物的征兆，只有在高等动物本身已被认识之后才能理解。因此，资产阶级经济为古代经济等等提供了钥匙。①

对马克思来讲，历史研究，特别是关于"人类生活形式"即与社会形态、社会结构以及生产方式相关的历史研究，确实和资本主义现代性的研究有着直接的关系，后者甚至被马克思视为更深刻了解历史不可或缺的维度，并据此提出"从后开始"的历史研究方法。由此来看，"资本与现代社会的关系"作为理论研究的问题域，不仅没有排除历史对象，而且还为深入研讨历史问题提供了独特的视角，成为历史研究不可或缺的前提。

从问题域出发去认识马克思的文艺思想，使我们意识到，马克思关于文学艺术问题的思考，实际上是在一个与现代文学理论全然不同的知识语境和理论基础上展开的。马克思关注和研讨的并不是一般的、超历史的、纯粹的文学艺术和美学，而是在一定的历史形态下运作的，特别是在资本与现代性关系中进行的文学艺术和审美活动。所以，马克思和马克思主义文学批评的文艺研究所关注的不是"文学是什么"之类的问题，而是思考和研讨文学艺术的实际运作状况，也就是在资本与现代性的现实关系中"什么是文学"的问题。问题的这种提法，正体现了马克思一再强调的历史意识、历史观点对文学艺术研究的重要意义。基于这种认知，我们认为批判和反思资本现代性的"问题域"，给马克思的文学批评话语赋予了与社会历史活动相关的，也是现代文学理论的审美话语所没有的丰富意涵。根据马克思理论研究的"问

---

① ［德］马克思：《1857—1858 年经济学手稿摘选·导言》，见《马克思恩格斯文集》第 8 卷，人民出版社 2009 年版，第 29 页。

题域"理解马克思主义文学批评的范式特征,对认识马克思主义文学批评理论的知识结构、把握马克思主义文学批评具有不同于一般文学批评理论的特质,都具有重要的意义;同时也为研讨马克思主义文学批评中国形态的特点,确定中国形态建构的路向,提供了理论依据。

二、问题化与马克思的文艺之思

从现象上看,马克思关于文学艺术问题的阐述虽然缺乏理论应有的系统化形态,但这不意味着他对文学艺术和美学问题的长期思考都是零散、随意的。把这些言论置于马克思理论研究的问题域中去理解,将其视为问题域之中思考的产物,在我们看来,就是深化对这些言论的理解,梳理存在于它们之间的逻辑关系,进而发现和判断马克思的文学思想是否具有系统性的有效方式和可靠途径。之所以有这样的自信,是因为我们认为,马克思关于文学艺术问题的思考,实际上是他理论研究的有机组成部分;这些言论大多出于马克思阐释政治经济学的著述之中的事实,以及它们与马克思的各种理论观点、分析阐释之间存在的对应性的互文关系,都足以证明这种认识并非毫无根据的想象。也就是说,马克思关于文学艺术问题的思考,正是在他的理论研究的"问题域"中进行的,对资本与现代性关系的反思与批判既是马克思阐发其文学思想的语境,又是他思考文学艺术问题的出发点,从中可以发现马克思的文学思考是如何被"问题化"的。

在理论研究的层面上看问题域,它的基本功能之一就在于实现研究的"问题化",这是一个在特定问题的引导下生成研究对象和研究思路的过程;研究对象其实是因为"问题"的发现才建构起来的。在这个过程中,问题域内在地规定了研究的基本思路和价值取向。当我们面对一种社会或文化现象时,研究可能提出什么样的问题,选择什么样的研究路向,进而确定什么样的对象,让研究在什么样的场域中展开,都和"问题域"有着密切的关系。在当今的文学批评中,通过这种关系形成的批评理论并不罕见。比如说,面对历史的或现实的文学现象,女性主义批评关注的是性别差异与文学活动的关系，精神分析批评关注的是无意识在文学和文学活动中的作用。强调性别差异或无意识心理对文学活动的参与乃至制约，是它们将自己面对的文学现象"问题化"的结果。那么，对马克思主义文学批评来讲，它将如何实现文学现象的"问题化"，或者说对文学现象提出什么样的、自己所关注的问题，从而构建特有的研究对象和明确自己进入文学的维度与方式。在这个过程中，思想家研究的"问题域"是实现"问题化"的关键。问题化的结果是形成自己特有的对象与思路，因为问题域让他看到了别人看不到的东西，正是这种"别人看不到的东西"，构成了一个思想家独有的思考和研讨的场域，他因此才有了自己的发现与创造，才有了他对人所共知现象的与众不同的理解和解释。

福柯在其晚年的研究活动中，越来越多地使用"problematization"这个术语。在法国学者朱迪特·勒薇尔编著的《福柯思想辞典》中文译本中，译者将其翻译为"提问"，国内学者在相关译文中，则有"问题化""问题呈现""问题界定""问题化场域"等等不同的译名。勒薇尔指出，福柯的"提问""并非针对某个预先存在物的表象，也不是针对由话语创造的一个并不存在的对象，而是针对'话语实践或非话语实践的整体，该整体使某物进入真和假的游戏，并把该物构成思想对象（不管这是以道德思考的形式，还是以科学认识的形式，或者以政治分析的形式，等等)'"①。就是说，福柯所说的"问题"或"提问"，不是针对已经存在的东西而言的，比如"文学是什么"的提问，对提问者而言如此发问意味着他已确认了被问之物"文学"，"文学是什么"的提问已经肯定了文学的存在，提问此刻只是想知道如何理解文学的性质和特点，它与非文学有什么区别，即怎么理解和界定文学才是可靠的。这不是福柯所讲的"问题"或"提问"，因为如此发问并没有把被问的对象"问题化"，没有让文学本身成为一个需要重新认识的对象。福柯的"问题"则有"问题化置疑"的性质，问题的提出始于对被问之物本身的质疑，从而使它成为从提问的角度来看还是一个未知之物。就是说"问题化"的意义在于使已知之物再度成为一个需要重新认识的研究对象。

以自己的经验为例，福柯对"问题化"做了这样的解释，他说："我尝

---

① ［法］勒薇尔:《福柯思想辞典》，潘培庆译，重庆大学出版社 2015 年版，第 124 页。

试去分析的是这一现象：对那些以某种特定方式行事、拥有某种特定习性、从事某种特定实践、投身某种特定机制中的人来说，这些机制、实践、习惯及行为是如何成为一个问题的。"①就是说，他通过问题化构建了一个新的思想对象，使那个被常规或习惯视为意义已经明确的东西成为一个需要质疑和思考的对象。从这个意义上讲，"问题化"就是因"问题"或"提问"所构成的视角，让似乎已知的、已有答案的东西成为新的思想对象的一种方式，所以福柯又把"问题化"称之为"问题化置疑"②，强调"问题"的提出带有质疑的性质，它把之前关于这个问题的解答全部推翻，全部否认，使被问之物重新成为需要检审、探讨的对象。同时，福柯还明确表示，他要通过"问题化"把思想史研究与观念史、精神状态史研究区分开来。他说："我想要在'观念史'与'思想史'之间加以明确区分。大多数时候，一个观念史家试图判定一个特定概念是何时出现的，而这一时刻通常伴随着某个新词的出现。可是，作为一名思想史学者，我一直试图去做的事情与此不同。……观念史关涉的是对某一概念的分析，分析它是如何产生的、是怎样发展的，在它产生的过程中与其他观念的关系是怎样的。思想史分析的是某一未被问题化的经验领域或一系列的实践类型（这些经验与实践曾经被认为是理所当然、习以为常、'寂静无声'的），是如何成为一个亟需应对的问题，从而引发一系列的探讨与争论、煽动新的应对与反应，并且致使以前'寂静无声'的各种行为、习惯、实践及制度产生危机。"③在福柯看来，思想史研究不同于观念史的地方，就是对已有定论的思想"提问"，使某种已被认可的思想重新成为需要质疑的问题，其意义就是让已被认可的思想"问题化"。福柯将其指认为思想史研究的特点，是思想史研究所以不同于观念史、精神状态史研究的关键所在，基本任务就是研究对思想的提问方式，就是研究一个时代或一个时期特有的"问题化"方式；这个时代之所以会形成这样的思想，是因

① ［法］福柯：《何谓直言?》，杜玉生等译，见汪民安编：《自我技术：福柯文选Ⅲ》，北京大学出版社2016年版，第366页。
② ［法］福柯：《何谓直言?》，杜玉生等译，见汪民安编：《自我技术：福柯文选Ⅲ》，北京大学出版社2016年版，第362页。
③ ［法］福柯：《何谓直言?》，杜玉生等译，见汪民安编：《自我技术：福柯文选Ⅲ》，北京大学出版社2016年版，第366页。

为它有自己特有的提出问题的方式，有自己特有的"问题化"方式。正因为如此，一个时代与另一个时代的思想之所以有区别，原因就在于它们"问题"的不同，有不同的"提问"方式，有各自的"问题化"方式。福柯指出："这些历史的形象是由某种问题化形式所确定的，这种问题化形式规定着对象物，规定着行为规则，规定着人们相对自身的关系方式。对问题化形式的研究（也就是对那种既非人种学的常数也非编年史的变化的东西的研究）是一种对于具有普遍意义的问题就其在历史上的奇特形式所进行的分析。"①

福柯关于问题化及其对研究工作的意义所作的阐释，对我们的研究给予了方法论意义上的启发：把握马克思理论研究的问题域，不仅为我们理解他的文论话语提供了知识语境，而且还使我们认识到，理论研究的问题域同时也显示了，马克思的文学思考是沿着什么样的"问题化"路径展开的。或者说，问题化的提出使我们意识到，理论研究的问题域使马克思以他特有的提问和问题进入他的文学研究，而这种"问题化置疑"所面对的，正是现代文学理论所构筑的文学知识。

阿尔都塞和他的学生对《资本论》的读解，可以视为"问题化置疑"的一个范例。在《读〈资本论〉》中，阿尔都塞虽然没有专门展开"阅读"与"文本"关系的讨论，但是在阐述他们是怎样阅读《资本论》时，在陈述自己的阅读方式和阅读特点时，却涉及"问题化置疑"对"阅读"有所发现的重要意义。阿尔都塞说："我们没有作为经济学家、历史学家或文学家阅读《资本论》。我们没有就《资本论》的经济内容或历史内容，也没有就它的单纯的内在'逻辑'对《资本论》提出问题。我们是作为哲学家来阅读《资本论》的，因此我们提出的是另一类性质的问题。直截了当地说，我们对《资本论》提出的是它同它的对象的关系问题，因而同时也就提出了它的对象的特殊性问题。……我们在阅读过程的每一步都提出这样的问题：《资本论》的对象究竟在哪些方面不仅区别于古典（甚至是现代）经济学的对象，而且也区别于青年马克思的著作特别是《1844年手稿》的对象。"② 阿尔都塞在

---

① ［法］福柯：《何为启蒙》，顾嘉琛译，见杜小真编选：《福柯集》，上海远东出版社1998年版，第542页。

② ［法］阿尔都塞、巴里巴尔：《读〈资本论〉》（第二版），李其庆等译，中央编译出版社2017年版，第2—3页。

这里强调了，从阅读角度上讲，他的特殊性就在于把作为政治经济学著述的《资本论》，当作一个哲学文本来阅读；两种阅读的区别就在于阅读的问题意识即"问题化置疑"不一样，"作为哲学家阅读《资本论》，恰恰是要对一种特殊论述的特殊对象以及这种论述同它的对象的特殊关系提出疑问。这就是说要对论述—对象的统一性提出认识论根据问题"①。由此可见，所谓的哲学阅读要厘清的不是《资本论》阐述的政治经济学内容，而是它的研究方法；其所以是"哲学的"而非"经济学的"，是因为哲学阅读的视角涉及《资本论》的"认识论"，即马克思看到了古典经济学看不到的东西，具体来讲就是，古典经济学"不知不觉地变换了场所，用劳动力的价值代替了迄今为止一直是它研究的明显对象的劳动的价值"②。就是说，《资本论》之所以能够区别"劳动的价值"并非"劳动力的价值"，是因为这一认识形成于马克思理论研究的"问题域"，而这个也曾被古典经济学言及的现象，却由于不在它的"问题"之内以致"视而不见"。

阿尔都塞指出："古典政治经济学没有看到的东西不是它没有看到的东西，而是它看到的东西；不是没有出现在它面前的东西，而恰恰是出现在它面前的东西；不是它疏忽的东西，而恰恰是它没有疏忽的东西。因此，疏忽是没有看人们看到的东西。疏忽与对象无关，而与看有关。"强调在我们的研究中，对某些东西看得见或看不见，并不一定取决于主体的能力，也和他的智力高下没有必然的联系。是否能够"看到"，其实取决于研究者的"问题域"："科学只能在一定的理论结构即科学的问题域的场所和视野内提出问题。这个问题域就是一定的可能性的绝对条件，因此就是在科学的一定阶段整个问题借以提出的诸形式的绝对规定。"③由此可见，阿尔都塞所说的阅读的特点在于，它的洞见或不见要受制于"问题域"；马克思所以能够超越古典政治经济学，原因就在于它们有着不同的问题域，所以马克思能够看到古典政治经济学看不到的东西。

---

① ［法］阿尔都塞、巴里巴尔：《读〈资本论〉》（第二版），李其庆等译，中央编译出版社 2017 年版，第 3 页。
② 参见［德］马克思：《资本论》(法文版第一卷)，中国社会科学出版社 1983 年版，第 556 页。
③ ［法］阿尔都塞、巴里巴尔：《读〈资本论〉》（第二版），李其庆等译，中央编译出版社 2017 年版，第 11、16—17 页。引文略有修订，即"总问题"改译为"问题域"。

把马克思关于文学艺术的各种言论放在其理论研究的"问题域"去理解，我们会发现马克思的文学研究与现代文学理论的重要区别，就在于他所关注的并不是现代文学理论所说的那种脱离了历史语境的、具有普适意义的、俳徊在纯审美关系中的文学艺术；马克思关注的是在与资本相关的现代社会生产方式和生产体制中展开的文学活动及其产品。从马克思的批评话语中可以看出，马克思主义文学理论并没有像现代文学理论那样，给"文学是什么"提供一个能够揭示其"本质"的答案，而是在追问资本与现代性关系的问题域中，揭示文学艺术在现实的社会生活中实际上是怎样存在和运作的。问题的这种提法，体现了马克思一再强调的对理论研究至关重要的历史观点。这里的"历史观点"是指"坚持承认社会与文化现实总要在过程中把握"①，即强调历史的"时间性"或"过程性"，强调研究文学现象不可忽视"时间"或"过程"的维度，其要义在于指出文学和文学活动具有与社会历史发展相关联的多样形态，文学活动的性质与特点要受制于特定的社会体制和生产方式，从而显示了马克思的文学研究与现代文学理论的重要区别，就在于后者总是把文学艺术从其历史运动的形态中抽象出来，将其作为一个仅为审美而存在的静止或抽象的对象来阐释。所以，从马克思强调"我们仅仅知道一门唯一的科学，即历史科学"②中可以看出，他对文学问题的思考并不是在现代文学理论的知识系统和认知方式中展开的。只有把马克思的文学思想和相关研究作为其理论学说的有机组成部分，进入马克思主义的知识系统，才有可能真正理解其中的意涵。正是在这个意义上，我们把马克思主义文学批评视为一种自成系统的理论研究范式，强调马克思主义文学批评的特点就在于它是在有别于现代文学理论的知识语境中展开的文学研究。

这里所说的"范式"观念，源于科学哲学家库恩。要特别说明的是，这个"范式"是指被库恩进一步阐述的那个概念。由于人们常把库恩所说的"范式"简单地理解成一个与"范例"或"模式"相近的概念，库恩在随后的研究中对"范式"作了更深入的解释，指出为避免把"范式"和"研究模式"

---

① [美]格洛登等主编：《霍普金斯文学理论和批评指南》（第2版），王逢振等译，外语教学与研究出版社2011年版，第970页。

② [德]马克思、恩格斯：《德意志意识形态》，见《马克思恩格斯文集》第1卷，人民出版社2009年版，第516页注释②。

混为一谈，他宁愿用"学科基质"或"科学共同体"来说明"范式"的特点，二者的根本区别在于"学科基质"概念不仅表明"范式"具有"研究模式"的意义，同时它更强调"研究模式"还和一定的知识系统以及与之对应的问题意识相关，指出特定的理论思想、知识系统和研究群体在基本问题上的共识，是"研究模式"得以形成和实施的基础与前提。① 就是在这个意义上，我们强调马克思主义文学批评是一种自成系统的"文学研究范式"，用"范式"说明马克思主义的基本原理和知识系统对文学研究的规范性。

马克思文学研究的范式特点主要体现在两个方面：

首先是在批判"资本现代性"的语境中，马克思对文学问题的阐述并没有简单地接受现代文学理论以审美界说文学的性质与功能的观点，而是关注文学活动和特定社会的运作机制以及意识形态之间的复杂关系，关注社会的政治和经济体制给予文学的性质与功能的影响，关注现代社会的物化机制以及异化现实对文学审美活动的介入，揭示文学艺术所具有的多重价值和多种功能，特别强调文学活动对人性塑造和社会变革的参与。

其次是在反思"资本现代性"的语境中，马克思的文学阐释拓展了现代文学理论构建的研究领域，发现了新的文学问题和研究对象，如艺术生产问题、艺术生产与物质生产的不平衡关系、文学艺术的审美活动与商品生产及市场经济的关系，科学技术的发展给予文学艺术的影响、审美研究与文化研究的关系、现代社会对艺术生产的管理及其政策、大众文化或文化工业的问题，等等。从这些特点中可以看出，文学艺术研究语境的重构和问题意识的转变，形成了马克思主义文学批评作为一种文学研究范式的这样一些特质：在马克思主义理论研究的问题域中思考和深化对文学艺术的性质与特点的认知；提出打破学科限制的"域外思维"和多学科研究的必要性；用马克思主义的理论知识充实研讨文学艺术问题的学理基础；探索新的文学问题和研究对象；拓展文学研究的思维空间，形成马克思主义文学批评的理论、范畴和命题；等等。

如此理解马克思主义文学研究的特点，是因为近百年来文学研究的发展

---

① 参见［美］库恩：《科学革命的结构》，金吾伦等译，北京大学出版社 2003 年版，第 157—167 页。

趋势，已经显示了对现代文学理论研究范式的种种质疑和变革。确认文学艺术的审美本质是现代文学理论的重要建构，这一认识始于康德，经过黑格尔的系统阐发和浪漫主义运动的实践与张扬，终于成为现代文学理论关于文学基本知识的一种经典性的表述。正如研究者所说："从现代美学史的通常观点看，现代美学的主要事实是无利害性观念的发展，这既包括自然美和艺术经验中的无利害性，也包括艺术创作的无利害性。无利害性观念是指：我们对审美性质的反应，我们创作艺术作品的动机，都是自主的，与我们其他一切实践的和认知的兴趣无关，这是一个特殊的维度，在这个维度中，我们可以摆脱我们通常的一切烦恼和约束，享受运用感官和想象之乐。……此后它作为'形式主义'的和'为艺术而艺术'的意识形态流传到 19 世纪后期，随之进入 20 世纪。"① 然而在康德之前，因为与人类的社会生活有着广泛的联系，文学艺术活动一直被视为一种广义的文化活动，人们更关注的是文学艺术在现实生活中的实用价值，强调文学艺术的认识、教育、德育和娱乐等等功能，而文学艺术的审美功能则被视为只是众多实用功能中的一种，被放置在从属和辅助的位置上。在中国，有孔子的"兴、观、群、怨"说；在西方则有贺拉斯的"寓教于乐，既劝谕读者，又使他喜欢"的定位②。学者们通过对文学艺术历史发展过程的研究发现，用审美界说文学艺术的本质是很晚近才有的思想，"在现代思想史中，艺术通常与美联系在一起；不过在历史上，艺术与实用和知识的联系可能更为紧密和广泛。把艺术和美联系在一起的看法反映了 19 世纪把艺术理论合并于美学的倾向"③。威廉斯的关键词研究也告诉我们，一直到 19 世纪中叶 Aesthetic 才在英语中被普遍使用④。现代文学理论将文学指认为一种为审美而存在的活动，确实推动了文学研究和文学知识的专业化，使文学艺术在审美的领域中获得了长足的发展，但也

---

① ［美］鲍德温等编：《剑桥哲学史（1870—1945）》上册，第七翻译委员会译，大象出版社 2008 年版，第 388 页。

② ［古罗马］贺拉斯：《诗艺》，罗念生译，见《诗学·诗艺》，人民文学出版社 1962 年版，第 155 页。

③ ［美］美国不列颠百科全书出版公司编辑：《西方大观念》第 1 卷，陈嘉映等译，华夏出版社 2008 年版，第 51 页。

④ ［英］威廉斯：《关键词：文化与社会的词汇》，刘建基译，生活·读书·新知三联书店 2005 年版，第 2—3 页。

使文学艺术越来越远离现实的世俗生活，成为本雅明说的"礼仪"和"崇拜的庆典之物"①。审美本质的指认既推动了文学艺术的发展，又使其越来越脱离了对社会现实生活的介入和干预。

在马克思的文学研究的语境中，美和审美的内涵与现代文学理论所说的审美已经有了很大的不同。二者的共同点在于都把审美活动视为一种不同于理性认识的感性活动，强调审美感性与身体及精神活动的关系。二者的区别则在于：现代文学理论所说的美与审美，主要是指艺术形式及其对感性活动的影响，而马克思则把美学问题作为其实践哲学的研究对象，强调对象化劳动对美和审美的规定性。就此而言，可以说实际上存在着两种不同的美学话语系统，我们应在马克思的美学话语系统中去理解马克思主义文学批评的审美意涵。更重要的是，虽然也强调审美对文学艺术的规定性，但是马克思并没有接受把审美性视为本质规定的文学观，而是像伊格尔顿说的，马克思"一直对审美价值保持了某种沉默"②。

与现代文学理论以审美性界说文学艺术的本质不同，马克思是在"资本与现代性关系"的意义上阐释文学艺术的性质与特点的。只有在马克思理论研究的问题域中，我们才可能对马克思的文论话语有更深刻的理解。其要义在于强调由生产关系、生产方式、社会体制等因素组成的运作机制对文学艺术活动的制约，是把文学艺术活动放在特定的生产关系和生产方式中，通过社会运作体制和各种社会关系去认识文学艺术及其活动的特点。由此所展开的研究空间和阐释方式，显示了马克思主义文学研究范式特有的结构和思路。

三、马克思主义文学批评的问题意识

要阐明马克思主义文学批评的特点，有必要分析、比较这一理论范式与

---

① ［德］本雅明：《机械复制时代的艺术作品》，见［德］阿伦特编：《启迪：本雅明文选》，张旭东等译，生活・读书・新知三联书店 2008 年版，第 240—241、249 页。

② 转引自［英］本尼特：《马克思主义与通俗小说》，马海良译，见［英］马尔赫恩编：《当代马克思主义文学批评》，刘象愚等译，北京大学出版社 2002 年版，第 208 页。

现代文学理论范式在文学研究的问题意识上究竟有何不同。而作为理论范式，马克思主义文学批评与现代文学理论在问题意识上最重要的区别，集中体现在对文学艺术本质特征的认知上，或者说，主要体现在如何从存在论的意义上解释文学艺术与人类生活的关系。

现代文学理论对这个基本问题的认识，借用艾布拉姆斯的话说，"在已过去的两个世纪里，专业的艺术哲学以及与这种哲学关系最为密切的多种艺术实践批评都基于一个共同的理论，简单地说，就是'艺术本身'（art-as-such）"，"通常，审美哲学家和批评家将这种表述看作是关于艺术作品的普遍和永恒的真理，而且，我们习惯于将艺术理论的发展史看成是一个逐渐走向成功，并发现这些真理的过程"[1]。现代文学理论研究的问题意识就是在这个过程中形成的，艾布拉姆斯认为它执着追求的主要有三个方面：首先是为"美的艺术"确认仅仅属于它的对象，其中包括诗歌（或文学）、绘画、雕塑、音乐和建筑。就是说文学属于"美的艺术"的对象，并最终"形成了一个自成一格的研究领域"。其次是把这个领域中的对象都视为"静观"的纯精神对象，而且"这一静观是无目的、无私欲的。这种静观以自身为目的"。由此形成了最后的结论："将艺术作品视为一个自足、自治、独立的对象。艺术作品是为其自身的目的而存在的，而不是一个通向外在目的的途径，其艺术价值是内在的、非外在的、是为自己而存在的。"[2]当现代文学理论在它的问题意识的引导下使自己的研究走到这一步的时候，显然距"为艺术而艺术"只有一步之遥了。在对现代文学理论研究的问题意识做了如是概括之后，艾布拉姆斯也承认，"这种想法只是我们的一厢情愿"[3]；文学艺术的现实存在和历史发展，实际上都从未真正落入、也不可能落入现代文学理论研究范式为其设置的这种境况之中。

从现代文学理论研究的问题意识中不难看出，它所关注和阐述的是仅与

---

[1] ［美］艾布拉姆斯：《艺术本身：现代美学的社会学》，见《以文行事：艾布拉姆斯精选集》，赵毅衡等译，译林出版社 2010 年版，第 120、119 页。

[2] ［美］艾布拉姆斯：《艺术本身：现代美学的社会学》，见《以文行事：艾布拉姆斯精选集》，赵毅衡等译，译林出版社 2010 年版，第 120 页。

[3] ［美］艾布拉姆斯：《艺术本身：现代美学的社会学》，见《以文行事：艾布拉姆斯精选集》，赵毅衡等译，译林出版社 2010 年版，第 120、119 页。

审美活动相关并受审美制约的文学艺术，并据此来理解和解释文艺的本质、本体及其存在根据和存在价值。文学艺术因此从一般的日常生活现象中被剥离出来，并被赋予了独特的地位和有异于其他精神活动的特殊属性。也正是依赖这种问题意识的确立，现代文学理论才得以形成自己的专业知识基础和学科身份；它意味着，现代文学理论的研究范式就是在追寻文艺特殊性的进程中形成的。在这种问题意识下展开的研究，确立了文学艺术的审美本质，也就是将审美性指认为文学艺术的基本属性，审美性成为文学艺术区分于非文学艺术的根本属性，文学艺术的存在依据和存在价值也因此被解释成对于人生和世界的审美观照。文学艺术由此与认识功能、教诲功能相分离，被解释成只为审美而存在的一种活动。当然，只为审美而存在，并不等于说"为艺术而艺术"，艺术仅为自身而存在的观点其实是最极端也最浅薄的审美文学观。现代确立的审美论的文学观，所强调的是审美与感性的关联，以及由于这种关联而形成的对理性压抑的消解和对抗。其知识语境实际上是近现代以来，对由于现代工业发展所造成的工具理性泛滥和因宗教衰落所造成的精神价值沦丧的一种回应。对文艺审美的关注也因此有了以审美代宗教的思想，形成了审美决定论的文学艺术观和审美救赎论的文艺功能说。某些人本主义的西方马克思主义思想家如马尔库塞，是审美救赎论最执着的鼓吹者；他们完全没有意识到，即使文艺的审美活动可以释放感性的欲望和追求，能把人的感性能力甚至本能发挥到极致，在私有制存在的前提下，异化现实依然扼制着人的本质力量的对象化，所以仅靠审美为感性打造的空间，是根本无法实现这种救赎梦想的。

基于马克思理论研究的问题域来读解他对文学艺术的种种阐述，可以说马克思是以这样的问题意识面对文学艺术的：在现代社会，特别是在资本主义异化生存的历史环境中，文学艺术的审美活动何以可能。如此理解马克思文学批评的问题意识，是基于他的批评实践和由此提出的理论观点；同时也表明了我们的这样一种认识，即马克思主义文学批评并没有完全舍弃对文艺活动具有审美取向的指认，但是，无论是在"审美"和"美"的界定上，还是在文艺活动与审美的关系上，马克思主义文学批评都对现代文学理论的审美观念持有保留态度。从马克思的文论话语中可以看出，他虽然没有否认文艺具有审美性的现代文学理论知识确实深化了我们对文艺的认知，但却认为，文学批评不能因此而无视现实生活中的文艺审美，始终都与政治、阶级和意识形态纠缠在一起的事实。因此，马克思主义文学批评所关注和阐释的，乃是文艺的审美活动与各种意识形态之间的关系，是资本、市场、商品、阶级对文学艺术的介入和干预。由是形成了马克思主义文学研究特有的视域和途径，这是一个将文学艺术的审美活动放在一定的历史形态和社会结构中感受、分析和阐释的过程。所以，对马克思主义文学批评来说，文学艺术的"自律"运作不能不受各种"他律"的牵制与干扰，文学艺术也因此形成了与审美比肩而立的认识、教育、伦理、娱乐等多种社会功能。在这个意义上，可以说审视、分析和阐述审美／政治的交集关系构成了马克思主义文学批评的基本架构。也正因为是在这样的问题意识和关系网络中研究文学艺术，马克思才可能提出现代文学理论研究范式看不到的文艺问题，如艺术生产、社会体制对文艺审美活动的制约与影响、物质生产与艺术生产的不平衡关系、传媒技术与文学艺术的发展，等等。

读解马克思关于文艺的言论，讨论他阐释文学艺术的问题意识，小说是一个需要涉及的话题。所以这样说的原因在于，18世纪以后，小说在欧洲逐渐成为主要的文学形式。作为一种受众遍及社会各个阶层的文学样式，小说正处于蓬勃发展的时期，甚至开始显露出取代诗歌和戏剧在欧洲文学史上地位的征兆。更值得注意的是，在经历了17世纪对牧歌田园生活的描绘、18世纪专写英雄故事与浪漫爱情的传奇，以及展现社会风俗的流浪汉叙述之后，19世纪的小说开始讲述非英雄化的、与市民日常生活息息相关的故事，开始讲述人性、心理和情感之于人生的意义。马克思所关注的资本与现代社会的关系，在小说中获得了充分展现，被形象化为足以左右人物命运的故事，或者是显露在日常生活中的细节。在《资本论》第3卷里，当马克思阐述"在资本主义生产占统治地位的社会状态内，非资本主义的生产者也受资本主义观念的支配"这一观点时，就提到了巴尔扎克笔下的人物和故事。马克思说："以对现实关系具有深刻理解而著名的巴尔扎克，在他最后的一部小说《农民》里，切当地描写了一个小农为了保持住一个高利贷者对自己的厚待，如何白白地替高利贷者干各种活，并且认为，他这样做，并没有向高利贷者献出什么东西，因为他自己的劳动不需要花费他自己的现金。这样一来，高利贷者却可以一箭双雕。他既节省了工资的现金支出，同时又使那个由于无法在自有土地上劳动而日趋没落的农民，越来越深地陷入高利贷的蜘蛛网中。"①从这里既可看到马克思对小说的阅读状况，又让我们了解到他所以看重巴尔扎克是因为巴尔扎克"能够深刻理解现实关系"。通常，马克思主义文学批评往往都是用现实主义的风格与特色来解释巴尔扎克的魅力，马克思在这里对巴尔扎克的赞赏，似乎更具体一些，他肯定的不是一般意义上的写实性，而是具有洞察力的"对现实关系"的深刻理解。小说与现实主义的关系，也因此成了马克思主义文学批评所关注的一个重要的文学话题。

不过多少让人有些意外的是，在马克思论及文学艺术的话语中，却从未使用过"现实主义"这个概念，也不曾针对这种文学形态直接阐发什么意见。我们于是面临着一个需要思考的问题：一个在马克思那里从未提及的文学观念，后来怎么就成了马克思主义文学理论知识构成中最为重要的组成部分，甚至成为马克思主义文学批评主流话语经常使用的基本术语。毫无疑问的是，从马克思的文学趣味和他以欣赏态度提及的作家与作品来看，说马克思非常看重现实主义文学应该是能够成立的。例如在提到"现代英国的一批杰出的小说家"时，马克思对狄更斯、沙克莱、白朗特女士和加斯克耳夫人等作家都有好评，称赞"他们在自己的卓越的、描写生动的书籍中向世界揭示的政治和社会真理，比一切职业政客、政论家和道德家加在一起所揭示的还要多。他们对资产阶级的各个阶层，从'最高尚的'食利者和认为从事任何工作都是庸俗不堪的资本家到小商贩和律师事务所的小职员，都进行了剖析"②。马克思所赞赏的这些特色，显示的正是19世纪现实主义文学的特征。但是，既然马克思如此欣赏现实主义文学，为什么又不曾使用过"现实主义"这个概念呢？我们想通过这个话题，再次强调对马克思文艺思想的理解和解释必须立足于其原有的知识语境，也就是说，无论是作为一个概念，还是作为一种文学形态，我们都需要注意现实主义的变化。在马克思生活的时代，现实主义并不像今天的教科书所说的那样，仅仅是一种与特定的文学形态相关的文学主张，而是一个有着极其丰富意涵的观念。例如，在瓦特和麦

---

① [德] 马克思：《资本论》第 3 卷，见《马克思恩格斯文集》第 7 卷，人民出版社 2009 年版，第 47 页。

② [德] 马克思：《英国资产阶级》，见《马克思恩格斯全集》第 10 卷，人民出版社 1962 年版，第 686 页。

基恩的研究小说的著作中提及现实主义时，首先强调的是现实主义作为一个哲学概念的含义。瓦特指出："按照一种只会令新手惊诧的反论，'现实主义'这个术语在哲学上极严格地限用于一种与通常用法截然相反的现实观。它适用的中世纪经院现实主义者持有的那种观点是普遍性、类别性或抽象性，而不是特殊的、具体的、感性知觉的客观实体，这才是真正的'现实'……正是这种经院现实主义观点的陌生性，至少起到了对小说的特征注意的作用，这个特征与今天业已改变了的哲学上的'现实主义'含义相类似。……哲学上的现实主义对小说具有的重要意义很少是具体化的，相反，其重要意义在于现实主义思潮的总体特征、它常用的调查研究的方法及它提出的种种命题。""哲学上的现实主义的总体特征是批判性的、反传统的、革新的；它的方法是由个体考察者对经验的详细情况予以研究，而考察者至少在观念上应该不为旧时的假想和传统的信念的本体影响；它还使语义哲学，即词语与现实之间一致性的本质的命题具有特殊重要的意义。哲学上的现实主义的所有这些特征，与小说形式的与众不同的特征具有相似之处，这些相似之处引起了人们对生活与文学之间的独特的一致性的关注。"[①] 就是说，哲学上的现实主义是指"实在论""唯实论"，强调个人通过知觉可以发现真理；哲学上的唯实论是批判性的、反传统的和革新的。现代文学特别是小说最初追求的就是这个意义上的现实主义。可是当 Realism 成为一个文学理论术语，成为现代文学理论的专有名词之后，人们似乎都忘却了它的哲学源头。作为文学特别是小说所追求的现实主义，其最初就是对这种原初意义而言的，可是当文学理论在将其转化为一个与现代文学现象相对应的文学概念时，却将这些意涵遗忘了，所强调的主要是文学在表现形态上与现实生活的相似性。显然，马克思首先是在哲学的意义上推崇现实主义文学的，其中虽然也有艺术形态上的特点。但是对于小说来讲，现实主义还有一层含义或许更为重要，那就是现实主义同时意味着小说从古代向现代的转变，其标志就是从"传奇"叙事向"现实"叙事的转变；在这个意义上思考现实主义问题，有可能打破仅仅在反映、再现的层面上理解现实主义文学的局限。

---

① ［美］瓦特：《小说的兴起——笛福、理查逊、菲尔丁研究》，高原等译，生活·读书·新知三联书店 1992 年版，第 4—5 页。

马克思对现代小说的关注，恐怕和瓦特所说的小说的这个特点也有关系。瓦特说："小说是最充分地反映了这种个人主义的、富于革新性的重新定向的文学形式。……古典文学和文艺复兴时期史诗的情节，就是以过去的历史或传说为基础的。作家处理情节的优劣也主要是按照一种正统的文学观念来加以评判的，该种文学观得自于该类型公认的模式。这种文学史上的传统主义第一次遭到了小说的全面挑战。"① 从这个意义上看现实主义小说，马克思的关注与他的理论研究似乎也有着密切的关系。在《神圣家族》中马克思对欧仁·苏的《巴黎的秘密》的读解，就是一个证明。麦基恩对小说和现实主义关系的读解比瓦特更进一步了，正如他本人所说，他的小说研究实际上是对瓦特的一种深化和细化，他试图更深入也更具体地阐述小说的现实主义取向和现代社会发展之间的关系。

关于现实主义，麦基恩提出了这样一种解释："文学现实主义学说在历史真实性主张废墟中崛起，为这个世界重新阐述了居中和解问题。此间，灵性已不再表现为另一个领域，人类物质性只拥有艰难且天然的进入渠道，反而已成为人类创造性能力本身。现实主义将散落的逼真与概率线索收集起来，并使之复杂化，而文艺复兴时期的作者们从《诗学》中将它们挑拣出来。文学创作不是成为历史，而是近似历史，且'忠实'于仍有所不同的独有外部现实，此外足以从中区分开来（因此具有'可能性'与'普遍性'）以忠实于自己本身。文学创作由此得到确证。现实主义理念的存在是将艺术的责任感让步于先验现实，似乎并没有危及独特的现代信仰，即如此现实已经负起责任，并内化于作为去神秘化的灵性类型的艺术本身之中"；"如果故事不能声称自己的历史真实性，它们便是传奇，不能得到作者或读者的认真对待。它们将得不到'提升'，并未能实现任何道德与属灵的提升。"② 麦基恩的研究正如他自己所说，是对瓦特《小说的兴起》的观点与理论的一种延伸、细化或补充，当然也有理论上的发展。他的上述阐释提出了一个新的问题，即小说叙事的现实主义取向与人们对艺术的责任、功能或价值的重新认识或重新

---

① ［美］瓦特：《小说的兴起——笛福、理查逊、菲尔丁研究》，高原等译，生活·读书·新知三联书店 1992 年版，第 6 页。

② ［美］麦基恩：《英国小说的起源（1600—1740）》，胡振明译，华东师范大学出版社 2015 年版，第 196、197 页。

思考有关。具体来说就是对小说的认识论起源的思考。麦基恩的阐述和材料把这个看起来是一个形而上的理论话题具体化、经验化了。他以人们批评笛福以及笛福为《鲁滨逊漂流记》的辩护说起，双方争议的焦点是小说的虚构或者虚假能否呈现历史的真实性，以及小说的虚构是不是背弃了艺术应当承担的责任，即艺术应有帮助我们认识真实或真理的责任。麦基恩把现实主义置于这种争议之中来阐述，指出历史真实性的问题由于文学的现实主义学说而重新获得认知。根据就在于"现实主义理念的存在是将艺术的责任感让步于先验现实"；他的意思是文学的虚构实际上是一种"居中和解"，其表现为文学虚构把现实生活中散落的真实和体现为概率性的真实收集起来，以艺术的方式使之复杂化，从而使虚构的文学艺术比生活现实更逼近生活本身的真实。与此同时，文学艺术也以其特有的灵性，以小说对"传奇"故事的颠覆，表现了它所呈现的"真实"揭示了亚里士多德《诗学》所强调的那种更高的境界，即体现为生活的"可能性"和"普遍性"的真实，而这个过程又实现了文学艺术自身的特性和价值，体现了文学艺术对自己本身的"忠实"。

这里的分析让我们看到麦基恩对文学或小说的现实主义取向更深刻的理解，他不是在艺术形态的意义上理解现实主义对文学的意义，也不是简单地从文学再现生活的、反映论的意义上来理解现实主义；因为仅由此来探讨现实主义问题，在有了现代主义文学之后，就显得有些过时或狭窄了。麦基恩更不是把现实主义仅仅视为一种叙事方式或技巧。麦基恩的深刻之处在于他所思考的问题，即小说的兴起以及小说作为一种文学形态的出现，与人们在特定的社会历史的文化语境中对文学的需求之间有何关系，来理解文学的现实主义问题的。也就是说，在麦基恩这里，作为一个文学理论话题的现实主义实际上是在这样一个问题意识中提出和展开的，即现实主义文学对人类认知生活具有什么样的意义。这个看似并不新鲜的话题由于麦基恩的切入角度而有了全新的意义：麦基恩在这个话题中要讨论和阐述的不是文学的价值或功能，而是在社会现代转型的历史过程中，小说和现实主义起了什么样的作用、具有什么样的功能和价值，他认为是"居中和解"。这是一种超越了现代文学理论审美主义的视野。

关于"居中和解"，麦基恩的解说是："我在本研究初始就暗示，文学各文类的功能就是居中和解与阐释难以驾驭的各种问题，本研究在此理解基础上得以推进。构想小说以进行居中和解的问题在所有最普通层面与其说是自身而言的真实与美德问题，不如说是它们的彼此区分。小说在合适的时间发轫，如此事实意味着正是在此时期，人们开始最敏锐地感知思想与经验两个领域的分离。现代时期之前此理解的相对缺失可在血统理念的上升与权威中得以察觉。……小说起源的居中和解计划不是标志着这些领域之间关系的揭示，而是它们之间太重要，以至于不能忽略的日益分离的揭秘。在此方面，小说，尽管是'新的'，但是之前及默认知识，以及其脆弱性与消解性的明确纪念。我们并不需要唤起原型思考的挽歌式怀旧之情，以此确认这种历史时刻的矛盾复杂性。因此，小说的立足之基如其栖身与阐释的世界之基一样是分工的事实，及劳动的分工，知识的分工。作为某种文学形式的小说之技术力量与其现在着力包括的鸿沟之不可跨越性成比例增加。我以此番话语将自己关于小说起源的长篇阐述画上句号。"① 就是说，本书是依据麦基恩的这样一种思想展开的，即文学各种文类的功能就在于居中和解与阐释难以驾驭的问题。这个审视角度显然不是纯文学或纯审美的，文学或小说的功能被视为一种外在于文学本身而且是指向社会的，麦基恩在文学之外去找文学能干的事情。从这个意义上讲，这是从社会或文化的角度去解释文学的功能，也是从社会文化的角度来理解小说的性质特点。对于本书来说，小说起源被视为一种社会文化事件而非审美行为的结果。

从这个角度切入小说研究，作者认为小说居中和解的是思想与经验的分离，或更正确地说，正是那个时代需要解决思想与经验的分离问题，小说才得以形成和发展，最后成为现代最重要的文学文类。它意味着只要存在着思想与经验的分离，小说就会存在下去，就有存在的需要和价值。从这个角度来看，第一，从文学的角度讲，小说以进行居中和解的问题是真实与美德的区分；这个问题是在文学现实主义的话题中展开的。但是作为问题被人们意识到这种区分，根源却在于人们开始敏锐地感知思想与经验的分离。后者成为小说发轫的根本原因。第二，现代之前，关于思想和经验相分离的认识是缺失的；现代社会人们才对此有敏锐的感知，以致促成

---

① ［美］麦基恩：《英国小说的起源（1600—1740）》，胡振明译，华东师范大学出版社2015
    年版，第608—609页。

小说的兴起。就此而言，小说是现代社会文化的产物。第三，小说的居中
和解计划不是对思想与经验的分离本身的揭示，作为文学，小说实际上是
对这种分离日益严重的状况和趋势的揭示。就是说，作为文学的小说不可
能解决这种分离，但它能让人们感觉、意识到这种分离状况。第四，从小
说起源的动因来看，小说的形成发展及其功能都说明了，它的立足之基是
分工，即劳动的分工，知识的分工。小说本身的各种内在特点，也可以在
这个论域中得到某种解释。

　　麦基恩的这个研究，对马克思主义文论研究的支撑在于，它是在非审美
的论域和关系中来解释小说起源和现实主义的。其展示了从社会文化角度阐
释文学和小说的可能性，展示了与现代文学理论研究范式不同的另一种研究
范式阐释文学的特点与性质的可能性。

　　在威廉斯的《关键词》里，"现实主义"被解释成一个意涵特别复杂的
概念，这恐怕是我们在解释作为文学理论概念的"现实主义"时几乎完全忽
略的，现实主义一直被我们视为意涵非常简单明了的一个概念。可是失去了
这个与现实主义相关的历史性背景知识，马克思主义文学批评中关于现实主
义的许多意涵就会被忽略。

　　威廉斯指出："Realism 是出现在 19 世纪的新语汇。从 1830 年代起，开
始在法文里使用；从 1850 年代起，开始在英文里使用。它包含了四种不同
的意涵：(i) 用来描述现实论者（Realist）的学说，与唯名论者（Nominalist）
的学说相对立；(ii) 用来描述独立于心灵世界之外的自然世界之新学说，就
这层意义而言，它可以和自然主义（Naturalism）与物质主义（Materialism）
相互为用；(iii) 用来描述如何面对真实的事物（不是我们想象的或我们所
希望的）……（iv）用来描述一种方法或一种关于艺术与文学的看法——最
初指的是非常精确的'再现'（representation），后来指描述真实事件，以及
揭示真实存在的事物。"① 威廉斯指出，意涵（i）和（ii）现在常常被忽略。
可是瓦特认为，正是这种哲学意涵对人们理解小说的兴起有着重要的意义。
那么，我们能否认为，在马克思的时代，人们对文学的现实主义的理解还与

---

① ［英］威廉斯：《关键词：文化与社会的词汇》，刘建基译，生活·读书·新知三联书店
　　2005 年版，第 393 页。

上述两种意涵有一定的联系呢？我们是不是用今天的认识，即把现代文学理论的现实主义概念强加于马克思，以致误解了马克思与现实主义的关系，对他的文学思想做了过于简单的理解呢？至少，在现代文学理论那里，前两种意涵往往被排斥了。例如在韦勒克的论文《文学研究中的现实主义概念》里，虽然也简单地提及实在论的现实主义，但是韦勒克显然并不认为这种意涵与文学的现实主义思潮有什么关联，他更关注并一再强调的，基本上是现代文学理论对现实主义的理解和界说："艺术应当是现实世界的真实再现，因此作家应当通过细致的观察和小心的分析研究当代的生活与风习，作家在这样做的时候应当是冷静的、客观的、不偏不倚的。"①韦勒克对现实主义的这种解读，因为舍弃了哲学实在论的意涵，所强调的仅仅是一种理解文学的主观态度："应当"如何；以及纯粹的写作技巧："细致观察""小心分析研究"。现实主义因此仅仅成为一种文学形态，一种对文学对生活"再现"关系的指认，从而失去了哲学实在论：文学特别是小说对现实世界、现实人生的关注和参与，文学的观念、题材、主题和形象的去神话化、去传奇化，实现从传奇叙事向现实叙事的转变。这些东西看似有过于形而上的意味，但对文学的现代转化而言，却是至关重要的。

所以强调马克思论述文学问题时较多地涉及现实主义和小说，是因为从中可以把握马克思关于文学的论述与那个时代文学生活的关系。浪漫主义运动及其文学实践，为现代文学观念奠定了基础；而19世纪的现实主义文学则是这种现代文学观念的产物，它体现了现代文学观念的某些基本诉求，如审美、个性话语等，又以自身特有的关注现实人生的特点，质疑或修补了现代文学观念所没有包含的文学品质，马克思的文学研究正是在这个文化语境中进行的。可以把这些文学状况作为马克思文论话语形成的文化语境来研究，梳理这种文化语境的构成，并在这个语境中思考与现实主义相关的各种问题，包括马克思与现实主义文学的关系。

根据马克思理论研究的问题域和现代文学观念的建构，可以说马克思主义文学批评是在这样的问题意识中展开的：在资本现代性原则普遍贯彻的社

---

① 参见［美］韦勒克：《批评的诸种概念》，罗钢等译，上海人民出版社2015年版，第210、215页。

会生活中，审美的文学活动何以可能。确认文学活动的审美性是现代文学理论的重要建构。这一认识始于康德，经过黑格尔的系统阐发和浪漫主义运动的实践与张扬，终于成为关于文学的现代知识的一种经典性的表述。在康德之前，因为与人类的社会生活有着广泛的联系，文学艺术活动一直被视为一种广义的文化活动，前现代的文学观实际上是一种大文学观，人们更关注的是文学在现实生活中的各种实用价值，例如认识、教育、德育、娱乐等，文学艺术的审美作用其实只是众多实用功能中的一种，而且往往被排在从属的或辅助的位置上，就像贺拉斯说的，文艺的价值就在于"寓教于乐，既劝谕读者，又使他喜欢"①。学者们通过历史考察后发现，"在现代思想史中，艺术通常与美联系在一起；不过在历史上，艺术与实用和知识的联系可能更为紧密和广泛"②。用审美性界定文艺其实是很晚近才有的思想。威廉斯的关键词研究也告诉我们，一直到 19 世纪中叶 Aesthetic 才在英语中被普遍使用，它的"一个特别意涵"就是"超脱社会评价之外……'美学的考量'是不同于'实用的'考量或'功利的'考量"③。就是说只是在现代知识的建构过程中，康德才明确提出文学艺术的存在根据就在于审美，强调艺术审美鉴赏的无功利性和文学艺术审美活动的自为、自律性。康德指出"美是那不凭借概念而普遍令人愉快的"；"鉴赏是凭借完全无利害观念的快感和不快感对某一对象或其表现方法的一种判断力"④。康德的美学思想给现代文学理论奠定了基础，它将文学指认为一种为实现审美目的而存在和发展的活动。现代文学观的确立推动了文学研究和文学知识的学科化，同时也使文学艺术在审美的领域中获得了长足的发展。

　　但是，像许多现代知识和现代理论一样，这个与现代社会生成过程同步形成的文学观念，包括在其引导下展开的文学活动，也不可避免地滋生

---

① ［古罗马］贺拉斯：《诗艺》，罗念生译，见《诗学·诗艺》，人民文学出版社 1962 年版，第 155 页。

② ［美］美国不列颠百科全书出版公司编辑：《西方大观念》第 1 卷，陈嘉映等译，华夏出版社 2008 年版，第 51 页。

③ ［英］威廉斯：《关键词：文化与社会的词汇》，刘建基译，生活·读书·新知三联书店 2005 年版，第 2—3 页。

④ ［德］康德：《判断力批判》上卷，宗白华译，商务印书馆 1964 年版，第 57、47 页。

了它的弊端。为艺术而艺术的唯美主义、形式主义是其弊病最极端的表现，而更为常见的现象则是让现代社会的文学活动在审美的追求中逐渐丧失了与社会、人生原有的广泛联系，淡化、消解甚至遗弃了文学在追求审美的同时对其他社会价值和人生意义的关注与表现。同时，审美文学论的蔓延更遮蔽了文学活动与各种意识形态之间实际存在的多重关系，掩盖了文学活动因此与社会运作的密切关联及其作为意识形态生产者的身份。从这个意义上讲，执着于审美的文学批评是不可能认识和揭示文学活动在现代社会的真实存在状况。所以，与一般的现代文学批评不同，马克思主义文学批评并没有简单地接受以审美为核心的现代文学观念，或者用伊格尔顿的话来说，马克思主义文学批评"一直对审美价值保持了某种沉默"①。作为一种在反思资本现代性的论域中阐释文学的理论话语，就像本尼特说的："马克思主义批评的目的不是制造一个审美对象，不是揭示已经先验地构成的文学，而是介入阅读和创作的社会过程。……马克思主义批评家必须开始从策略角度思考什么样的批评实践形式才能将阅读过程政治化。"②马克思主义的文学研究因此必然地具有了社会批评、文化批评的特点，阐释文学活动与各种政治和意识形态的关联也因此构成了马克思主义文学批评话语的基本内容。

这么说并不意味着在马克思主义文学批评的问题意识中没有关于审美的思考，美学思想在马克思主义文学理论的构成中同样具有基础意义。但是必须注意，马克思的美学思想是具有原创意义的，与排除功利目的的现代美学有质的区别。在西方美学史上，关于美学的研究基本上是在艺术哲学的框架中展开的，其特点在于从哲学的层面上讨论艺术的性质和功能。虽然德国古典美学，如康德、黑格尔、席勒等人的美学研究也涉及人的问题，但是对他们来说，讨论人的问题主要是为了进一步阐明艺术的本质，强调人的感性活动的特点对艺术和审美的规定性，并不是严格意义上的人学。而马克思则是在批判异化劳动的基础上，把美和审美问题的研究与人

---

① 转引自〔英〕本尼特：《马克思主义与通俗小说》，马海良译，见〔英〕马尔赫恩编：《当代马克思主义文学批评》，刘象愚等译，北京大学出版社2002年版，第208页。

② 〔英〕本尼特：《马克思主义与通俗小说》，马海良译，见〔英〕马尔赫恩编：《当代马克思主义文学批评》，刘象愚等译，北京大学出版社2002年版，第222页。

的发展和人的解放联系在一起，将其作为深化现代性批判的重要内容，作为阐释审美活动以及从审美角度理解文学问题的基础和出发点。马克思在这种"人学"意义上展开的美学研究是对古典艺术哲学的超越，也是他阐释文学审美性的关键所在。正是在这个意义上，人们把马克思的美学视为一种存在论的美学。其意义不仅仅在于开拓了美学研究的论域，更是对社会历史研究和人学研究的重大突破。这也是马克思的美学阐述为什么总是和政治经济学以及社会、历史的研究夹缠在一起的原因。如果不在这个意义中读解马克思主义文学理论所说的审美性，我们将无法理解马克思主义文学批评的特质。我们的马克思主义文论研究所以会一度出现"去政治化"的偏颇，以致陷入了审美／政治二元对立的思路，一个重要原因就在于我们是在西方现代美学理论的语境中来读解马克思美学思想的，知识语境的错位导致了误读的发生。

在反思资本现代性的问题意识中展开的马克思主义文学批评，不仅用"社会学的""历史的"和"政治的"理论话语揭示了文学世界的丰富内涵，拓展了传统文学研究的视野，而且从现代文学生产的社会机制中，发掘出了新的批评对象和新的文学问题，开拓了文学研究的空间，从而形成了马克思主义文学批评特有的对象和领域。其表现为马克思主义文学批评尤为关注文学活动与社会的政治体制和经济体制的关系，艺术生产与物质生产的关系，文学艺术的发展与科学技术的关系，以及通过这些关系审视和讨论文学艺术与审美活动的自律与他律的问题。而国外马克思主义的文化批评则对这些论题做了更深入更丰富的展开，例如柄谷行人在"制度"的层面上探讨日本现代文学的起源，虽然被某些学者解释成一种具有后现代意义的研究，其实他沿袭的正是马克思主义文学批评特有的、从审美活动受制于社会、文化体制的关系上阐释文学的做法。柄谷行人的研究指出，日本现代小说的"自白形式"并非源于现代文学理论强调的文学的"表现性"，也不是文学审美"自律"带来的结果。即使在关注"表现性"的日本古代文学中，也不曾出现"表现自我"的作家或文本。因为文学表现的"自我性"需要以人的独立性来支撑，表现的"自我性"其实是一个与"现代性"关联的思想。但是"现代的自我"也是一个存在于头脑中的先验概念，同样不可能成为"自白"文学发生的根源。柄谷行人再三强调"表现的'内面'或者自我不是先验地存在着的，而是通过一种物质性的制度其存在才得以成为可能"①。他认为这种制度就是从域外传入日本的基督教的"告白"制度，即通常说的"忏悔制度"。从现象上看，柄谷行人的研究很少涉及具体的文学材料，为阐释日本现代小说"自白形式"的形成，他把更多的讨论篇幅放在梳理基督教在日本的传播及其与日本传统文化的复杂关系上。然而这种对文学之外的制度研究，却让我们在更深的层面上认识了日本现代小说何以会产生"自白形式"的原因。对马克思主义文学批评来说，柄谷行人的研究具有范例的意义，因为他展示了马克思主义文学批评的问题意识与"外部研究"的关系，使人们认识了马克思主义文学批评的特质及其可能实现的深度。

---

① ［日］柄谷行人：《所谓自白制度》，见［日］柄谷行人：《日本现代文学的起源》，赵京华译，
    生活·读书·新知三联书店 2003 年版，第 70 页。

第三章 互文阅读：马克思文论话语读解方式探讨

准确理解马克思的文论话语，为我们研讨马克思主义文学批评的性质与特点奠定了理论基础，然而马克思相关言论的文本特征和传统的、人们习以为常的解读方式，却限制了我们对马克思文艺思想的深度理解。为了不脱离马克思理论研究的问题域，在马克思主义的理论系统和知识语境中去读解马克思的文论话语，我们认为找到一种能适应马克思文论话语文本特点的阅读方式或读解策略，对实现深度理解具有重要的意义；这种阅读方式就是本章要讨论的"互文阅读"。不过要说清楚这一点，还得先从马克思文论话语的文本性谈起。

一、马克思文论话语的互文结构

研究马克思的文艺思想首先需要解决的是文本问题。从现象上看，呈现马克思文艺思想的文本可以分为两种类型。第一种是马克思论述文学艺术问题的、以话语形态呈现的文本；我们将其简称为马克思的文论话语。对于呈现马克思文艺思想的其他文本来讲，这是原初形态的文本。根据现有的资料，可以说马克思基本上没有针对美学问题和文艺问题做过专门的系统阐释；他关于美学和文艺的论述，一般都出自研究其他问题的各种理论著述，特别是政治经济学的著述之中。马克思的这些文论话语确实像许多评论家所说的那样，一般都是以片段、零散的形态呈现，既缺乏理论阐述应有的系统性，又难以看到对美学见解和文艺观点的详细分析和具体展开的论证过程。第二种文本是由他人编辑的、为展开研究提供系统文献资源的文本；这种文本是编选者把上面所说的第一种文本即马克思零散的文论话语加以梳理、分类、汇编而成的。上一章论及的由苏联学者里夫希茨编纂的《马克思恩格斯论艺术》，就是这类文本的一个代表。这种经后人整理的文本，由于资料比较齐全，又通过若干主题对言论做了分类梳理，在组织结构上呈现出系统化的样貌，为查找资料和读解言论提供了方便条件，实际上已成为研究马克思文艺思想必备的基本文本。

但正如我们在前一章所说，这种通过言论汇集、分类整理所构成的文本，由于编者的选择和摘录，已使这些言论脱离了其原有的知识语境和语言情景，编者按照某种文学理论的知识结构对它们所做的分类梳理，相当于又把这些言论按照编者的理解将其置于新的语境之中，并给其赋予了与现代文学理论相近的知识结构。显然，作为研究依据的资料，如此选编的文论话语汇集所呈现的文艺思想，与其说是马克思自己的，还不如说是按照整理者的理解而被指认为属于马克思的。如此呈现的思想观点，从言论的分类来看，大多都像里夫希茨编纂的《马克思恩格斯论艺术》一样，是用现代文学理论的知识结构来梳理、整合马克思的相关言论。文本所呈现的文艺思想，虽然看似已经淡化甚至消解了马克思文学言论的零散性，具有了成系统的特点，但是这种理论系统实质上并不符合马克思的文艺思想，所以只能误导研究者的读解活动，马克思的言论意涵实际上已被编者所构建的系统所遮蔽。于是便产生了我们所说的问题：如何梳理、读解马克思关于文学艺术问题的言论，将其作为一个什么样的文本在什么样的逻辑关系中来理解，已成为研究马克思的文论思想和马克思主义文学理论的前提和关键。所谓的务必关注马克思文论话语的"文本性"，就是对此而言的。

关于"文本"，主张应在哲学层面上予以研究的美国学者格雷西亚是这样界说的："我所使用的文本概念是把文本定义为一组用作符号的实体，它们被作者选择、排列并赋予意向，从而向一定语境中的特定读者传达特定的意义。"①

---

① ［美］格雷西亚：《文本：本体论地位、同一性、作者和读者》，汪信砚等译，人民出版社2015年版，第4页。

这个界定既可以用于由马克思文论话语所构成的文本，也可以指研究者根据自己对马克思的理解所整理的、呈现出某种理论系统性的文本。格雷西亚进一步阐述说，文本是一个实体，但与一般实体不同的是，文本作为实体又同时具有符号的性质和特点。文本是作者生产的，这种作者生产集中体现在文本被作者赋予了意向、意图或意义，因此文本可以向一定语境中的读者传达某种意义。需要注意的是，格雷西亚把"实体""符号""作者意向""语境""意义""读者"这几个概念视为界说"文本"的关键词，强调只有具备了这些要素之后，文本才成其为文本。强调这一点是为了说明，把"文本"理论用于研究马克思的文论话语时，意味着文本的意义并不只是指言论本身呈现在字面上的意涵，它同时也是对一定的读解行为和理解力而言的。也就是说，没有与文本相适应的读解理念和读解行为，仅就言论本身字面意义来说，它蕴含于深层的意义还处于潜在状态，并未被发掘出来。从这个角度上讲，仅着眼于言论表层的读解是不能构成一个有意义的文本的。所以格雷西亚再三强调："构成文本的实体有意义仅当它们被用作符号并由此构成文本；仅仅考虑它们本身时，它们并没有意义……""文本的意义本身是在一个文本被理解时我们所理解到的那个东西，由此它既与文本相关，也与理解行为相关。这个关于意义的概念保持一定的中立地位，允许文本意义的多样化；它可以与三种最常见的关于意义的观点相协调并避免它们各自所面临的困难。这三种观点就是指称论、观念论和功能论。"① 就是说，意义是我们指认文本必需的条件；或者说，文本之为文本，是因为它有意义。但是意义的存在及其被发现，则取决于两点：一是意义形成于作者的意向；二是意义产生于读者的理解或一定的读解行为。马克思论文学艺术的言论作为理解其文学思想的文本，由于这些言论本身的特点，使我们对第一种意义的理解和把握变得复杂起来，就是说，要理解马克思文论话语的意向，我们需要了解他的理论研究的问题域、需要了解这些言论产生的实际语境等。只有解决了这些问题，才能为第二种意义的读解创造条件。这就是我们所以要一再强调，研究马克思的文艺思想首先需要解决文本问题。

---

① ［美］格雷西亚：《文本：本体论地位、同一性、作者和读者》，汪信砚等译，人民出版社 2015年版，第6页。

从这个角度讲，格雷西亚在这里提出了一个对研究马克思的文论话语具有重要意义的概念，也涉及如何读解的方法问题，那就是"文本的约定性"，它强调了把握文本的特点对准确理解马克思的文论话语具有一定的规定作用。文本的约定性是一个建立在文本逻辑基础上的属性；用作者的话讲"文本是约定的实体"，它意味着对文本意义的理解和读解，不能无视文本逻辑对读解的约定，文本的这种约定性对文本意义无限度的多样性读解是一种限制，没有约定性就无法判断读解的价值，即使认可对文本意义有各种不同的或有差异的读解，但它们之间还是存在着读解合理与否的问题。换言之，如何约定文本的意义与文本实体之间的关系，直接影响到读者对文本意义的准确理解。而之所以要有这种约定，是因为文本符号与文本意义之间的关系并不是自然的，它们不存在于文本的字面上，而是取决于我们与文本的约定；对文本语义的理解和对文本语境的把握，就是这种约定性的体现和实现。

具体到对马克思文学言论的理解问题，讨论文本约定性的意义在于：明确我们对马克思阐释文学艺术问题的各种言论的理解，是在什么样的文本约定性基础上进行的。我们批评里夫希茨所编纂的《马克思恩格斯论艺术》，就是因为他的编辑分类没有遵循乃至破坏了原文本的约定性。其体现为，在编排的体例上，里夫希茨将马克思的相关言论置于现代文学理论的逻辑结构中，忽略甚至遮蔽了马克思言论本身原有的知识语境和马克思讨论文学艺术问题的理论语境，这就使里夫希茨的读解，也使读者对其构建文本的读解，只能局限在现代文学理论的知识语境中去理解文本文字的表层意义。而要改变这种局面，就需要认识马克思文论话语本身作为一种文本所具有的约定性，这种约定性体现为互文关系在这些言论意义生成中的规定作用。或者说，马克思文论话语的约定性，集中体现在互文关系对其言论意义生成的规定上。

互文关系对马克思文论话语意义的规定，主要表现在以下三个方面。

一是马克思理论研究的问题域与其文论话语之间的互文关系。由于马克思涉及文艺问题的言论，大多缺少具体的分析论证过程，主要是以观点和结论的形态呈现，这就让仅仅根据字面意义的读解行为，从开始就面对着一个过于宽泛的理解空间。而马克思理论研究的问题域则把读解限定在他毕生思考的基本问题之中，要求读解活动只能在问题域中展开，同时规定了文论话语的理解路向。就这种互文关系来讲，我们可以把马克思理论研究的问题域，视为其文论话语生成的思想语境或理论语境，即认为马克思关于文学艺术问题的思考，是他理论研究的一个重要的组成部分。

二是马克思著述的各种文本与其文论话语之间的互文关系。马克思的文论话语有一个突出特征，那就是他对文学艺术所发表的言论，往往夹杂在阐述非文艺问题的其他论述，特别是政治经济学的论述之中。这些看似与文学艺术没有直接关系的经济学或哲学论述，实际上成为理解其文论话语的知识语境，因为文论话语对文艺现象的分析和认识，都是在经济学知识的参与下才形成的，所以文论话语的所指内容有时候只有在确认了那些非文艺论述之后才能显示出来。

三是与之相似的另一种情况，即我们在读解马克思的文论话语时，还必须注意他正式发表的著述和他所留下的大量笔记手稿之间的关系。就是说，正式文本与手稿之间的互文关系，又与马克思文论话语之间构成了更复杂的互文关系，从而增加了理解文论话语的复杂性。

随着《马克思恩格斯全集》历史考证版（MEGA^2）的编辑和出版，人们不仅越来越强烈地意识到马克思的诸多手稿、笔记对理解他的思想理论具有极其重要的意义。而且还发现，在广泛阅读的基础上，通过笔记记录自己的思考，对理论观点进行初步的阐发，然后展开系统深入的理论研究，实际上是马克思从事研究工作的基本方式，也是他特有的写作习惯。这意味着马克思的笔记手稿实际上是他深入展开理论研究和写作的准备，马克思的重要著述，特别是《资本论》的写作，都是在大量笔记手稿的基础上进行的。对马克思来讲，如此操作几乎已成为他著述的程序和习惯。所以，要深入理解马克思的思想，文本学研究是必不可少的基础与前提。马克思的手稿和笔记是他研究和著述工作的重要组成部分，其中留下了许多极其丰富但又来不及充分展开的思想观点。

在通读和研究了马克思的著述与他的各种手稿的关系之后，"历史考证版"的编辑指出："马克思主义的经济理论是在19世纪40年代开始形成的。……马克思于1844年在巴黎开始从事经济学的研究，在布鲁塞尔继续进行这一工作。他在以后的岁月里制定他的经济理论时，经常引用他在学习英国和法国经济学家著作时所作的篇幅巨大的摘记";"马克思对他在 40 年代，特别是在 50 年代所搜集的材料，创造性地加以概括和系统化，这一工作所留下的最重要的结果，就是本卷所收的 1857—1858 年写成的三份草稿。这是马克思计划中的经济学巨著的初稿。"① 从上述文字中可以看出，"历史考证版"的编辑们通过文本研究，已经发现了马克思后来的著述与其笔记之间有着极其密切的关系。甚至可以说，相关笔记几乎可以视为马克思后来著述的第一稿。其中有些观点和论述所以在后来的著述中没有出现，是因为马克思已出版的著述尚未涉及与之相关的论题，而不是马克思放弃了这些观点。就像下面讲的："另一个未完成的草稿《导言》是 1857 年 8 月底写成的。马克思后来决定不把它们发表出来，是因为在他看来，'预先说出正要证明的结论总是有妨害的'。"② 从这里可以发现马克思的手稿与著述之间的互文关系，构成了理解他的文学言论的新语境，这不仅使文论话语有了更复杂的互文结构，而且使读解活动对文本意义的追溯不得不在多重互文关系中游弋。

这些存在于文本之间的互文关系，使马克思的文论话语有了非常明显的互文结构，以致以任何方式进行的、仅仅停留在字面意义上的读解，都无法达到其意指的境界。正是基于马克思文论话语本身具有的这种互文结构，我们才提出，互文阅读是读解马克思文论话语的最为有效的方式。

马克思文论话语的互文结构还提醒我们，应该对其文论话语的片段性和零散性做出具体分析。所谓片段性和零散性，是指马克思关于文艺问题的阐述往往缺乏完整性，一般都是仅有观点而缺乏论证分析的展开过程，而且这些言论之间也似乎缺少逻辑上的关联性。但是若把这些言论放在马克思言说它们的实际语境中看，应该说文论话语在其具体语境中实际上是完整的，只是这种意思的完整性不是对话语的文艺内容来讲的，而是对话语整体，即论

---

① 《关于马克思 1857—1858 年经济学手稿——〈马克思恩格斯全集〉历史考证版第 2 部分第 1 卷前言》，沈渊译，见《马克思主义研究资料》第 5 卷，中央编译出版社 2014 年版，第 3、5 页。

② 《关于马克思 1857—1858 年经济学手稿——〈马克思恩格斯全集〉历史考证版第 2 部分第 1 卷前言》，沈渊译，见《马克思主义研究资料》第 5 卷，中央编译出版社 2014 年版，第 6 页。

证经济学或哲学问题来讲的。与审美相关的被摘出的那个短语，实际上只是论证经济或哲学问题的一个组成部分。所以，对这类文论话语的解读来讲，首先应注意到它的互文结构，就是说既要关注对文论本身意涵的理解，又要关注具体语境——论述政治经济学或论述哲学问题的语境——给文论话语所赋予的意义。例如马克思所说的"劳动生产了美，但是使工人变成畸形"，作为美学话语或文论话语，关于"美"以及"美"与"劳动"的关系，在这里并没有展开详细的论证，所以它是片段的、零散的。但是这些关于"美"的话语，本身却有着互文结构，即作为政治经济学话语，它实际上给这里所说的"美"赋予了源于政治经济学知识的意涵，所以这个短语如果结合上下文来看，它的意思却是清楚完整而非片段性的。如果再继续追问，我们把政治经济学语境给这个短语赋予的意义也视为与文论话语或美学话语有关的，那么从这个意义上理解文论话语的意涵，它又不是片段、零散的了。由此来看，对马克思文论话语互文结构的认识，对理解马克思的文论话语确实具有重要的方法论意义。

认识到马克思的文论话语具有互文结构的意义在于，对马克思文论话语的读解方式必须要有与之相应转变，即提出与话语互文结构相对应的互文阅读的读解方式，以此改变传统读解方式造成的、在理解马克思文论话语时所存在的语境错位现象。马克思为什么在他的理论研究，特别是政治经济学研究中要涉及文学艺术问题？恐怕不能把这个现象仅仅解释成为了让枯燥的经济学分析更生动一些。这个问题换一个说法就是，马克思为什么要将他对文学艺术问题的思考，融入对政治经济学或哲学问题的阐释？如果说马克思的政治经济学研究是对资本现代性的揭示、分析和批判的话，那么，文学艺术实际上是他展开和深化这种分析批判的一个视角或场域。说得更简要一些就是，马克思认为文学艺术是揭示、分析和批判资本现代性的重要依据。马克思关于文学艺术问题的研究正是在这种思路和这个语境中展开的。马克思主义文学批评范式也是在这个基础上形成的。若这个解释不无道理，那么，它意味着在马克思看来，文学艺术活动与资本现代性之间存在着对立和矛盾。沿着这个思路去思考马克思的文学言论和马克思主义文学研究范式，或许会有新的发现。

二、互文关系中的读解

马克思关于文艺问题和美学问题的各种阐述，大都散见于研讨其他问题的文字之中。在非文艺理论的语境中，尤其是在政治经济学的语境中阐述文学艺术问题，是马克思研讨文艺问题的一个重要特点。以传统的眼光看，这个现象似乎真像某些批评家所说的，马克思的文艺批评实际上是用非专业的话语和理论来讨论文艺问题的。但是若立足于现代文本观念，在互文关系中来理解马克思的文论话语，人们却会发现，正是这种不受专业限制的思路，为马克思的文艺阐释构建了一个全新的空间，批评话语也因此有了互文结构，形成文论话语和政治经济学话语或哲学话语的交织与重叠，从而有了在多重话语的张力之间展开的阐释，达到一般批评难以企及的深度。这个由互文结构所规定的阐释空间，既为马克思的文艺之思提供了开阔的场域，又向读解活动提出了在互文关系中理解马克思文论话语的要求。

我们所说的"互文结构"和"互文阅读"，均源于后结构主义批评提出的"互文性"理论。互文性（Intertexuality）又被译为"文本间性"。作为一个越来越被批评家们看重的文学理论概念，互文性出现于20世纪60年代，随即便成了后结构主义批评理论的标识性术语。从文本学的角度讲，互文性概念的提出极大地丰富了文本观念，使人们意识到它至少在三个层面上会影响到文本的生产。其一是在文本构成的层面上，互文性的提出使人们发现，借鉴、引用、模仿、抄袭等都可以视为互文现象，它们的普遍存在使互文成为文本构成中的重要成分。其二是在本体的意义上看互文性与文本的关系，就是说文本不仅是一个由互文关系构成的实体，同时文本还会由于互文关系而发生衍生甚至转化。其三是把互文关系视为促成文本发展与转变的重要动因，互文现象的普遍存在可以在历史的维度上重构文本的生成过程。从以上三个层面依次来看关于互文性的解释，可以发现人们对它的理解越来越深化。人们最初强调的是互文性对文本构成的影响，后来则意识到互文性给予文本的影响并非如此简单，于是对文本和互文二者关系的认识有了这样的变化，即互文性给予文本的影响，经历了一个从同质性的参与所带来的增值，到异质性介入而导致文本意义的逆转。所以不厌其烦地重申互文性理论的这些常识，是因为只有了解了互文性在文本生产上的这些功能之后，我们才可能理解马克思文论话语的互文结构对其文艺批评具有多么重要的意义；同时也会意识到，我们为什么要一再强调只有通过互文阅读，才可能真正实现对马克思文论话语的深度理解。

首先提出互文性概念的克里斯蒂娃，对互文性在文本意义生产上的作用，曾从源头上给予了更深刻的解释。她说，作为一个与文本研究密切相关的术语，互文性概念虽然是她提出的，但是互文意识的萌发，却是来自巴赫金的对话理论给予的启发，克里斯蒂娃说："我明确地将这种文本对话性称为'互文性'，并将语言及所有类型的'意义'实践，包括文学、艺术与影像，都纳入文本的历史。这样做的同时，也就是把它们纳入社会、政治、宗教的历史。结构主义一开始只是一种形式研究，'互文性'使它得以进入人类精神发展史的研究。"① 这说明对话性是理解文本互文性的基础或前提；换句话说，互文关系从根源上讲形成于对话关系。这说明文本中的互文现象，不仅体现了主文本与次文本之间的借鉴关系，同时也是指不同文本之间的对话与交流，而对话性的互文关系则促成了文本既有的观念由于受其他文本的影响而发生一定的变化。从这个意义上讲，对话性的互文关系实际上也是促成文本意义形成以及发生某种变化的一种要素，甚至可以理解为促成意义转化的一种机制。以对话性诠释互文性，对理解马克思文论话语的互文结构，以及通过互文阅读的方式来读解马克思的文论话语，都具有重要的启发性。

以建立在对话关系基础上的互文观点来看马克思文论话语的互文性，对理解他的文论话语的重要性在于深化和拓展了我们对互文性的认识，就是说，马克思的批评话语和他的政治经济学话语、哲学话语之间的互文关系，已不是简单的引用关系，而是把后者作为一种知识语境或知识基础，在对话、交流的意义上介入文论话语的语义重建，从而影响到对文艺现象或相应概念的理解。例如，马克思提出的"艺术生产"概念，无论是从概

---

① ［法］克里斯蒂娃：《第一讲　主体与语言：互文性理论对结构主义的继承与突破》，《主体·互文·精神分析——克里斯蒂娃复旦大学讲演集》，祝克懿等译，生活·读书·新知三联书店 2016 年版，第 11 页。

念本身来看，还是就其所指的思想内涵而言，都可以理解为两种不同的知识话语对艺术本体及其功能展开对话之后的产物。这种对话形成了政治经济学知识与文学理论知识的交流融汇，进而产生了将两种话语融会贯通的马克思的文论话语，产生了这种文论话语所说的艺术生产。作为一个形成于互文关系的观念或理论，艺术生产既关注文艺活动自身的特点与规律，又强调这种艺术特点、艺术规律的形成与物质生产、精神生产乃至人自身生产之间的关系。

互文阅读就是针对马克思文论话语的互文结构来讲的。马克思文论话语的互文结构虽然是隐形的，但是互文结构却是因为文本的互文性才形成的。为了阐明互文阅读的特点，我们试图通过文本的互文关系来分析文论话语的互文结构给予互文阅读的影响。从文本互文性的角度讲，所谓的"互文阅读"是说，如果我们把马克思关于文学艺术和美学问题的直接论述——它们往往以非系统化的阐述，如片断式的言论、尚未充分展开的观点或作为阐述其他问题的论据等文本形态存在着——视为第一文本的话，那么与之相关的、存在于马克思的其他文本中的那些非文学论述——它们往往是关于社会历史的、政治经济学的或哲学的论述——则可以说是第二文本。第一文本虽然是经典作家关于文学艺术问题的直接阐述，但仅仅根据字面意思去理解的"孤立阅读"，却因为忽略了第二文本即马克思主义知识系统作为知识语境或知识基础对其寓意的规定，从而失去理解其深层意涵的语境，以致引起误读。

例如马克思在《1844 年经济学哲学手稿》（以下简称《手稿》）中说的"劳动生产了美，但是使工人变成畸形"[①]，就被一些研究者截取前半句，并只是根据它的字面意思，把"劳动生产了美"界说成马克思主义美学的一个基本命题。可是，若从作为第二文本的马克思在政治经济学著述中的许多论述来看，"劳动"却是一个因为与具体的历史形态相关联而被赋予了多重含义的概念，它在不同的历史条件下具有不同含义。马克思指出，资本主义时代的劳动是雇佣劳动，其特点是工人要把自己的劳动出卖给资本家。马克思对雇

---

① ［德］马克思：《1844 年经济学哲学手稿》，见《马克思恩格斯全集》第 3 卷，人民出版社 2002 年版，第 269—270 页。

佣劳动的实质做了这样的分析，他说："劳动是工人本身的生命活动，是工人本身的生命的表现。工人正是把这种生命活动出卖给别人，以获得自己所必需的生活资料。可见，工人的生命活动对于他不过是使他能够生存的一种手段而已。他是为生活而工作的。他甚至不认为劳动是自己生活的一部分；相反，对于他来说，劳动就是牺牲自己的生活。劳动是已由他出卖给别人的一种商品。"① 所以这种出卖工人自己生命活动的雇佣劳动，因为"劳动所生产的对象，即劳动的产品，作为一种异己的存在物，作为不依赖于生产者的力量，同劳动相对立"②，又被马克思称为"异化劳动"，它与能够实现人的本质力量对象化即创造美的劳动，有着本质的区别。

所以仅从第一文本的字面语义出发，把"劳动"视为一个语义单一的概念，不管第二文本的政治经济学语境给其赋予的真正意涵，不加分析地把自己截取的短语界说为马克思主义的美学命题，既是对"劳动"的严重误读，更遮蔽了马克思这句文论话语的真实所指。就是说，马克思在这里要讲的，并不是"美"的本源或"美"的认识问题，而是指出资本主义时代普遍存在的异化现象，已从根本上败坏了整个社会的审美关系；"私有制使我们变得如此愚蠢而片面，以致一个对象，只有当它为我们拥有的时候，就是说，当它对我们来说作为资本而存在，或者它被我们直接占有，被我们吃、喝、穿、住等等的时候，简言之，在它被我们使用的时候，才是我们的。"③ 所以，不仅是出卖生命的工人因为难以养家糊口而丧失了包括审美在内的任何精神需求；就连资本家，也因为永远无法满足的占有欲望而堕落成商品拜物教或货币拜物教的忠实信徒。这个事例也让我们发现，即使讨论审美问题，马克思也不会像现代文学理论那样，仅在于证明审美性如何成就了文学艺术，而是致力于揭示受制于资本运作的审美活动在现实生活中的实际状态。这个误读事例说明，作为第一文本的马克思言及文艺和美

---

① ［德］马克思：《雇佣劳动与资本》，见《马克思恩格斯文集》第1卷，人民出版社2009年版，第715页。

② ［德］马克思：《1844年经济学哲学手稿》，见《马克思恩格斯全集》第3卷，人民出版社2002年版，第267页。

③ ［德］马克思：《1844年经济学哲学手稿》，见《马克思恩格斯全集》第3卷，人民出版社2002年版，第303页。

学的那些话语，只有在第二文本即在他理论研究的知识系统中，才可能得到深入准确的理解。

如何认识马克思文论话语的互文结构，对互文读解来讲，可以说是一种具有导向性的意义，因为对某种互文关系的忽略，有时候会影响到解读的视域和深度。下面的事例或许可以说明这一点。

关于弥尔顿的创作马克思曾经说过一段话，在马克思主义文学批评阐释文艺创作的文本中经常被引用，大约许多人对此都不陌生。被引用的通常是这样一段话："弥尔顿出于同春蚕吐丝一样的原因而创作《失乐园》。那是他的天性的表现。"①就这段引文的字面语义看，似乎马克思是在强调真情实感对于诗人和诗歌的重要性，并认为这种情感是不可压抑的天性的自然流露。其实众所周知的这段引文只是一个摘录，马克思以弥尔顿售手稿为例的讨论，重点也不在这里。比较完整的原话，即我们所说的马克思论述文艺问题的第一文本实际上是这样的：

> 同一种劳动可以是生产劳动，也可以是非生产劳动。
>
> 例如，弥尔顿创作《失乐园》得到 5 镑，他是非生产劳动者。相反，为书商提供工厂式劳动的作家，则是生产劳动者。弥尔顿出于同春蚕吐丝一样的原因而创作《失乐园》。那是他的天性的表现。后来，他把作品卖了 5 镑。但是，在书商指示下编写书籍（例如经济学大纲）的莱比锡的一位无产者作家却是生产劳动者，因为他的产品从一开始就从属于资本，只是为了使资本增殖价值才进行的。一个自行卖唱的歌女是非生产劳动者。但是，同一个歌女，被剧院老板雇用，老板为了赚钱而让她去唱歌，她就是生产劳动者，因为她生产资本。②

与上述阐释近似的文字，在马克思 1863 年至 1865 年的《资本论》手稿

---

① ［德］马克思：《政治经济学批判（1861—1863 年手稿)》，见《马克思恩格斯文集》第 8 卷，人民出版社 2009 年版，第 406 页。

② ［德］马克思：《政治经济学批判（1861—1863 年手稿)》，见《马克思恩格斯文集》第 8 卷，人民出版社 2009 年版，第 406 页。

中也出现过 ①，这说明围绕着弥尔顿《失乐园》稿酬问题所做的思考，对马克思来讲至少有数年的时间，显然是他长期都在关注的一个话题。

回到这段论述的全文，就会发现马克思在这里要说的，并不是那段常被引用的文字含有的意思，即天性自然流露的真情实感对于文艺创作有多么重要；马克思在这里是通过古典政治经济学所关注的一个话题，即如何区分生产者与非生产者，来讨论生活在现代社会中的诗人和艺术家都会面临的一个难题，即如何在精神追求和物质利益之间做出自己的选择。从互文结构的角度看，这段话既涉及古典政治经济学，也与马克思的诸多文本有关。

关于生产劳动和非生产劳动，古典政治经济学家亚当·斯密做了如此区分，他说："有一种劳动，加在物上，能增加物的价值；另一种劳动，却不能够。前者因可生产价值，可称为生产性劳动，后者可称为非生产性劳动。"在斯密看来，君主和他的官吏以及军队，都属于非生产劳动者，因为他们的劳动不生产价值。而文人、演员、歌手、舞蹈家的劳动，虽然也有若干价值，"但这一类劳动中，就连最尊贵的，亦不能生产什么东西供日后购买等量劳动之用" ②，所以他们也是非生产劳动者。斯密关于生产劳动和非生产劳动的学说得到马克思的高度评价，认为其中包含着深刻的批判内容；但同时又指出，在区分生产劳动与非生产劳动时，斯密把一些不同质的东西混淆在一起了。马克思从创造剩余价值的角度，对二者做了这样的区分："从资本主义生产的意义上说，生产劳动是雇佣劳动，它同资本的可变部分（花在工资上的那部分资本）相交换，不仅把这部分资本（也就是自己劳动能力的价值）再生产出来，而且，除此之外，还为资本家生产剩余价值"；"什么是非生产劳动，因此也绝对地确定下来了。那就是不同资本交换，而直接同收入即工资或利润交换的劳动" ③。并明确指出，"这些定

---

① 参见 [德] 马克思：《〈资本论（1863—1865 年手稿）〉摘选》，见《马克思恩格斯文集》第 8 卷，人民出版社 2009 年版，第 526—527 页。

② [英] 亚当·斯密：《国民财富的性质和原因的研究》上卷，郭大力等译，商务印书馆 1974 年版，第 304 页。

③ [德] 马克思：《政治经济学批判（1861—1863 年手稿）》，见《马克思恩格斯全集》第 33 卷，人民出版社 2004 年版，第 136、141 页。

义不是从劳动的物质规定性（不是从劳动产品的性质，不是从劳动作为具体劳动的规定性）得出来的，而是从一定的社会形式，从这个劳动借以实现的社会生产关系得出来的"①。强调生产劳动与非生产劳动的区分并不像斯密所说的那样，是取决于劳动的物质规定性，它们区分实际上是由社会生产关系决定的。紧接着马克思就谈到了艺术家和作家，指出"一个演员，哪怕是丑角，只要他被资本家（剧院老板）雇用，他偿还给资本家的劳动，多于他以工资形式从资本家那里取得的劳动，那么，他就是生产劳动者"；"作家所以是生产劳动者，并不是因为他生产出观念，而是因为他使出版他的著作的书商发财，或者说，因为他是一个资本家的雇佣劳动者"②。从马克思的这些分析中可以看出，区分生产劳动与非生产劳动的关键，或者说区分作家和艺术家究竟是生产劳动者还是非生产劳动者的关键，就在于是否生产了剩余价值，也就是能否让资本赚取利润。一旦理解了这一点，马克思为什么在论及"同一种劳动可以是生产劳动，也可以是非生产劳动"时，要提出弥尔顿《失乐园》的稿酬也似乎有了答案：他担忧的是当精神生产的产品也要进入市场，也将作为商品来出售时，作家的创作还会像春蚕吐丝那样出自真诚的天性吗？所以会有这样的设想，是因为在马克思不同时期的诸多文本中，都涉及这个话题。例如在 1842 年写就的《第六届莱茵省议会的辩论（第一篇论文）》中，马克思写道："作者当然必须挣钱才能生活，写作，但是他决不应该为了挣钱而生活，写作"；"诗一旦变成诗人的手段，诗人就不成其为诗人了。"③ 在 1848 年发表的《共产党宣言》中指出，"资产阶级抹去了一切向来受人尊崇和令人敬畏的职业的神圣光环。它把医生、律师、教士、诗人和学者变成了它出钱招雇的雇佣劳动者"，"它使人和人之间除了赤裸裸的利害关系，除了冷酷无情的'现金交易'，就再也没有任何别的联系了"④。在《剩

① ［德］马克思：《政治经济学批判（1861—1863 年手稿）》，见《马克思恩格斯全集》第 33 卷，人民出版社 2004 年版，第 142 页。

② ［德］马克思：《政治经济学批判（1861—1863 年手稿）》，见《马克思恩格斯全集》第 33 卷，人民出版社 2004 年版，第 142、143 页。

③ ［德］ 马克思：《第六届莱茵省议会的辩论（第一篇论文）》，见《马克思恩格斯全集》第 1 卷，人民出版社 1995 年版，第 192 页。

④ ［德］ 马克思、恩格斯：《共产党宣言》，见《马克思恩格斯文集》第 2 卷，人民出版社 2009 年版，第 34 页。

余价值理论》中，马克思再次强调，在资产阶级社会中"一切职能都是为资本家服务，为资本家谋'福利'"；"连最高的精神生产，也只是由于被描绘为、被错误地解释为物质财富的直接生产者，才得到承认，在资产者眼中才成为可以原谅的"①。法国年鉴学派的历史学家费夫贺对弥尔顿《失乐园》稿酬事件的考证，为理解马克思的论断提供了历史资料，也可以视为其言论互文结构的一个组成部分。费夫贺指出，在 17 世纪的英国也就是弥尔顿生活的那个时代，图书市场还没有形成，作家的权益也毫无保障，往往是一份手稿出售给出版商就等于卖断了，而后书印的再多，出版利润再大，都与作家本人无关。后来英格兰有些出版商开始承诺，未经作家同意他们绝不再版。正是在这个背景下，费夫贺说："弥尔顿在 1667 年 4 月 27日，以 5 英镑将《失乐园》售于西门斯之际，西门斯允诺，只要第一版印出的 1300 本售完，将另外致酬 5 英镑；若有机会印制第二与第三版，且顺利出清，还会追加同额的稿费。"② 在这些文本构成的互文关系中，再来理解马克思关于弥尔顿的文论话语，它的丰富意涵显然远远超出了前面所述评的从字面上理解的语义。

在这里还需要特别说明的是，互文阅读虽然是一种读解方式，其中不乏读解技巧或读解策略的成分，但我们对互文阅读的强调绝不是主观人为的，而是因为互文阅读和它的读解对象之间存在着客观的对应关系，互文阅读是针对马克思文论话语本身具有的这样一个特点来讲的：这些文论话语不是仅仅意指一个单纯的文艺现象，而且在其语义中，还汇聚了其他理论知识对这个文艺现象的理解和解释。也就是说，这些文论话语本身就具有内在的互文结构；正是存在于文论话语之中的这种互文结构所造成的复义性，或者说，正是文论话语的语义具有互文构成的特点，我们才提出了作为读解方式的互文阅读。

---

① ［德］马克思：《剩余价值理论》，见《马克思恩格斯全集》第 26 卷（第一册），人民出版社 1972 年版，第 298 页。

② ［法］费夫贺、马尔坦：《印刷书的诞生》，李鸿志译，广西师范大学出版社 2006 年版，第157 页。

三、马克思文论话语的解读分析

——以马克思的"希腊神话论"为例

以人类学视域诠释马克思的文学批评理论，似乎有悖"常识"：在经济基础决定上层建筑的理论架构中理解马克思主义文学理论几乎已是根深蒂固的观念。其实，无论是马克思本人还是其后的马克思主义文学批评，都没有把文学问题仅仅置放于这种关系中去思考。韦勒克对此似乎已有觉察，他在《近代文学批评史》里论及马克思和恩格斯的文学批评时就曾指出，"他们的文学观点并非是其经济唯物主义理论学说的产物"，"他们所视之为历史变化的动力者正是泛指'生活'，而非经济生产"①。韦勒克这么说显然带有贬义，但有时候批评者的偏执倒有可能发现司空见惯者的盲点。在这个意义上不妨说，韦勒克的批评提醒了我们，马克思主义文学批评在视域和思路上其实具有多样性的特点，这里讨论的马克思文学批评理论的人类学内涵便可视为一个例证。

要阐明马克思文学批评理论与人类学的关系，首先需要了解这里所说的人类学的含义。虽然早在 16 世纪末英国就出现了人类学（Anthropology）这个术语，但是正如威廉斯所说，作为一门研究人类的学科，人类学的真正发展实际上是从 18 世纪才开始。最初的人类学研究主要是在哲学层面上展开的，其关注的基本问题是"人类身体和心灵、人类身体和心灵的统合，以及统合之后所产生的感官知觉和行为等"。这些问题显然与启蒙思想和正在兴起的浪漫主义思潮有关。19 世纪以后，人类学"逐渐发展形成'社会、文化人类学'"，所研讨的问题"与文明及文化这两个概念的发展息息相关（尤其是与文化相关）"②，研究的对象也开始集中在原始社会与原始文化上，作为一个独立学科的人类学由此确立。到了 20 世纪后期，人类学研究有了从

---

① ［美］韦勒克：《近代文学批评史》第 3 卷，杨自伍译，上海译文出版社 1991 年版，第 281、283 页。

② ［英］威廉斯：《关键词：文化与社会的词汇》，刘建基译，生活・读书・新知三联书店 2005 年版，第 13—14、14 页。

原始文化转向现代社会和现代文明的发展趋势，所以当代学者多倾向于对人类学做更广义的界说，认为"人类学是关于人的研究；社会人类学（social anthropology）是研究人类社会的学科"①。可以说马克思的文学批评就是在"人的研究"与"研究人类社会"的意义上和人类学有了联系，其主要表现为在阐释文学问题，特别是文学艺术与审美活动的发生发展问题时，马克思对各种与社会生产方式和人类生活方式相关的文化因素及心理因素的关注，研讨并揭示了种种非经济因素对人类历史发展的影响及其在文艺活动中的作用和意义。马克思在《手稿》中以"人的感觉"为逻辑起点的对审美问题的阐述，就充分体现了这个特点②。

正如伊格尔顿所说，美学最初是作为一种身体话语诞生的，"'美学'一词在 18 世纪开始强调的并非'艺术'与'生活'之间的区别，而是物质与非物质、事物与思想、感觉与观念之间的区别，这些区别与我们的物种生命紧密相关，与头脑深处指挥某种影子般的存在的东西相对立"③。这说明美学研究从一开始就和人类学有着密切关联，哲学是在"身体与心灵"的关系上切入美学话题的。例如，康德曾在人类学的层面上区分审美愉悦和认识快感的不同，指出认识快感是一种"智性的愉快"，通过"概念"和"理念"表现出来；而审美愉悦则属于"感性的愉快"，需要"感官"和"想象力"的参与④。唯物主义哲学家费尔巴哈根据观念起源于身体感觉的经验事实，认为哲学应该建立在"感觉的真理"之上，指出与唯心主义哲学把人视为一个抽象的思维实体不同，唯物主义哲学是从这样一个人学命题出发的："我是

---

① ［英］莱顿：《他者的眼光：人类学理论导论》（修订版），罗攀等译，华夏出版社 2005 年版，第 1 页。

② 从人类学本身的发展来看，马克思理论研究与人类学的关系大致可以分为两个时期。第一个时期的理论研究含有哲学人类学的视域，主要体现在《1844 年经济学哲学手稿》中。第二个时期的理论研究含有社会、文化人类学视域，主要体现在《政治经济学批判（1857—1858 年手稿）》对前资本主义生产方式的阐述和 1879—1882 年所作的"人类学笔记"中。恩格斯 1884 年发表的《家庭、私有制和国家的起源》曾使用了这个时期马克思人类学研究的部分成果。

③ ［英］伊格尔顿：《自由的特殊：审美的兴起》，见 ［英］马尔赫恩编：《当代马克思主义文学批评》，刘象愚等译，北京大学出版社 2002 年版，第 62 页。

④ ［德］康德：《实用人类学》，邓晓芒译，重庆出版社 1987 年版，第 125 页。

一个实在的感觉的本质，肉体总体就是我的'自我'，我的实体本身"，并在这个基础上提出"艺术表现感性事物的真理"的美学命题①。《手稿》承接了这种以身体感觉为基础来讨论美学问题的哲学人类学视域，同时又通过分析人的身体感觉的形成与发展要受制于社会实践的历史进程，使人类学美学思想发生了革命性的转向。马尔库塞对《手稿》这种以人为本的出发点有着深切的体认，指出马克思"批判的基本概念（外化劳动和私有财产）一开始就并不是简单地作为经济学的概念，而是作为在人的历史中的一个重要的过程的概念被接受过来和加以批判的"，其揭示了"资产阶级的政治经济学从来不把人当作它的主体……它忽视人的本质及人的历史，因而从最深刻的意义上说，它不是一门'人的科学'，而是一门非人的科学，一门非人的物品和商品世界的科学"②。正是出于对人的问题的高度关注，马克思在讨论经济学哲学问题时引入了在人类学视域中展开的美学话题，把"人的感觉"的历史演变作为阐释审美问题的逻辑线索和批判异化劳动的理论依据。

《手稿》在论及审美问题时首先强调了一个与"人的感觉"相关的基本观点，即"有意识的生命活动"是人区别于动物的一种特质。马克思指出："动物和自己的生命活动是直接同一的。动物不把自己同自己的生命活动区别开来。它就是自己的生命活动。人则使自己的生命活动本身变成自己意志的和自己意识的对象。他具有有意识的生命活动。……有意识的生命活动把人同动物的生命活动直接区别开来。正是由于这一点，人才是类存在物。"③伊格尔顿认为，把人视为"类存在物"的思想体现了马克思的美学研究与人类学之间的关系，并指出："从某种意义上说，马克思的人类学是基础人类学，可谓恰如其分：人类学最终论及我们通过人体结构所分享到的东西，论及马克思所谓的'种类存在'。"④正因为人作为类存在物的生命

---

① ［德］费尔巴哈：《未来哲学原理》，见《费尔巴哈哲学著作选集》上卷，荣振华等译，商务印书馆 1984 年版，第 163、164、171 页。

② ［美］马尔库塞：《历史唯物主义的基础》，见《西方学者论〈1844 年经济学—哲学手稿〉》，复旦大学哲学系现代西方哲学研究室编译，复旦大学出版社 1983 年版，第 99 页。

③ ［德］马克思：《1844 年经济学哲学手稿》，见《马克思恩格斯文集》第 1 卷，人民出版社 2009 年版，第 162 页。

④ ［英］伊格尔顿：《再论基础与上层建筑》，见《马克思主义美学研究》第 5 辑，张丽芬译，广西师范大学出版社 2002 年版，第 457 页。

活动是有意识的，所以人才可能在改造对象世界的过程中按照自己的需要把人的尺度运用于社会实践，从而使社会实践有了合目的性与合规律性相统一的特点。马克思曾用一个比喻来说明什么是"合目的性"，他说："蜜蜂建筑蜂房的本领使人间的许多建筑师感到惭愧。但是，最蹩脚的建筑师从一开始就比最灵巧的蜜蜂高明的地方，是他在用蜂蜡建筑蜂房以前，已经在自己的头脑中把它建成了。……他不仅使自然物发生形式变化，同时他还在自然物中实现自己的目的，这个目的是他所知道的，是作为规律决定着他的活动的方式和方法的，他必须使他的意志服从这个目的。"① 而"合规律性"则是说，人类通过长期的社会实践认识到，生产劳动要达到预期目的，有效地改造客观世界，仅有主观愿望还不够，只有掌握了事物的规律并按照客观规律从事社会实践，才有可能实现人的目的；"合规律性"因此成为社会实践的一个内在规定。

以合目的性与合规律性相统一的特点来看人类的实践活动，可以发现人类的社会实践及其结果实际上包含了双重内容和意义：一方面，作为物质生产的社会实践创造了使用价值，以满足人类物质生活的需要；另一方面，由于社会实践具有合目的性与合规律性相统一的特点，所以其过程和结果又成为人的智慧、能力和自由的一种展现，即成为人的本质力量的感性显现。于是，社会实践和社会存在又以其中蕴含的这种人类学内涵而成为人认识自己的对象。这就是马克思说的："正是在改造对象世界的过程中，人才真正地证明自己是类存在物。这种生产是人的能动的类生活。通过这种生产，自然界才表现为他的作品和他的现实。因此，劳动的对象是人的类生活的对象化：人不仅像在意识中那样在精神上使自己二重化，而且能动地、现实地使自己二重化，从而在他所创造的世界中直观自身。"② 就是说，有意识的生命活动不仅使人类能够通过社会实践按照人的需要改变世界，而且还使实践活动和被这种实践活动改变的世界，成为人的本质力量的显现。所以，

---

① ［德］马克思：《资本论》第 1 卷，见《马克思恩格斯文集》第 5 卷，人民出版社 2009 年版，第 208 页。

② ［德］马克思：《1844 年经济学哲学手稿》，见《马克思恩格斯文集》第 1 卷，人民出版社 2009 年版，第 163 页。

随着对象性的现实在社会中对人来说到处成为人的本质力量的现实，成为人的现实，因而成为人自己的本质力量的现实，一切对象对他来说也就成为他自身的对象化，成为确证和实现他的个性的对象，成为他的对象，这就是说，对象成为他自身。对象如何对他来说成为他的对象，这取决于对象的性质以及与之相适应的本质力量的性质；因为正是这种关系的规定性形成一种特殊的、现实的肯定方式。……因此，人不仅通过思维，而且以全部感觉在对象世界中肯定自己。①

这个事实意味着，人类的社会实践活动使人与世界之间建立了一种新的关系，那就是人"以全部感觉在对象世界中肯定自己"的审美关系，这种关系的建构为我们发现和感受蕴含在社会生活中的人的创造和自由，理解人的价值和人生意义，进而获得不同于物质享受的、精神上的喜悦和快慰提供了可能。

可是，马克思接着指出，私有制特别是资本主义私有制的发展，却从根本上改变了劳动的对象化特性，"人的感觉"也因此被扭曲。因为私有制使失去生产资料的劳动者只能把劳动当作单纯的谋生手段，以致使人"在自己的劳动中不是肯定自己，而是否定自己，不是感到幸福，而是感到不幸，不是自由地发挥自己的体力和智力，而是使自己的肉体受折磨、精神遭摧残"②。这就是劳动的异化。私有制下的异化劳动造成了人同自己生命活动的背离，人的感觉也因此失去了人性的丰富内涵，只剩下与动物一样的、仅仅与生理需要相联系的感觉："私有制使我们变得如此愚蠢而片面，以致一个对象，只有当它为我们所拥有的时候，就是说，当它对我们来说作为资本而存在，或者它被我们直接占有，被我们吃、喝、穿、住等等的时候，简言之，在它被我们使用的时候，才是我们的。"于是"人（工人）只有在运用自己的动物机能——吃、喝、生殖，至多还有居住、修饰等等——的时候，

---

① ［德］马克思：《1844 年经济学哲学手稿》，见《马克思恩格斯文集》第 1 卷，人民出版社 2009 年版，第 190—191 页。

② ［德］马克思：《1844 年经济学哲学手稿》，见《马克思恩格斯文集》第 1 卷，人民出版社 2009 年版，第 159 页。

才觉得自己在自由活动，而在运用人的机能时，觉得自己只不过是动物"①。异化劳动对"人的感觉"的剥夺不仅使"忧心忡忡的、贫穷的人对最美丽的景色都没有什么感觉"，同时也让有产者的感觉发生了异化，即由于只剩下占有财富的物欲而变得单调贫乏，就像"经营矿物的商人只看到矿物的商业价值，而看不到矿物的美和独特性"一样②。它意味着资本主义私有制造成的异化劳动使整个人类同自然界相异化，使人类的生命活动同人的本质和人的感觉相异化，以致从根本上破坏了建立在劳动对象化基础之上的人与世界的审美关系。"因此，一方面为了使人的感觉成为人的，另一方面为了创造同人的本质和自然界的本质的全部丰富性相适应的人的感觉，无论从理论方面还是从实践方面来说，人的本质的对象化都是必要的。"③而要做到这一点就必须从根本上改变劳动异化的状况，即彻底消灭私有制。

马克思由此得出的结论是："对私有财产的扬弃，是人的一切感觉和特性的彻底解放；但这种扬弃之所以是这种解放，正是因为这些感觉和特性无论在主体上还是在客体上都成为人的。眼睛成为人的眼睛，正像眼睛的对象成为社会的、人的、由人并为了人创造出来的对象一样。"④

在哲学人类学的视域中，马克思以批判异化劳动扭曲了人的感觉和人的本性作为出发点来讨论美学问题；在这一论域中展开的思考，使马克思对审美活动及其意义的阐释有了比西方古典美学更丰富也更深厚的人学内涵和历史内涵。西方古典美学虽然也强调感性在审美活动中的作用，但关注的目的在于证明审美活动具有不同于理性认识的特点和旨趣。而马克思则是在批判异化劳动的层面上讨论人的感觉和感性活动对审美的规定性，指出审美活动的生成与发展和社会实践及人的感觉之间存在着历史的对应，从而揭示了审美活动与批判私有制和人的解放之间存在的内在关联，显示了马克思的"审

---

① ［德］马克思：《1844 年经济学哲学手稿》，见《马克思恩格斯文集》第 1 卷，人民出版社 2009 年版，第 189、160 页。

② ［德］马克思：《1844 年经济学哲学手稿》，见《马克思恩格斯文集》第 1 卷，人民出版社 2009 年版，第 192 页。

③ ［德］马克思：《1844 年经济学哲学手稿》，见《马克思恩格斯文集》第 1 卷，人民出版社 2009 年版，第 192 页。

④ ［德］马克思：《1844 年经济学哲学手稿》，见《马克思恩格斯文集》第 1 卷，人民出版社 2009 年版，第 190 页。

美"具有与一般美学理论不同的涵义。马克思以批判异化劳动为指向的美学思想是其文学批评的理论基石，也是其阐释文学艺术活动及其审美价值的出发点。

根据上述的美学思想，马克思在《1857—1858 年经济学手稿》中，提出了"关于艺术，大家知道，它的一定的繁盛时期决不是同社会的一般发展成比例的，因而也决不是同仿佛是社会组织的骨骼的物质基础的一般发展成比例"的论断①。这个命题对认识马克思主义文学批评范式的理论基础具有至关重要的意义。不过要阐明这一点，我们必须进入这一论断的生成语境，即马克思在人类学视域中对希腊神话和希腊艺术的读解。

关注和研讨神话问题在欧洲有着久远的历史。不过在文化人类学诞生之前，在这个领域内占主导地位的观点却是把神话当作非理性的、愚昧无知的产物，认为神话是一种背离了事实、历史和科学的文化现象，"神话"也因此有了"一个普遍共同的意涵：一种虚假的（通常是刻意虚假的）信仰或叙述"②。文化人类学从原始社会的生存状况来解释神话的研究路向纠正了这种偏见，马克思关于神话的阐释就是在这个知识语境中展开的。

在研讨神话问题时，马克思首先强调要认识这类现象，"出发点当然是自然规定性；主观地和客观地。部落、种族等"③。明确指出人类学对原始部落、种族的生活方式的研究成果应是认识神话的基础和出发点。所谓的"自然规定性"，是指物质生产的历史形式和社会形态的规定性，其意思是要了解神话产生的原因及其特点，就必须从与物质生产发展阶段相对应的社会生活方式中去寻找。而那个时代的人类生活就像恩格斯说的，"单是正确地反映自然界就已经极端困难，这是长期的经验历史的产物。在原始人看来，自然力是某种异己的、神秘的、压倒一切的东西。在所有文明民族所经历的一

---

① ［德］马克思：《1857—1858 年经济学手稿摘选·导言》，见《马克思恩格斯文集》第 8 卷，人民出版社 2009 年版，第 34 页。

② ［英］威廉斯：《关键词：文化与社会的词汇》，刘建基译，生活·读书·新知三联书店 2005 年版，第 315 页。

③ ［德］马克思：《1857—1858 年经济学手稿摘选·导言》，见《马克思恩格斯文集》第 8 卷，人民出版社 2009 年版，第 34 页。

定阶段上，他们用人格化的方法来同化自然力。正是这种人格化的欲望，到处创造了许多神"①，这说明"任何神话都是用想象和借助想象以征服自然力，支配自然力，把自然力加以形象化；因而，随着这些自然力实际上被支配，神话也就消失了"②。马克思根据神话兴衰的历史指出，古代社会的生产方式与神话的想象有着直接的关联。在后来的"人类学笔记"中，马克思根据人类学研究的最新成果进一步指出，古代社会的生活方式对神话也有深刻的影响，先民的生活方式及其变迁历史同样在神话中留下了诸多印记。比如"对奥林帕斯山的女神们的态度，则反映了对妇女以前更自由和更有势力的地位的回忆。朱诺有权力欲，智慧女神是从宙斯脑袋里跳出来的，等等"③，就是对母权制生活方式的想象性回忆。从这些分析中可以看出，马克思是用古代社会的生产方式和生活方式的特点阐明了神话既不是子虚乌有的杜撰，也不是愚昧无知的产物，神话实际上是生存能力还极其低下的先民对人与自然的关系和由此形成的生活方式的一种想象性的叙述。所以，随着社会的发展和人类生活方式的改变，当人对自然的支配力已成为现实、当人类不再为自己的生存之谜所困扰时，神话也就消亡了。对神话的这种人类学读解使我们认识了马克思文学批评理论的一个基本观点，即包括神话在内的各种精神生产活动的产生、发展和演变，不仅受制于一定的社会生产方式，而且和人类生活方式的历史变迁也有着密切的关联。

马克思关于神话的阐释并没有止步于对其何以发生的分析上，他更关注的是神话对后世艺术创造的影响以及由此形成的意义。马克思指出"希腊神话不只是希腊艺术的武库，而且是它的土壤"④。"武库"的比喻是说神话为希腊艺术的创造提供了丰富的素材和主题。在荷马史诗、古希腊的悲喜剧以及雕塑、壁画中，甚至在随后创造的更多的文学艺术作品中，人们都可以发现

---

① ［德］恩格斯：《〈反杜林论〉的准备材料》，见《马克思恩格斯文集》第9卷，人民出版社2009年版，第356页。

② ［德］马克思：《1857—1858年经济学手稿摘选·导言》，见《马克思恩格斯文集》第8卷，人民出版社2009年版，第35页。

③ ［德］马克思：《路易斯·亨·摩尔根〈古代社会〉一书摘要》，见《马克思恩格斯全集》第45卷，人民出版社1985年版，第368页。

④ ［德］马克思：《1857—1858年经济学手稿摘选·导言》，见《马克思恩格斯文集》第8卷，人民出版社2009年版，第35页。

神话给予的这种影响。文学理论家们也正是根据神话是后世艺术创造的"武库"现象，提出了"原型理论"，把神话视为一种对文学艺术创作有着深远影响的原型，指出神话原型不仅以各种面貌反复出现在不同时代的文艺作品中，而且还制约、规范着作家艺术家们的想象。对"武库"现象的强调表明，马克思把源于文学艺术自身的承传因素也视为影响艺术发展的重要原因。

　　相对于"武库"的比喻，马克思把希腊神话比喻为希腊艺术赖以生长的"土壤"有着更深刻的寓意，其涉及马克思对文学艺术的特性及其功能与价值的理解。马克思指出：神话表现的内容是"已经通过人民的幻想用一种不自觉的艺术方式加工过的自然和社会形式本身"①，其意思是说作为"人民的幻想"，神话不仅以虚构的形态表现了自然与社会，而且神话的想象还表现了古代社会尚未异化的人的感觉。对神话与人的关系作出这样的定位，源于马克思对古代社会和人类学的深入研究。马克思指出，由于古代社会是"自然形成的部落共同体，或者也可以说群体——血缘、语言、习惯等等的共同性，是人类占有他们生活的客观条件，占有那种再生产自身和使自身对象化的活动（牧人、猎人、农人等的活动）的客观条件的第一个前提"，所以"在这里，人不是在某一种规定性上再生产自己，而是生产出他的全面性"②，也就是说古代社会的劳动还没有发生异化，人类也因此还没有沦为劳动和财富的奴隶。所以马克思认为从生产方式和劳动上讲，"古代的观点和现代世界相比，就显得崇高得多，根据古代的观点，人，不管是处在怎样狭隘的民族的、宗教的、政治的规定上，总是表现为生产的目的，在现代世界，生产表现为人的目的，而财富则表现为生产的目的"③。所以在古代社会的艰苦卓绝的劳动中，在人类与自然的抗争中，人还有可能通过他的劳动对象感受到自己生命活动的顽强和创造。因此，尽管神话还具有幻想的形态，尽管神话还是"一种不自觉的艺术方式"，但它的想象却没有背离人的感觉，这使神话

---

① ［德］马克思：《1857—1858 年经济学手稿摘选·导言》，见《马克思恩格斯文集》第 8 卷，人民出版社 2009 年版，第 35 页。

② ［德］马克思：《政治经济学批判（1857—1858 年手稿)》，见《马克思恩格斯文集》第 8 卷，人民出版社 2009 年版，第 123—124、137 页。

③ ［德］马克思：《政治经济学批判（1857—1858 年手稿)》，见《马克思恩格斯文集》第 8 卷，人民出版社 2009 年版，第 137 页。

有了追求和肯定人的本质力量对象化的意味，神话因此有了比后世的艺术创造更纯真的审美内涵。在这个意义上理解希腊神话作为"土壤"的寓意，可以说它呈现了马克思的这样一种文学观：文学艺术的发展与繁盛和异化劳动是根本对立的。所以马克思才会以不容置疑的态度断言：真正有利于文学艺术生长的"决不是这样一种社会发展，这种发展排斥一切对自然的神话态度，一切把自然神话化的态度；因而要求艺术家具备一种与神话无关的幻想"①。指出物质生产发展了的社会为什么反而不利于艺术生产的原因，就在于这种社会的发展是以剥夺了人的感觉的异化劳动为基础的，异化劳动对人的感觉的扭曲使文学艺术失去了其赖以生长繁盛的土壤。

在解释希腊艺术何以仍然能够给我们以艺术的享受，甚至成为一种规范和高不可及的范本时，马克思对这种以批判异化劳动为指向的美学思想和文学理论作了进一步的发挥。可是，由于某些论者常常在字面上纠结于马克思关于希腊艺术因为表现了"儿童的天真"和"儿童的天性"才获得了永久魅力的说法，以致忽略了马克思这一阐述的深层涵义。其实，把希腊艺术或希腊文化的繁荣与"人类童年"联系起来，并不是马克思的创造，而是一个被许多欧洲学者经常使用的比喻。例如，把古代民族，特别是把古希腊人比作儿童，在18世纪，在海德尔、福尔斯特、席勒的著作中就可以找到，在19世纪，在圣西门、别林斯基、费尔巴哈的著作中也可以找到。而且在每一个思想家的著作中，这种譬喻都有自己的特色。韦勒克因此批评马克思，说他用这个屡见不鲜的比喻"只能牵强地回答说希腊艺术的魅力是童年的魅力"，实际上"还未解答出这个问题而就此作罢了"②。这个批评其实是站不住脚的，它只能说明在不了解马克思理论思想的情况下，即使像韦勒克这样的饱学之士也会发生因为误读而误解的错误。

在欧洲的文化语境中，"人类童年"的说法其实也有确切的所指，比如维科的解释就被许多人认同。他在《新科学》里把这个修辞性的比喻演绎成一种学说，使"儿童""童年"成了实指性的概念，即用儿童的心理特点

---

① ［德］马克思：《1857—1858年经济学手稿摘选·导言》，见《马克思恩格斯文集》第8卷，人民出版社2009年版，第35页。

② ［美］韦勒克：《近代文学批评史》第3卷，杨自伍译，译文出版社1991年版，第285页。

和思维方式来阐述他所说的"诗性智慧"和"诗性逻辑"。维科认为,"儿童的记忆力最强,所以想象特别生动,因为想象不过是扩大的或复合的记忆","这条公理说明了世界在最初的童年时代所形成的诗性意象何以特别生动"①。随后的浪漫主义运动又对维科的这个观点作了尽情的发挥,对"诗性智慧"的推崇使浪漫主义者们掀起了一股强调人类的童年时代更有利艺术创造的"原始主义"(primitivism)思潮。在维科的意义上理解和解释马克思的"童年"之喻,使一些人认为马克思说希腊艺术具有永久的魅力,就是对想象力和艺术特性的强调;马克思的文学思想也因此被一些人解释成一种与现代审美艺术观具有同质性的理论。

但是如果进入马克思研讨希腊艺术的人类学语境,把"童年"之喻放在马克思文学批评的论域中去读解,就会发现马克思既不是在沿袭前人说法的意义上使用这个比喻的,也无意接受浪漫主义的文学观,重申维科给"童年"赋予的那种意思。马克思实际上是通过自己的研究,给这个古老的比喻注入了全新的内容,即一种用政治经济学话语和人类学话语阐述的历史内容。就是说,马克思所谓的"童年时代",是指生产方式和生产关系尚未发生异化的古代社会。马克思认为,虽然与现代资本主义社会相比,古代社会的生产能力极其低下,人的发展也受到极大的限制,但正是这种让人只能在孤立的地点上和有限的关系中生存的历史局限,使"单个人显得比较全面,那正是因为他还没有造成自己丰富的关系,并且还没有使这种关系作为独立于他自身之外的社会权力和社会关系同他自己相对立"②。所以才有可能使"个人把劳动的客观条件简单地看做是自己的东西,看做是使自己的主体性得到自我实现的无机自然"③。在这种生存环境和生产关系中萌发的想象也因此有了对象化的审美内涵;被马克思称道的希腊艺术的魅力就是由此形成的。也只有在这个前提下,我们才可能理解为什么马克思在给希腊艺术以极高的评价之后,又明确地指出,孕育了希腊艺术的那种社会形态毕竟是不成熟的,而且

---

① [意] 维科:《新科学》,朱光潜译,人民文学出版社1986年版,第104页。

② [德] 马克思:《政治经济学批判(1857—1858年手稿)》,见《马克思恩格斯文集》第8卷,人民出版社2009年版,第56页。

③ [德] 马克思:《政治经济学批判(1857—1858年手稿)》,见《马克思恩格斯文集》第8卷,人民出版社2009年版,第134页。

永远不可能复返；强调希腊艺术除了能让人感受"儿童的天真"以获得艺术享受之外，它更重要的价值是激励后世的艺术创造应"努力在一个更高的阶梯上把儿童的真实再现出来"①。就是说，与沉溺于原始主义的浪漫思潮不同，马克思指出历史的发展使现代社会的艺术生产不可能重获"儿童的天真"，即找回那种只能存在于"未成熟的社会条件"下的人的感觉；现代社会的文学艺术只有通过批判异化劳动、重建人的感觉和人与现实的审美关系，在更高的阶梯上把"儿童的真实"即人的感觉再现出来，才能使艺术生产获得超越古代社会的发展和繁盛。

从这个意义上思考物质生产的发展同艺术发展不平衡何以发生的问题，使我们意识到虽然人们可以用很多原因去解释不平衡现象，但造成物质生产同艺术发展不平衡的根源，却是异化劳动和它对人的感觉的扭曲与剥夺。对这一事实的指认形成了马克思主义文学批评特有的社会/政治批判维度和文学价值观，使其成为马克思主义文学批评范式理论构成的重要成分。

马克思批评理论的文学价值观是在反思现代社会中的物质生产和精神生产的关系中确立的。早在资本主义开始兴起之时，黑格尔就指出近代市民社会不是诗意的社会，对物质利益的追逐使市民社会只能给文学艺术留下有限的发展空间。为此黑格尔不无感伤地说："我们现时代的一般情况是不利于艺术的"，"艺术对于我们现代人已是过去的事了。"②黑格尔虽然也认识到，近代社会劳动的机械性以及劳动与需求的分离有碍于审美活动和艺术创造，但他还是强调，市民社会不利于艺术发展的主要原因在于现代人的认识方式具有理性反思的特点，可是理性意识的强大却会损害艺术活动赖以生存的心理基础，即理性与感性的美感统一。显然，作为一位把绝对精神视为本原的哲学家，黑格尔由于缺乏对资本主义更深刻的认识，他的解释并没有触及现代社会的物质生产与精神生产之所以会发生尖锐矛盾的实质。与马克思的批判相比，黑格尔的分析更像是一曲对精神生活的衰落无可奈何的挽歌。

---

① ［德］马克思：《1857—1858 年经济学手稿摘选·导言》，见《马克思恩格斯文集》第 8 卷，人民出版社 2009 年版，第 35 页。

② ［德］黑格尔：《美学》第 1 卷，朱光潜译，商务印书馆 1979 年版，第 14、15 页。

立足于对资本主义的深入研究，马克思指出造成物质生产与精神生产发生矛盾冲突的根源在于现代社会的生产方式。资本主义时代的物质生产虽然得到了空前的发展，但是追求资本的唯利是图的生产方式却使"人和人之间除了赤裸裸的利害关系，除了冷酷无情的'现金交易'，就再也没有任何别的联系了"；资本主义的生产方式"抹去了一切向来受人尊崇和令人敬畏的职业的神圣光环。它把医生、律师、教士、诗人和学者变成了它出钱招雇的雇佣劳动者"①，使"一切职能都是为资本家服务，为资本家谋'福利'"；"连最高的精神生产，也只是由于被描绘为、被错误地解释为物质财富的直接生产者，才得到承认，在资产者眼中才成为可以原谅的"②。包括文学艺术在内的精神生产因此被异化为一种纯粹的谋生手段，全然失去了自身存在的意义，就像马克思说的："作家当然必须挣钱才能生活，写作，但是他决不应该为了挣钱而生活，写作。……诗一旦变成诗人的手段，诗人就不成其为诗人了。"③从精神生产在资本主义社会中的命运来看，可以说物质生产与精神生产的对立是两种生产发展的不平衡关系在现代社会的极端表现。根据资本主义社会的精神生产被普遍异化的这种趋势，马克思得出了"资本主义生产就同某些精神生产部门如艺术和诗歌相敌对"的结论④。

正是基于精神生产的这种现实，马克思的批评理论形成了与一般批评理论不同的文学价值观，其表现为马克思的文学批评不仅关注文学艺术的审美性，而且更关注在物质生产与精神生产相敌对的社会现实中，政治经济体制对艺术生产的规范与操纵，关注各种意识形态如何介入、影响和制约文学艺术的生产机制和文学接受的审美判断机制。用本尼特的话说："马克思主义关注的问题不应是价值理论，而是分析'价值的社会纷争的意识形态条件'。就评价过程的形成情况而言，这是一个策略运筹问题，是政治问题，而不是

---

① [德] 马克思、恩格斯：《共产党宣言》，见《马克思恩格斯文集》第 2 卷，人民出版社 2009 年版，第 34 页。

② [德] 马克思：《剩余价值理论》，见《马克思恩格斯全集》第 26 卷（第一册），人民出版社 1972 年版，第 298 页。

③ [德] 马克思：《第六届莱茵省议会的辩论（第一篇论文）》，见《马克思恩格斯全集》第 1 卷，人民出版社 1956 年版，第 87 页。

④ [德] 马克思：《剩余价值理论》，见《马克思恩格斯全集》第 26 卷（第一册），人民出版社 1972 年版，第 296 页。

美学问题。"所以本尼特认为："马克思主义批评的目的不是制造一个审美对象，不是揭示已经先验地构成的文学，而是介入阅读和创作的社会过程。"① 它意味着马克思主义文学批评把文学艺术的审美活动视为一个受政治、经济等外在因素的制约、与一定的意识形态共生的过程。从这个意义上讲，文学的价值不可能仅仅体现在它和审美的关系上，而是取决于文学艺术的审美选择与现代社会运作机制的关系。立足于这种文学价值观，马克思把狄更斯、萨克雷和白朗特夫人等作家视为"现代英国的一批杰出的小说家"，指出他们作品的价值就在于"在自己的卓越的、描写生动的书籍中向世界揭示的政治和社会真理，比一切职业政客、政论家和道德家加在一起所揭示的还要多。他们对资产阶级的各个阶层，从'最高尚的'食利者和认为从事任何工作都是庸俗不堪的资本家到小商贩和律师事务所的小职员，都进行了剖析"②。用恩格斯的话说，文学艺术作品只要"通过对现实关系的真实描写，来打破关于这些关系的流行的传统幻想，动摇资产阶级世界的乐观主义，不可避免地引起对于现存事物的永恒性的怀疑"③，就是对自身价值的实现。对这种文学价值观的确认，决定了马克思主义文学批评必然具有社会批判和文化批评的特点，揭示政治意识形态与文学艺术的关联也因此成了马克思主义文学批评范式分析审美问题时的题中应有之义。

恩格斯关于"两种生产"决定历史发展的理论，把我们对艺术生产价值的认识提升到了一个新的层面。他在《家庭、私有制和国家的起源》一书的"第一版序言"中，首次对这个理论作了明确的表述。他说：

> 根据唯物主义观点，历史中的决定性因素，归根结底是直接生活的生产和再生产。但是，生产本身又有两种。一方面是生活资料即食物、衣服、住房以及为此所必需的工具的生产；另一方面是人

---

① ［英］本尼特：《马克思主义与通俗小说》，马海良译，见［英］马尔赫恩编：《当代马克思主义文学批评》，刘象愚等译，北京大学出版社 2002 年版，第 214、222 页。

② ［德］马克思：《英国资产阶级》，见《马克思恩格斯全集》第 10 卷，人民出版社 1962 年版，第 686 页。

③ ［德］恩格斯：《恩格斯致明娜·考茨基（1885 年 11 月 26 日）》，见《马克思恩格斯文集》第 10 卷，人民出版社 2009 年版，第 545 页。

自身的生产，即种的繁衍。①

就是说，"两种生产"理论的提出意味着，制约历史发展的不仅是物质生产，同时还包括人自身的生产。曾经有人批评恩格斯，认为社会历史受制于"两种生产"的说法违背了历史唯物主义关于物质生产决定历史发展的基本原理。为恩格斯辩护的人则强调，说"人自身的生产"对历史发展具有决定性作用只是就早期人类社会而言的，恩格斯并没有把"两种生产"的作用说成是具有普遍意义的历史规律。现在更有一种意见，认为从控制人口有利于社会发展的意义上讲，"人自身的生产"确实对历史发展具有重要的影响。这些不同的解释虽说都有各自的依据，但是从根本上讲都对"两种生产"的思想作了过于狭隘的理解，忽略了"人自身的生产"实际上包含着更丰富的内容，应该将其作为一个历史性的概念来理解，把握"人自身的生产"在社会发展的不同阶段所具有不同的含义。其实，马克思在1857年的《政治经济学批判》手稿中，已经提出了人自身的发展程度与社会形态之间存在着对应性关系的思想，并从人的发展的角度，把社会历史分为三种形态或三个阶段。马克思说：

> 人的依赖关系（起初完全是自然发生的），是最初的社会形式，在这种形式下，人的生产能力只是在狭小的范围内和孤立的地点上发展着。以物的依赖性为基础的人的独立性，是第二大形式，在这种形式下，才形成普遍的社会物质变换、全面的关系、多方面的需要以及全面的能力的体系。建立在个人全面发展和他们共同的、社会的生产能力成为从属于他们的社会财富这一基础上的自由个性，是第三个阶段。第二个阶段为第三个阶段创造条件。②

与人们所熟悉的、根据物质生产的发展和生产关系的特点把人类社会划

---

① [德] 恩格斯：《家庭、私有制和国家的起源》，见《马克思恩格斯文集》第4卷，人民出版社2009年版，第15—16页。

② [德] 马克思：《政治经济学批判（1857—1858年手稿）》，见《马克思恩格斯文集》第8卷，人民出版社2009年版，第52页。

分为"五种形态"的理论不同，马克思在这里是根据人自身的生产即人的发展程度，把社会发展、人类历史分为三种形态或三个阶段。在第一种社会形态中，人的发展受制于"人的依赖关系"，就是说人只能依赖自然形成的血缘关系、家长制关系、古代共同体关系以及封建制度与行会制度关系，这种人与人的直接联系使人只能在狭小的范围内和孤立的地点上发展。把人类社会划分为"五种形态"的理论所说的原始社会、奴隶社会和封建社会都属于这种社会形态，可以说这是一种人在"前现代"的生存状况。

在第二种社会形态中，"资本"推动的社会生产创造了一个物质财富日益丰富的世界，商品经济的发展使个体之间的关系由人的依赖关系转变为物的依赖关系。虽然以物质依赖性为基础的人此时并没有摆脱不自由的状况，但是对物的需求却推动了生产能力的发展，并让人类建立了广泛的社会联系，使人类生存在一个越来越庞大的社会关系网络之中。在这个被"五种形态"理论称之为资本主义的历史阶段，人的活动范围扩大了，人的需求增长了，人的能力也得到了空前的发展，并因此有了以物的依赖性为基础的独立性。马克思对第二种社会形态及其对人塑造的分析，深刻地揭示了资本现代性的双重本质，揭示了现代社会的发展其实是一个充满矛盾的历史过程：没有人对物的依赖，就没有人的多方面需求，没有"全面关系的建立"，没有社会生产和科学技术的蓬勃发展，因此也不会有建立第三种社会形态、使人能够自由、普遍发展所必需的物质基础和能力基础。就像马克思说的："只有资本才创造出资产阶级社会，并创造出社会成员对自然界和社会联系本身的普遍占有。由此产生了资本的伟大的文明作用；它创造了这样一个社会阶段，与这个社会阶段相比，一切以前的社会阶段都只表现为人类的地方性发展和对自然的崇拜。"① 但是要取得这样的进步，人类却必须经历"以物的依赖性为基础"的历史过程，甚至要穿过人的感觉被异化的炼狱。这说明"全面发展的个人——他们的社会关系作为他们自己的共同的关系，也是服从于他们自己的共同的控制的——不是自然的产物，而是历史的产物。要使这种个性成为可能，能力的发展就要达到一定的程度和全面性，这正是以建立在

---

① [德] 马克思：《政治经济学批判（1857—1858 年手稿）》，见《马克思恩格斯文集》第 8 卷，人民出版社 2009 年版，第 90 页。

交换价值基础上的生产为前提的，这种生产才在产生出个人同自己和同别人相异化的普遍性的同时，也产生出个人关系和个人能力的普遍性和全面性"①。不可避免的这一历史过程意味着人类社会要进入第三种社会形态即马克思所说的未来社会，人类要获得"全面发展"和"自由个性"，仅仅依靠物质生产的发展是不可能的，人自身的生产即人本身的发展程度，同样是影响历史进程和社会前景的决定性因素。

普列特尼科夫认为，马克思关于社会发展三形态的理论是一种用"哲学人学范式"对历史发展的阐释，指出马克思通过哲学人学范式揭示了"人的社会性的三个历史阶段的发展和更替"；与"五种形态"理论相比，社会发展三形态的理论"是指向人和人的世界"，表现了"人的社会性"和人的发展的"连续性"②。从这个意义上讲，可以说社会发展三形态的理论体现了马克思关于人自身的生产会影响历史进程的思想，揭示了社会历史的发展始终与人自身的生产是同步进行的。没有人的发展和人的解放，人类社会不可能仅依靠科学技术和物质生产而获得历史的进步。从人的发展与历史发展的这种互动关系上理解"两种生产"的思想，应该说，人自身的生产确实是始终制约历史发展的决定性因素，只是在不同的历史阶段，这种制约性的形成原因和制约作用的表现形态有所不同罢了。如果说，在人类社会的早期，人作为一个物种能否存在是人类历史延续的前提，因而人自身的生产对历史的决定作用主要表现为狭义的物种的繁衍的话，那么，随着社会生产力的发展，人类社会由于逐渐摆脱了对自然的血缘关系的依赖，种的繁衍对历史的影响便开始有了新的内容和新的形式，其体现为人类必须在文明程度上使自己得到不断的提升。也就是说，在现代社会里，文化素质与精神境界的提高已成为人类生产自身的主要内容，对历史具有决定意义的人自身的生产，已不再是单纯的自然生命的延续，而是人类在广义的精神文明的熏陶下，向更高层次的文化的演进。在这个意义上可以说，和物质生产一样，与人自身的生产

① ［德］马克思：《政治经济学批判（1857—1858 年手稿）》，见《马克思恩格斯文集》第 8 卷，人民出版社 2009 年版，第 56 页。

② ［俄］普列特尼科夫：《马克思的形态论的和文明论的三阶段论》，张百春译，见袁贵仁等主编：《当代学者视野中的马克思主义哲学·俄罗斯学者卷》，北京师范大学出版社 2008 年版，第 312、313 页。

有着密切关联的精神生产同样决定着社会历史的发展进程。对精神生产历史使命的这种自觉，让马克思主义文学批评在文学价值的理解和确认上有了更为开阔的视野。对马克思主义文学批评范式来说，文学的价值不仅取决于对自身特性的完美呈现，它更看重的是作为一种精神生产的文学对社会变革的介入和对人自身生产的参与。

在上述讨论中，我们把马克思关于希腊艺术产生于人类的童年时代的言论视为第一文本，第二文本是指马克思关于人类童年时代即古代社会、前资本主义社会，也就是马克思说的建立在人对自然依赖基础上的社会的论述。第二文本构成了读解第一文本的语境，是确定第一文本所说的童年时代所指意义是什么的语境，也是我们理解第一文本必须进入的语境。同时，第二文本也是对第一文本话语的充实或展开。就是说，古代社会是童年时代的所指。在这个意义上，可以把第一文本视为能指文本，把第二文本理解为所指文本。研读马克思文艺思想的关键就在于如何确定能指文本与所指文本的关系。没有能指文本的概念，以为马克思的文艺思想就体现在第一文本之中，是导致误读发生的根源，也是把马克思文艺思想浅薄化的原因。接下来还有第三文本，例如马克思理论研究的问题域——其著述整体所讨论的基本问题——所构成的文本。这个文本不是实体性的文本，而是以思想整体、基本问题的观念形态存在的文本，它构成了确定和理解第一和第二文本寓意的语境。从这个角度讲，这种互文性的读解是研究马克思文艺思想的基本方法。换一种说法，马克思关于文艺问题的具体论述只具有"能指"或"能指文本"的性质，其意义只有与"所指文本"关联才可追寻。而问题域则是理解这种"所指／能指"关系的语境，只有在这样的关系中我们才可能理解马克思第一文本的意义。

这种说法看起来与阿尔都塞的"症候阅读"很相似，其实二者有根本的不同，即症候式阅读把马克思的话语当作症候来理解，过于主观，有太大的任意性，很容易引起过度诠释。阿尔都塞的做法所以被人诟病，与之不无关系。而互文阅读则更关注互文关系与知识语境之间的关系。

第四章　马克思文学批评话语的构成

如前所述，我们认为马克思理论研究的问题域是现代性与资本的关系，这种关系正如马克思所说："'现代社会'就是存在于一切文明国度中的资本主义社会，它或多或少地摆脱了中世纪的杂质，或多或少地由于每个国度的特殊的历史发展而改变了形态，或多或少地有了发展"①，马克思的文学批评也因此有了在这一语境中所展开的、对文学艺术的本体、性质和基本特征的深入思考。这一研讨是他毕生理论研究的重要组成部分，也是在其理论研究的问题域中所展开的涉及到文艺本体意义的更深层的研究，也就是我们所说的关于"艺术生产"的研究。在在"生产"视域中展开的这种思考，涉及到文艺活动与社会历史的多重复杂关系，颠覆了现代文学理论所建构的将审美视为文艺本质特征和存在根据的观念，体现了马克思的文学研究与之不同的范式特征。"艺术生产"论为马克思以历史唯物论所展开的对文艺的性质与功能的重新思考拓展了空间，正是在这个意义上，我们说"艺术生产"构成了马克思文艺思想的核心范畴。

一、马克思文艺思想的核心范畴：艺术生产

匈牙利布达佩斯学派的主要代表马尔库什认为，马克思与 20 世纪西方

---

① ［德］马克思：《哥达纲领批判》，见《马克思恩格斯文集》第 3 卷，人民出版社 2009 年版，第 444 页。

哲学理论拥有全然不同的研究范式，虽然二者的理论目标都是以一个核心范畴为基础来解释个体状况以及人类活动在社会生活和社会交往中的可能性与限度，但在核心范畴的理解上却有根本的差异。20 世纪的主要哲学理论家，包括维特根斯坦、列维 - 斯特劳斯、加达默尔、哈贝马斯以及波普尔等等，都是以"语言"为核心范畴来解释人生与社会的，而马克思解释社会、历史的核心范畴则是"生产"，由是形成了生产 / 语言两种截然不同的基本理论研究范式，马克思从"生产"范畴出发阐释各种贯穿于人类社会和人类历史中的对立范畴，解释各种社会问题和历史问题，进而形成针对当下社会实践的行动纲领。而其他哲学家则是用"语言"范式来解释这一切的。马尔库什断言："这两种范式的对立不是逻辑上的对立，而是视角的对立。每一种视角就其自身来说都有合理性，但是它们相互之间在原则上是不相容的"①，并指出通过生产范式的研讨，可以更清楚地理解马克思唯物主义哲学的某些特征。马克思的如下观点是他作为研讨的出发点："资本主义生产过程是劳动过程和实现（Verwertigung）过程的直接统一；更一般地说，生产的各种历史形式被视为人与自然之间的确定的技术过程同人与人之间的生产关系的某种历史性的特点系统的再生产的统一。我将把生产的这种双重属性当做马克思范式的本质"②。

可是对国内许多马克思主义文论的研究者来讲，与"生产"范式相关的"艺术生产"却像是一个已被说尽因而也难出新意的话题，人们似乎难以想象把文学艺术置于"生产"范畴中来研讨能有什么新的发现。其实，由于诸多马克思主义文论的研究者没有意识到对艺术生产的认识是一个需要摆脱现代文学理论知识框架方可进入马克思理论研究的话题，忽略了马克思给艺术生产所赋予的特殊意涵使许多论者或在隐喻的意义上理解艺术生产，将其等同于"艺术创造"或"文学创作"；或在马克思提出"艺术生产"概念的具体语境中纠缠不清，将其视为一个政治经济学的概念，认为艺术生产只是讨论文艺活动中的"生产与消费"的关系；更狭隘的理解是把艺术生产视为资

---

① ［匈牙利］马尔库什：《语言与生产——范式批判》，李大强等译，黑龙江大学出版社 2011 年版，第 3 页。

② ［匈牙利］马尔库什：《语言与生产——范式批判》，李大强等译，黑龙江大学出版社 2011 年版，第 65 页。

本主义时代特有的现象，认为其专指受商品生产、市场经济制约下的文学艺术活动。其实，如果进入马克思理论研究的话语系统，了解了马克思以唯物史观对"生产"意涵的诠释，就会发现艺术生产实质上是马克思对文学艺术及其活动的本质特征的理论阐释，是一个指涉文艺本体的概念，马克思用这个全新的理论概念提出了一种有异于"审美文学观"的"艺术生产论"。

从马克思的著述、特别是与"历史唯物论"相关的各种阐述中，可以看到"生产"被视为人类最基本的实践活动，是社会历史运作的根本动因，围绕着"生产"所展开的研讨，构成了马克思理论研究的基本思路。而这种生产观念的形成，则与德国学者威廉·舒尔茨的理论著述《生产运动》给予马克思的影响有着一定的关系。这本书中指责政治经济学家"在解决社会任务的探索中，因为主要受到物质困难的阻碍，所以首先只看到了生产和消费的物质方面，而没有对精神的创造和社会条件给予足够重视。因而人们像梦想对军队和统治的组织一样，梦想生产的完整管理，而忽略掉自然发生的东西"，"这种思考使我现在首先转向了对生产以及组织的当代结构的历史的、统计学的考察"①。《马克思恩格斯传》的作者奥古斯特·科尔纽大约是最早注意到马克思与舒尔茨之间存在着某种思想联系的理论家，他意识到，"考察一下舒尔茨这样通过对社会经济发展的分析达到唯物主义历史观，并承认国家意识形态和社会形态决定于相应的生产状态，这是很有意思的"②。

科尔纽指出，舒尔茨的《生产运动》一书 1843 年在瑞士出版，马克思在第二年的读书笔记也就是后来被称之为《1844 年经济学哲学手稿》中，就多次对这本书做了大段的摘引。后来在《资本论》第一卷的"机器与大生产"一章中，再次引用了《生产运动》，并在注释中说"这是一部在某些方面值得称赞的著作"③。科尔纽认为，马克思所以如此关注《生产运动》，是因为"舒尔茨清楚地看到资本主义制度的缺陷，并且用生产的历史发展来说

---

① [德] 舒尔茨：《生产运动：从历史统计学方面论国家和社会的一种新科学的基础的建立》，李乾坤译，南京大学出版社 2019 年版，第 7 页。

② [法] 科尔纽：《马克思恩格斯传》第 2 卷，王以铸等译，生活·读书·新知三联书店 1965 年版，第 143 页。

③ 参见 [德] 马克思：《资本论》第 1 卷，见《马克思恩格斯文集》第 5 卷，人民出版社 2009 年版，第 428 页，注释（88）。

明产生这些缺陷的原因"，详尽地论证了"生产的发展使得资本能够逐渐积累起来，导致了彼此对立的阶级的形成，并且使主要是物质的生产同主要带有智力性质的生产分离开来"①。

舒尔茨的《生产运动》明确提出了"生产"在历史发展与社会转变过程中的重要作用，并用"生产"的发展变化阐述社会、历史的运作。显然，这个思路启发了马克思关于历史唯物论的思考，并由此获得比传统哲学话语更贴近现实生活的关于物质生产的考察；物质生产活动是比物质实践中的政治活动更具有基始性的方面，马克思由此走入历史唯物论的生产之思，其最初的显现便是马克思在历史唯物论层面上对"生产"的界说。这就是在《德意志意识形态》中，马克思从五个方面阐述了"生产"对于人类和人类社会发展的重要意义：

> 一切人类生存的第一个前提，也就是一切历史的第一个前提，这个前提是：人们为了能够'创造历史'必须能够生活。但是为了生活，首先就需要吃喝住穿以及其他一些东西。因此第一个历史活动就是生产满足这些需要的资料，即生产物质生活本身，而且，这是人们从几千年前直到今天单是为了维持生活就必须每日每时从事的历史活动，是一切历史的基本条件。②

指出"生产"是人类的"第一个历史活动"；生产是"每日每时"都必须进行的，须臾不可停止。正是在这个意义上，马克思强调"生产"是"一切历史的基本条件"。"生产"活动以及它对人类最基本的物质生活的作用，构成了人类生存的"物质基础"。

马克思接着指出，

> 第二个事实是，已经得到满足的第一个需要本身、满足需要的

---

① [法]科尔纽：《马克思恩格斯传》第2卷，王以铸等译，生活·读书·新知三联书店1965年版，第141页。

② [德]马克思、恩格斯：《德意志意识形态》，见《马克思恩格斯文集》第1卷，人民出版社2009年版，第531页。

活动和已经获得的为满足需要而用的工具又引起新的需要，而这种
新的需要的产生是第一个历史活动。

一开始就进入历史发展过程的第三种关系是：每日都在重新生
产自己生命的人们开始生产另外一些人，即繁殖。这就是夫妻之间
的关系，父母和子女之间的关系，也就是家庭。这种家庭起初是唯
一的社会关系，后来，当需要的增长产生了新的社会关系而人口的
增多又产生了新的需要的时候，这种家庭便成为从属的关系了（德
国除外）。①

马克思进一步总结说，

不应该把社会活动的这三个方面看做是三个不同的阶段，而只
应该看做是三个方面，或者，为了使德国人能够明白，把它们看做
是三个‘因素’。从历史的最初时期起，从第一批人出现以来，这
三个方面就同时存在着，而且现在也还在历史上起着作用。②

马克思指出，生产涉及的上述三个方面不是指生产发展的三个并列平行
的阶段，而是生产结构的三个组成部分，它们共同构成了生产不可或缺的三
个要素。这种模式要强调的不仅仅是物质生产一项，而且包括生产与需要的
关系，生产与社会的关系，以及生产与人的发展的关系。

这样，生命的生产，无论是通过劳动而生产自己的生命，还是
通过生育而生产他人的生命，就立即表现为双重关系：一方面是自
然关系，另一方面是社会关系；社会关系的含义在这里是指许多个
人的共同活动，不管这种共同活动是在什么条件下、用什么方式和
为了什么目的而进行的。……由此可见，人们之间一开始就有一

---

① ［德］马克思、恩格斯：《德意志意识形态》，见《马克思恩格斯文集》第 1 卷，人民出版
社 2009 年版，第 531、531—532 页。

② ［德］马克思、恩格斯：《德意志意识形态》，见《马克思恩格斯文集》第 1 卷，人民出版
社 2009 年版，第 532 页。

种物质的联系。这种联系是由需要和生产方式决定的，它和人本身有同样长久的历史；这种联系不断采取新的形式，因而就表现为"历史"，它不需要用任何政治的或宗教的呓语特意把人们维系在一起。①

马克思又强调说："甚至人们头脑中的模糊幻象也是他们的可以通过经验来确认的、与物质前提相联系的物质生活过程的必然升华物。因此，道德、宗教、形而上学和其他意识形态，以及与它们相适应的意识形式便不再保留独立性的外观了。它们没有历史，没有发展，而发展着自己的物质生产和物质交往的人们，在改变自己的这个现实的同时也改变着自己的思维和思维的产物。不是意识决定生活，而是生活决定意识。"②指出作为观念形态的文学艺术，物质生活和与之相应的物质交往是其发生的基础。这不是在一般意义上强调唯物主义哲学观念，而是强调作为精神活动的艺术生产要受制于由物质生产决定的物质生活。强调这一点意味着从"生产"意义上谈"艺术"，从一开始就有别于从"想象""审美"意义上谈"艺术"的现代文学理论。

马克思说："分工只是从物质劳动和精神劳动分离的时候起才真正成为分工［马克思边注：'与此同时出现的是意识形态家、僧侣的最初形式'］。从这时候起意识才能现实地想象：它是和现存实践的意识不同的某种东西；它不用想象某种现实的东西就能现实地想象某种东西。从这时候起，意识才能摆脱世界而去构造'纯粹的'理论、神学、哲学、道德等等。但是，如果这种理论、神学、哲学、道德等等同现存的关系发生矛盾，那么，这仅仅是因为现存的社会关系同现存的生产力发生了矛盾。""上述三个因素即生产力、社会状况和意识，彼此之间可能而且一定会发生矛盾，因为分工使精神活动和物质活动［手稿中删去：'活动和思维，即没有思想的活动和没有活动的思维。'］、享受和劳动、生产和消费由不同的个人来分担这种情况不仅成为可能，而且成为现实，而要使这三个因素彼此不发生矛盾，则只有再消灭分

---

① ［德］马克思、恩格斯：《德意志意识形态》，见《马克思恩格斯文集》第 1 卷，人民出版社 2009 年版，第 532—533 页。

② ［德］马克思、恩格斯：《德意志意识形态》，见《马克思恩格斯文集》第 1 卷，人民出版社 2009 年版，第 525 页。

工。"①强调作为精神生产的艺术生产得以形成的又一个历史前提是分工，即物质劳动与精神劳动的分离。这个历史前提说明艺术生产从一开始就是一种社会体制和社会关系的产物。这又是一个对只强调审美和感性规定性的现代文学理论的反驳。

马克思明确指出"生产"这种历史活动由上述四个方面构成。从这些论述中可以看出，马克思认为人的第一个历史活动由三个方面的内容构成（后面又讲到第四个方面）：其一是生产；其二是生产对人的需要的满足并激发了新的需要；其三是人自身的再生产。后面又讲到第四个即人的关系的再生产。由此也可以得出这样的结论：马克思所说的"生产"包括了四种不同的生产，即生活资料的生产、为满足不断发展的需要的生产、人自身的生产与再生产和人的关系的生产与再生产。正是这个意义上的生产构成了人类的第一个历史活动。强调"第一个历史活动"是说，生产是人类最基本的、具有源始性的历史活动。以此来看我们关于生产的理解和研究，显然也应与之对应，就是说我们的生产研究包括艺术生产研究，都应该从这四个方面入手。

从马克思对"第一个历史活动"的强调来看，马克思主义所说的"历史唯物主义"的"物"，即对人的意识、精神具有规定性的"物"，显然不是自然的物质世界，而是人的"生产"活动即"社会存在"，自然世界也是就这个意义而言的。也就是说，决定人的意识与精神生活的社会存在，是由上述四个方面组成的。由此来看，在"生产"的意义上阐释文学艺术活动，意味着马克思把文学艺术视为与人及社会的历史发展密切相关的一种活动，从这个意义上讲，艺术生产论所阐述的文学观念和文学价值并不逊于审美论的文学艺术观。

除了阐释一般意义上的生产外，马克思还在"生产"的意义上对人类社会的各种活动做了阐释。在《1844年经济学哲学手稿》中马克思说："私有财产的运动——生产和消费——是迄今为止全部生产的运动的感性展现，就是说，是人的实现或人的现实。宗教、家庭、国家、法、道德、科学、艺术

---

① ［德］马克思、恩格斯：《德意志意识形态》，见《马克思恩格斯文集》第1卷，人民出版社2009年版，第534—535、535页。

等等，都不过是生产的一些特殊的方式，并且受生产的普遍规律的支配。"①
在《德意志意识形态》中说："思想、观念、意识的生产最初是直接与人们的
物质活动，与人们的物质交往，与现实生活的语言交织在一起的。人们的想
象、思维、精神交往在这里还是人们物质行动的直接产物。表现在某一民族
的政治、法律、道德、宗教、形而上学等的语言中的精神生产也是这样。"②
指出作为一种精神生产的艺术生产，不过是生产的一种特殊方式、特殊形
式，所以同样要受生产的普遍规律的支配。这里的"普遍规律"不仅是指要
受"生产和消费"关系的支配，还包括生产的其他方面，如生产工具和技
术、生产关系等对生产的支配。但不管是什么，至少强调了艺术活动除了具
有特殊性，受制于特殊规律之外，还强调了非审美的生产规律对艺术活动的
支配。

　　在"生产"的意义上讨论文学艺术，也有历史文化上的根源。我们在探
讨马克思文学研究范式与现代文学研究范式的区别时，也应注意二者在术语
使用上的区别，以及是否有自己特定的术语、概念。比较和研究二者的不同
可以说明什么。比如，艺术生产是马克思特有的一个概念，至少在现代文学
理论的话语系统中没有这个术语。"艺术"的本意原来就是指与生产相关的"技
巧"，威廉斯指出"艺术"概念是一个历史的产物："'art'原本用来描述一
种人类特质——'技巧'，到了我们讨论的这个时期，它变为一种体制、一
种活动团体。'艺术'……现在特指某些技艺，即'想象性的'或'创造性的'
艺术。……另外最重要的是，大写开头的'Art'开始代表一种特殊的真实：
'想象的真实'，而'艺术家'则正如'有艺术天赋的'和'富有艺术创造力的'
这些 19 世纪 40 年代用来描述人类的新词一样，代表一组特别人群。"③ 现在
讨论艺术问题必须强调和明确的一些意涵，如想象性、创造性，以及与之相
关的意义，如天赋、创造力、想象的真实等，都是在现代即 18 世纪末至 19

①　[德] 马克思：《1844 年经济学哲学手稿》，见《马克思恩格斯文集》第 1 卷，人民出版社
　　2009 年版，第 186 页。

②　[德] 马克思、恩格斯：《德意志意识形态》，见《马克思恩格斯文集》第 1 卷，人民出版
　　社 2009 年版，第 524 页。

③　[英] 威廉斯：《文化与社会：1780—1950》，高晓玲译，吉林出版集团有限责任公司 2011
　　年版，第 4 页。

世纪中期，才开始成为"艺术"规定的本质或本体属性。这个事实证明了被我们视为文学艺术的某些性质、特征，实际上是现代的产物，也就是说，这些特点和属性，都是历史的产物，是一种现代艺术观。而这些意涵所以能够进入"艺术"观念，则是学科构建之后给予的权力；它们属于学科知识，依赖于学科体制的建构。

马克思的艺术生产思想，还可以在这样一个层面上深化我们对艺术生产论的理解，即 19 世纪中后期，是现代文学理论形成的关键时刻，如何认识文学和文学活动的性质与特点，有各种各样的界说；马克思的艺术生产论正是在这种语境中产生的。因此我们不能不关注马克思为什么要提出"艺术生产"，或者说提出"艺术生产"的问题意识是什么。追问所以要聚集在这一点上，是因为对理论研究来讲，"问题"的提出就在于它能以"问题化"的方式为理论研究构建自己的对象、呈现研究材料隐含的意义，整合理论研究的逻辑思路。例如，文学艺术的"生产性"融含了马克思从劳动对象化的意义上理解审美的思想，马克思在"生产"的意义上研讨文学艺术，实质上是以"生产"使文学研究获得一种全新的"问题化"方式，以此质疑和改变了现代文学理论所设置的研究路向。

研究马克思艺术生产思想的前提，是厘清他的艺术生产思想的内涵并据此对这个术语的性质和内涵做出合理的阐述和定位。国内讨论艺术生产的文字不少，但似乎都没有太多地注意研讨，作为一个被马克思反复提及的理论术语，艺术生产究竟具有什么样的性质和内涵这类问题。有人认为："马克思的艺术生产理论并不是在纯粹的美学或文学理论框架中提出来的，而是有着深厚的哲学和政治经济学背景。……马克思在哲学、政治经济学两个层面上看待生产，他的艺术生产理论也是在上述两个层面上提出的，同时还带有浪漫主义和对资本主义进行批判的背景。"并据此提出："马克思艺术生产理论的两层意义三重内涵：物质生产制约下的精神生产、资本主义商品生产条件下的一种生产和自由的精神生产。"①对于国内的艺术生产研究来讲，这种认识不乏一定的深刻性，但同样出于作者的明确界定，如何理解和研究艺术生产的基本思路和阐释空间，也被严格地限定了，这种限制实际上影响了对

---

① 汪正龙：《马克思与 20 世纪美学问题》，高等教育出版社 2014 年版，第 117 页。

马克思的艺术生产思想的深入理解。

确实，要了解马克思的艺术生产思想，仅仅放在现有的美学或文学理论语境和知识系统去读解，肯定是困难重重；忽略艺术生产理论与马克思的哲学思想特别是与他的政治经济学理论的关联，不可能对这个术语有更深入的理解，以致失去对艺术生产基本内涵和特定寓意的把握。这是现有的多数研究者都忽略了的。在这个意义上可以认同作者的说法。

但是，由于上述观点强调艺术生产是在哲学和政治经济学两个层面上提出的，明确地舍弃了文学和美学层面，作者的观点还有另一层意思同样是不可忽略的，那就是认为马克思所以提出艺术生产理论，并不是针对现代文学理论或者现代美学的失误和盲点而言的，不是为了提出和解决它们无视的文学问题或美学问题而言的，而是把艺术生产仅仅看成是在哲学和政治经济学语境中形成的思想。如此理解，意味着并没有把"艺术生产"视为马克思特有的、对现代文学理论来讲又是在其研究视域和理论框架之外的一个文学研究的新概念、新范畴，从而忽略和放弃了一个要比上述观点更为重要的理论问题——对理解马克思的文学思想来讲，这个理论问题却有至关重要的意义——那就是：马克思是在一个不同于现代文学理论的研究范式中来提出和思考文学问题的，艺术生产问题的提出，就体现了马克思文学研究范式与现代文学理论范式的异质性。对现有的艺术生产研究来讲，这个问题似乎也不在研究者们的视域中，也被普遍忽视了。所谓"两个层面"，是讲马克思关于艺术生产的论述是在哲学和政治经济学这两个层面上展开的。但许多研究者似乎完全忽略了，马克思的艺术生产理论所讨论的是一种特殊的精神生产类型，所以艺术生产论也是在文学理论和美学的层面上讲的，只是马克思放弃了用现代文学理论的现成话语来讨论文学艺术及其理论问题，而是将其放置在自己的文学研究范式中，用另一套文论话语来阐述。可以说，用"艺术生产"来阐释文学问题，说明马克思是在自己而非现代文学理论的问题域中，用自己的而非现代文学理论的话语来讨论文学艺术问题。

上述观点还指出，在阐释艺术生产理论的哲学层面上，马克思强调了物质生产对精神生产的制约性、规定性。在政治经济学层面上，马克思讨论了艺术生产与消费和需要的关系，讨论了艺术生产力和生产技术的问题，讨论了艺术生产与商品生产的关系和艺术的商品性问题，讨论了艺术生产者的多重身份问题，等等。而所谓的"三重内涵"，是指马克思的艺术生产论具有三个重要内涵，其一是作为一种精神生产，艺术生产要受物质生产的制约；其二是强调艺术生产是资本主义商品生产条件下的一种精神生产；其三是强调艺术生产应是一种自由的精神生产。由于放弃了在文学理论和美学层面上的理解，这些说法的失误在于，作者的阐述从一开始就被他选择的视角和视域限制了，即作者从一开始就没有把艺术生产视为马克思文学研究范式特有的概念，而是将其纳入现代文学理论的研究范式之中，把艺术生产理解成与现代文学理论所说的"文学创作方式"近似的概念，认为它"是一种现代意义上的文学创作方式"①，从而放弃了对艺术生产论的更深入研讨。

把艺术生产仅仅视为资本主义时代或商品生产条件下才有的现象，不仅忽略了艺术生产理论所蕴含的更丰富的思想，以致限制了马克思艺术生产思想的适用范围，而且忽略了马克思也曾在前资本主义时代和非商品生产条件下论及艺术生产问题。例如马克思在言及希腊神话和希腊艺术时，就讲过艺术生产问题。在言及荷马史诗时，马克思说："就某些艺术形式，例如史诗来说，甚至谁都承认：当艺术生产一旦作为艺术生产出现，它们就再不能以那种在世界史上划时代的、古典的形式创造出来；因此，在艺术本身的领域内，某些有重大意义的艺术形式只有在艺术发展的不发达阶段上才是可能的。"② 明确指出艺术生产具有不同的历史形态，这里所说的"当艺术生产一旦作为艺术生产出现"，就是把前一种艺术生产视为不成熟形态的，后面所说的艺术生产则是成熟形态的。当马克思在《手稿》中说"宗教、家庭、国家、法、道德、科学、艺术等等，都不过是生产的一些特殊的方式，并且受生产的普遍规律的支配"③ 时，显然不是仅对资本主义时代的宗教、法、道德、科学和艺术来讲的；说这些精神活动"都不过是生产的一些特殊的方式"，应该是对各种社会形态而言的。

如果这种理解可以成立，那么马克思的艺术生产理论就不是一个仅适用

---

① 汪正龙：《马克思与 20 世纪美学问题》，高等教育出版社 2014 年版，第 118 页。

② ［德］马克思：《1857—1858 年经济学手稿摘选·导言》，见《马克思恩格斯文集》第 8 卷，人民出版社 2009 年版，第 34 页。

③ ［德］马克思：《1844 年经济学哲学手稿》，见《马克思恩格斯文集》第 1 卷，人民出版社 2009 年版，第 186 页。

于资本主义的理论，而是在思考艺术活动普遍规律的基础上提出的。所以，艺术生产理论的内涵也绝不限于作者讲的那三个只和资本主义相关的方面。作者始终把马克思关于艺术生产问题的阐释视为一种哲学话语或政治经济学话语，而不是一种有别于现代文学研究范式的文学理论话语。所以，在研讨艺术生产论的内涵时，除了第三重内涵还稍稍涉及文艺之外，几乎完全放弃了对与文学艺术相关的意涵的探讨和分析。其实，在马克思的文学研究范式中，被作者视为哲学层面的和政治经济学层面的内涵，实质上就是文学艺术本应具有的内涵。就是说，马克思的艺术生产论与现代文学理论的不同，就在于强调了物质生产对文学艺术活动具有制约性，强调了在现代社会中，文学艺术活动同时要受制于商品生产和市场经济，而不可能是完全自由的；被现代文学理论视为艺术本质的审美性，也因此时时受到干扰甚至破坏。而要认识到这些内涵，前提是必须把马克思的艺术生产论视为一种源于新理论范式的概念或范畴。

强调马克思的艺术生产论是一个文学理论或美学范畴，是因为马克思的审美思想也与"生产"有着直接的、内在的联系。

人类为满足自身的生活需要而进行的生产实践活动与动物的行为有根本的不同，其表现为人的实践活动从一开始就是一种有意识的、能动的活动，人的社会实践因此具有了一个重要的特点，即"人的类特性恰恰就是自由的有意识的活动"①，其集中表现在人类的劳动具有合目的性与合规律性相统一的特点。对于"合目的性"，马克思曾有如下的描述："蜜蜂建筑蜂房的本领使人间的许多建筑师感到惭愧。但是，最蹩脚的建筑师从一开始就比最灵巧的蜜蜂高明的地方，是他在用蜂蜡建筑蜂房以前，已经在自己的头脑中把它建成了。……他不仅使自然物发生形式变化，同时他还在自然物中实现自己的目的，这个目的是他所知道的，是作为规律决定着他的活动的方式和方法的，他必须使他的意志服从这个目的。"②无数次实践使人类认识到，要使劳动达到预期的目的，要有效地改造客观世界，仅有目的和愿望还远远不够，

---

① [德] 马克思：《1844 年经济学哲学手稿（节选）》，见《马克思恩格斯选集》第 1 卷，人民出版社 1995 年版，第 46 页。

② [德] 马克思：《资本论》第 1 卷，见《马克思恩格斯文集》第 5 卷，人民出版社 2009 年版，第 208 页。

只有掌握了客观世界的规律并按照规律从事社会实践的时候，才可能实现自己的目的，所以社会实践又必须是"合规律性"的。合目的性与合规律性的统一，是人类社会实践最基本、最一般的性质。

以合目的性与合规律性相统一的特点来观照和分析人的社会实践活动，我们发现，人的实践活动及其结果，实际上具有双重的内容和意义。一方面，人的社会实践和社会存在表现为人类的物质生产活动，人类在一定的社会关系中创造着使用价值，满足物质生活的需要，并围绕着生产实践展开了形形色色的历史活动。另一方面，因为社会实践具有合目的性与合规律性相统一的特点，从而使社会实践的过程和结果，又成为人的智慧和能力、成为人的本质力量的一种展现。因为"劳动的现实化就是劳动的对象化"①，"过程消失在产品中。……在劳动者方面曾以动的形式表现出来的东西，现在在产品方面作为静的属性，以存在的形式表现出来"②。劳动产品即人的实践结果，以其自身的存在证实了人的社会实践是合目的性与合规律性的统一，从而使劳动过程及其产品成为人的价值、人的本质力量的显现。在这个意义上可以说，人的社会实践和社会存在又以它的人文内涵成为人类认识自己的对象。

社会实践不但改变了人类的生存环境，也改变了人与大自然的关系，从而使这种关系的变化也成为人的本质力量的一种显现。恩格斯说，"地球的表面、气候、植物界、动物界以及人本身都发生了无限的变化，并且这一切都是由于人的活动"③。虽说人类所具有的能力和技术至今还不能对许多自然现象施加影响，不能使它们成为直接的实践对象，但是人类却能够通过自己的实践活动逐渐认识这些自然对象及其运动规律，使之有利于人类的发展和生产劳动。例如在人类社会初期，由于农业劳动的需要，人们就开始研究太阳、月亮、星辰的运动与四季以及气候的关系了，并借助于对天体的观察结果确定了播种、灌溉、收获的时间。从此，这些自然物

---

① ［德］马克思：《1844 年经济学哲学手稿》，见《马克思恩格斯文集》第 1 卷，人民出版社 2009 年版，第 157 页。

② ［德］马克思：《资本论》第 1 卷，见《马克思恩格斯文集》第 5 卷，人民出版社 2009 年版，第 211 页。

③ ［德］恩格斯：《自然辩证法》（节选），见《马克思恩格斯文集》第 9 卷，人民出版社 2009 年版，第 484 页。

便不再是与人无关的外在之物了，对其运动规律的熟悉和掌握，说明人类与自然的关系开始发生了变化，人类正在由自然的奴隶转变为能够掌握自己命运的主人。人与自然关系的变化，也因此成为显示人的力量与才智的对象。

所以，无论是实践过程、劳动产品、人类社会，还是大自然的运作、地球之外的茫茫宇宙，只要因为人类的实践活动，或直接、间接地发生了变化，或与人形成了新的关系，就会成为"人化的自然"，成为人的本质力量的一种显现。它说明"人不仅像在意识中那样在精神上使自己二重化，而且能动地、现实地使自己二重化，从而在他所创造的世界中直观自身"①。马克思指出，人的历史与人的现实都因此成为人类认识自身、感受自己的生命、力量和本质的对象："随着对象性的现实在社会中对人说来到处成为人的本质力量的现实，成为人的现实，因而成为人自己的本质力量的现实，一切对象对他说来也就成为他自身的对象化，成为确证和实现他的个性的对象，成为他的对象，而这就是说，对象成了他自身。对象如何对他说来成为他的对象，这取决于对象的性质以及与之相适应的本质力量的性质；因为正是这种关系的规定性形成一种特殊的、现实的肯定方式。……因此，人不仅通过思维，而且以全部感觉在对象世界中肯定自己。"②

这个事实意味着，社会实践使人与世界之间开始形成了一种新的关系，即人"以全部感觉在对象世界中肯定自己"的关系，这种关系为我们从人类的社会生活中去寻找和发现人的价值，感受和理解人生的意义，并从中获得与物质享受全然不同的精神上的喜悦和快慰提供了可能。黑格尔曾用一个著名的比喻，为这种关系以及它给人们带来的特殊感受作了形象化的说明。他说："一个小男孩把石头抛在河水里，以惊奇的神色去看水中所现的圆圈，觉得这是一个作品，在这作品中他看出他自己活动的结果。"③人类直观自身的活动就是在这个意义上进行的，当然它的方式和内容都远比黑格尔的比喻

---

① ［德］马克思：《1844 年经济学哲学手稿》，见《马克思恩格斯文集》第 1 卷，人民出版社 2009 年版，第 163 页。

② ［德］马克思：《1844 年经济学哲学手稿》，见《马克思恩格斯文集》第 1 卷，人民出版社 2009 年版，第 190—191 页。

③ ［德］黑格尔：《美学》第 1 卷，朱光潜译，商务印书馆 1979 年版，第 39 页。

要复杂得多也丰富得多。在美学上，把人与现实的上述关系称为审美关系；把由此获得的感受和认识，称为美感或审美意识。而所谓的美，从最根本的意义上讲，就是指人的本质力量的感性显现。

文学活动正是在人与现实的审美关系上展开的。文学从社会生活中寻找、发现和展示的，文学通过想象和虚构所建构、所追求的，正是由审美关系所规定的人生境况及其蕴含的意义和价值。所以说，审美是文学的内在规定。人们也正是在这个意义上，把文学视为人类的精神家园。马克思所以把"生产"作为研究社会、历史乃至文化、精神、思想和文学艺术的基础以及出发点，不只是出于他的唯物主义哲学原则——坚持物质生产的第一性——更是因为在生产、分配、交换和消费所构成的统一体中，生产对其他要素以及各要素之间的关系具有规定性的作用。对这种规定性的自觉有助于更深刻地理解分配、交换和消费等活动的特点与规律。鲍德里亚的符号消费论的致命弱点，就在于忽略了符号消费与资本主义商品生产之间的关系。在生产的视域中理解和阐释精神活动、思想文化、意识形态、文学艺术乃至人自身的再生产，也不是对"经济基础决定上层建筑"这一历史唯物主义原理的简单搬用，而是因为生产研究势必涉及两个维度，其一是社会结构，其二是人与自然的关系。在由这样两个维度构成的场域中研讨精神文化、意识形态和文学艺术，远比仅从某种特性或者某种关系上——如从审美关系或审美角度研究文学艺术、在观念承传和演化的意义上研究意识形态——展开研讨更切近实际，也更有利于揭示精神文化发展的实质。从这个意义上讲，可以说"生产"研究是理解"经济基础决定上层建筑"这一历史唯物主义原理不可缺少的"中介环节"。

当年，普列汉诺夫为了阐明经济基础与上层建筑之间的关系不能做简单、机械的理解，提出把"心理活动"作为理解二者关系必不可少的"中介环节"，试图借此避免对二者关系的机械理解，陷入第二国际鼓吹的简单的经济决定论。其实，引入心理活动的实质就是为了强调主体人的实践活动在二者关系形成中的作用。而生产正是主体实践的一种基本形态。与普列汉诺夫的心理中介环节论相比，生产维度的阐释因为凸显了更丰富的关系——生产具有历史形态、生产与物化过程、生产与社会体制、生产与技术、生产的实践性、生产与生产关系及社会关系、生产的再生产性、人自身的生产与物质生产的关系，等等——是研究和阐述经济基础与上层建筑关系的更重要、更基本的对象。也就是说，分析和阐明艺术生产论与历史唯物主义的关系，指出"生产"研究是阐明二者关系不可或缺的"中介环节"，是理解二者关系的"中介要素"，应作为研究"艺术生产"论的一个重要内容。

二、艺术生产论的思域和维度

那么，从生产的意义上阐释文学艺术及其活动的性质特点与现代文学理论究竟有何不同呢？这要从马克思"生产"研究特有的思域和维度说起。在《剩余价值理论》第一册中，马克思曾强调生产研究需要在考察精神生产与物质生产二者关系的基础上展开，并由此提出了生产研究的两个基本维度的问题。他说：

> 要研究精神生产和物质生产之间的联系，首先必须把这种物质生产本身不是当作一般范畴来考察，而是从一定的历史的形式来考察。例如，与资本主义生产方式相适应的精神生产，就和与中世纪生产方式相适应的精神生产不同。如果物质生产本身不从它的特殊的历史的形式来看，那就不可能理解与它相适应的精神生产的特征以及这两种生产的相互作用。从而也就不能超出庸俗的见解。这一切都是由于"文明"的空话而说的。
>
> 其次，从物质生产的一定形式产生：第一，一定的社会结构；第二，人对自然的一定关系。人们的国家制度和人们的精神方式由这两者决定，因而人们的精神生产的性质也由这两者决定。①

---

① ［德］马克思：《剩余价值理论》，见《马克思恩格斯全集》第 26 卷（第一册），人民出版社 1972 年版，第 296 页。

马克思特别强调，精神生产并不直接取决于物质生产，而是通过由物质生产的一定形式所产生的"一定的社会结构"和"人对自然的一定的关系"，间接地作用于精神生产。这一思想的雏形在《德意志意识形态》中已经有了，可见它是马克思经过长期酝酿而形成的观点：

> 生命的生产，无论是通过劳动而生产自己的生命，还是通过生育而生产他人的生命，就立即表现为双重关系：一方面是自然关系，另一方面是社会关系；社会关系的含义在这里是指许多个人的共同活动，不管这种共同活动是在什么条件下、用什么方式和为了什么目的而进行的。①

马克思的这段阐述明确指出，在研究精神生产与物质生产的关系时，特别是研究精神生产的特殊性时，必须注意这里所讲的物质生产是具有一定的历史形式的，而不是抽象的一般的物质生产。接着马克思明确指出，考察物质生产必须注意与它相关的两个基本"形式"，一是"社会结构"，二是"人与自然的关系"。就是说生产的性质和特点是由一定的社会结构和人与自然的一定关系所决定的。而且强调，审视"生产"的这两个基本维度，同样适用于作为精神生产的艺术生产；"社会结构"和"人与自然的关系"是研究艺术生产的性质所必须关注的两个基本维度。"社会结构"维度的特点人们讨论的较多，而把"人与自然的一定关系"作为研究文学艺术活动的基本维度，则是马克思艺术生产论特有的思想，也是现代文学理论的盲点。马克思曾经指出，人与自然的关系体现了工艺史的发展，"工艺学揭示出人对自然的能动关系，人的生活的直接生产过程，从而人的社会生活关系和由此产生的精神观念的直接生产过程"②。因此从这一维度展开的文学研究，会涉及物化、对象化、形式、技术、技巧等与审美和美学的关系。从这个意义上讲，关注人与自然的关系体现了马克思切入文学艺术审美研究的特有方式，对两

---

① ［德］马克思、恩格斯：《德意志意识形态》，见《马克思恩格斯文集》第 1 卷，人民出版社 2009 年版，第 532 页。

② ［德］马克思：《资本论》第 1 卷，见《马克思恩格斯文集》第 5 卷，人民出版社 2009 年版，第 429 页注释（89）。

个维度的强调也体现了马克思对文学艺术具有两种属性即社会属性和审美（工艺）属性的认识。

以艺术生产论的两个维度去阐释文学文本的意义及其生成过程，显然远远超出了现代文学理论的语言研究视域，它意味着文本意义的生成过程不仅和作者的表意活动及语言活动有关，而且还与政治、经济、文化有着千丝万缕的联系，涉及各种的生活经验、政治思想、文化传统以及与之相应的意识形态、社会体制、组织机构对文本意义生成机制的参与和影响，以及这些参与、影响和主体审美意指活动之间的复杂关系，极大地拓展了马克思主义文学批评的视野和场域。

对马克思主义文学批评来讲，艺术生产论的"社会结构"作为批评审视文学艺术活动的基本维度，似乎已是广为人知的老生常谈，更有人因此把马克思主义文学批评直接界说为一种社会历史批评。其实，严格来讲，马克思主义文学批评与社会历史批评并不完全一样，这种认识既没有注意到社会历史批评本身有一个发展演化的过程，具有多样的历史形态，也忽略了马克思主义文学批评特有的问题意识和由此形成的自己特有的研究对象。哈灵顿指出："观察18、19世纪对艺术的思考可能会发现一些彼此相异的社会学和社会历史学的方式，只有到了20世纪初期，我们才能谈论一种体制化的艺术社会学研究体系。"认为马克思的文学思想是当今社会历史批评的"思想起点"，其基本特点就在于主张"艺术品反映社会阶级关系，正是社会阶级关系赋予艺术品以美学形式和内容"。并强调今天的文化批评也是"建立在马克思主义的思想之上"①。不可否认，在讨论社会历史对于艺术的影响时，强调阶级的作用确实是经典马克思主义文学批评的一个特点，但在马克思的文艺研究中并非只关注阶级，他同时也在强调其他因素对于文学艺术的影响，如技术媒介、意识形态、文化等。作者这里所做的概括未免以偏概全了。至于文化批评与马克思文论思想的关系，更不能做一概而论的简化。从某种意义上讲，文化研究之所以有别于马克思的文论思想，源于文化批评根据社会实践的现实需要对马克思理论思想所做的调整。当代资本主义的发展使今天的

---

① ［英］哈灵顿：《艺术与社会理论——美学中的社会学论争》，周计武等译，南京大学出版社2010年版，第12页。

社会现实与工业资本主义时代已有明显的不同。最重要的是资本主义发展策略的调整和工人阶级本身所发生的变化，导致阶级冲突的缓和以及矛盾性质的转变。社会矛盾不再仅仅体现为阶级冲突，其他矛盾因此得到凸显，例如族群关系和性别差异之类的问题。但是，这些变化是否具有根本性？文化研究的主张究竟是一种策略性的调整，还是从根本上改变解决社会矛盾的思想理论？从认识马克思主义文学研究范式上讲，文化研究是可以参考的，或者说它是马克思主义文学研究范式发展到今天的一种样态。从根本上讲，这种文学研究体现了把文学作为一种受制于社会历史的精神活动来考察的特点。

但是把社会结构维度理解得过于狭窄，却是一个普遍现象。例如在阐释艺术生产的批评学意义时，就有人作了这样的概括："《导言》中未完成的最后一节专门论述了艺术作为社会意识的一种形式的特征，在这里马克思强调指出这样一个事实：物质生产在社会生活中的决定性作用，并不排斥人类活动的上层建筑的这样一些要素如艺术和文学的相对独立性。鉴于古希腊的艺术在简单的、未成熟的生产关系基础上却达到了高度的繁荣，马克思以莎士比亚的创作和人民史诗的古典形式作为例子指出，不能简单化地谈上层建筑对基础的依赖性。相反地，起着支配作用的是一种错综复杂的中介环节体系，而中介环节的最后决定作用是历史上具体的、不断发展着的社会生活条件。因此，古代的艺术和文学仍然能够给我们以最高的艺术享受，而且就某方面说是规范和范本，虽然它们是社会生产关系处于低级发展阶段上的产物。"[1] 上述说法从物质生产对上层建筑的支配作用是通过"错综复杂的中介环节体系"方可实现的角度来解释不平衡，并没有把问题讲清楚。不能在艺术生产的框架中理解不平衡现象，是其失误的原因所在。所以这么说是因为，马克思在讨论希腊艺术时已经指出："当艺术生产一旦作为艺术生产出现，它们就再不能以那种在世界史上划时代的、古典的形式创造出来。"[2] 明确指出，希腊艺术是艺术生产的一种初期形态，在艺术生产的这种历史形态中，虽然人的发展受到极大限制，但这种让人只能在孤立的地点上和有限的

---

[1] 参见《关于马克思 1857—1858 年经济学手稿——全集历史考证版第 2 部分第 1 卷前言》，马艾丁译，见《马克思主义研究资料》第 5 卷，中央编译出版社 2014 年版，第 7 页。

[2] [德] 马克思：《1857—1858 年经济学手稿摘选·导言》，见《马克思恩格斯文集》第 8 卷，人民出版社 2009 年版，第 34 页。

关系中生存的历史局限，却使"单个人显得比较全面，那正是因为他还没有造成自己丰富的关系，并且还没有使这种关系作为独立于他自身之外的社会权力和社会关系同他自己相对立"①。从而有可能使"个人把劳动的客观条件简单地看做是自己的东西，看做是使自己的主体性得到自我实现的无机自然"②。由此展开的艺术生产也因此有了"对象化"的意义，而这恰恰是受异化关系制约的现代艺术生产所缺失的。也就是说，物质生产发展与艺术生产的不平衡，形成于物质生产在历史形态上的变化所造成的人与社会的关系和人的感觉的变化。正是这种变化使艺术生产越来越受经济体制、政治思想和意识形态的控制，越来越偏离"对象化"意义上的审美活动。

其实，从"社会结构"的维度所展开的文学批评，远比阶级分析有着更开阔的视野。要说清楚这一点，还需要从马克思的社会历史发展观说起。关于人类社会的发展历史，人们熟悉的是"社会发展五形态论"，即把社会历史分为原始社会、奴隶社会、封建社会、资本主义社会和共产主义社会五个阶段或五种形态。划分五种社会形态的依据是生产力和生产关系的发展程度。在《1857—1858年政治经济学手稿》中，马克思则以人的社会关系发展为审视角度来划分社会历史的发展状况，他说：

> 我们越往前追溯历史，个人，从而也是进行生产的个人，就越表现为不独立，从属于一个较大的整体。
>
> ……只有到18世纪，在"市民社会"中，社会联系的各种形式，对个人说来，才表现为只是达到他私人目的的手段，才表现为外在的必然性。但是，产生这种孤立个人的观点的时代，正是具有迄今为止最发达的社会关系（从这种观点看来是一般关系）的时代。③
>
> 这种"以物的依赖性为基础的人的独立性，是第二大形式，在这种

---

① ［德］马克思：《政治经济学批判（1857—1858年手稿）》，见《马克思恩格斯文集》第8卷，人民出版社2009年版，第56页。

② ［德］马克思：《政治经济学批判（1857—1858年手稿）》，见《马克思恩格斯文集》第8卷，人民出版社2009年版，第134页。

③ ［德］马克思：《1857—1858年经济学手稿·导言》，见《马克思恩格斯全集》第30卷，人民出版社1995年版，第25页。

形式下，才形成普遍的社会物质变换、全面的关系、多方面的需要以及全面的能力的体系"①。

全面发展的个人——他们的社会关系作为他们自己的共同的关系，也是服从于他们自己的共同的控制的——不是自然的产物，而是历史的产物。要使这种个性成为可能，能力的发展就要达到一定的程度和全面性，这正是建立在交换价值基础上的生产力为前提的，这种生产才在产生出个人同自己和同别人相异化的普遍性的同时，也产生出个人关系和个人能力的普遍性和全面性。②

马克思把社会形态和人类历史分为三个阶段的表述，就社会发展的程度而言，可以用"前现代""现代""后现代"来描述这三个阶段；从人的主体性上讲，可以说这是一个从不独立的人向具有主体性的人，再到主体间性的人的发展过程。

这个表述强调了人及其社会关系发展变化的三种历史形态。指出社会历史发展的第一个阶段是前资本主义阶段，与之对应的社会关系的形式是"人的依赖性"，用马克思的话说："如果考察的是产生出不发达的交换、交换价值和货币的制度的那种社会关系，或者有它们的不发达程度与自身相适应的那种社会关系，那么一开始就很清楚，虽然个人之间的关系表现为较明显的人的关系，但他们只是作为具有某种规定性的个人而互相发生关系，如作为封建主和臣仆、地主和农奴等等，或作为种姓成员等等，或属于某个等级等等。在货币关系中，在发达的交换制度中……人的依赖纽带、血统差别、教养差别等等事实上都被打破了，被粉碎了……"马克思所以说前现代的关系是一种"人的依赖关系"，而且是"自然形成的"，是因为这种关系是建立在对作为自然物的人自身或对人活动的自然关系（范围）的依赖性上，因此形成了这样的特点："其本身具有狭隘的、为自然所决定的性质，因而表现为人的关系，而在现代世界中，人的关系则表现为生产关系和交换关系的纯粹

①　[德] 马克思：《政治经济学批判（1857—1858 年手稿）》，见《马克思恩格斯全集》第 30 卷，人民出版社 1995 年版，第 107 页。
②　[德] 马克思：《政治经济学批判（1857—1858 年手稿）》，见《马克思恩格斯全集》第 30 卷，人民出版社 1995 年版，第 112 页。

产物。"① 在马克思所说的第一种社会形态中，人尚未独立，是靠"依赖关系"即对自然的依赖而生存的。所以人只能在狭小的范围内和孤立的地点上发展着，这是一种"前现代"的生存状态，人此刻处于自身发展的幼年时代。前资本主义时代，社会关系内在于统一体即受制于统一体，即使有差异也不具有独立的特征。存在的自在性是指关系的获取是内在的，与任何外在于关系的因素无关。社会关系的这一特点，是被人的依赖性决定的。

前资本主义时期的社会关系，对艺术生产研究来说，需要注意的似乎可以概括为以下几点。

第一，个人不独立，个体只能从属于一个较大的整体。从这个维度来看，需注意古代作家个性形成与发展的限度，即他的个性要受制于其所从属的那个社会整体；或者说，要注意分析社会整体在他个性形成与表现上留下的痕迹，而不能简单地搬用现代文学理论所说的个性与艺术创造关系的理论。当然，这不是说古代文学中没有个性的显现，而是如马克思所说，既应当注意文学个性之间存在的差异性，又应该注意即使研究个性或个性之间有差异，也不能忽视存在于个性差异中的来自社会整体的限制。

第二，艺术生产要受社会生产方式即一般意义上的生产方式和艺术生产的技能、符号、媒介、传播方式等的制约。在文学史研究中，生产方式对于文学活动的影响似乎是个极少涉及的话题，只是在近年接触的一些海外汉学的著述，如从印刷技术的角度对江西诗派诗学理论的读解、关于手抄文化与诗文传播的研究等，才获得一些感性认识。这个角度的研究在今天由于传媒技术的发展及其对文学艺术活动的介入，实际上更为重要。

第三，文学创造与文学消费关系的直接性。在前资本主义时代，生产与消费的关系几乎是无中介的，生产就是为了消费，消费直接作用于生产。从文学活动的层面上看，这种状况意味着文学创作直接面对文学接受，这种生产／消费关系决定了作品不具有商品性，作者也不是生产者，文学活动几乎与接受的现实需要同步展开，它使文学活动不能不受现实需要的制约，所以在文学创作中有大量的应酬和互动性的文本，以致出现了与科举考试相关

---

① ［德］马克思：《政治经济学批判（1857—1858 年手稿）》，见《马克思恩格斯文集》第 8 卷，人民出版社 2009 年版，第 57—58、59 页。

的文学现象；关于这种现象的研究很多，但好像都把重点放在科举考试对文学活动有无更大的影响上，却很少从生产／消费的直接关系上考虑二者的互动。正因为生产与消费之间几乎没有中介因素的参与，古代文学活动的动机与现代相比显然要单纯得多。

第四，各种关系的直接性或无中介性，决定了文化传统和文化承传在艺术生产中的重要作用。在中国古代文学中，伦理观念往往是一种颇有影响的规范因素，这大约是中国古代文论凡言及文学势必强调"道"的规范性的重要原因。

第五，个人是具体的、特殊的，但又是不自由的。人及其存在的这种状况，使古代文学既可能表现非常感性、细腻且带有体验意味的人生经验——这是中国古典诗词的强项，也是其能够长期兴盛不衰的重要原因——也因为个人的不自由，而使感性经验的表达始终局限在一个狭小的范围内，造成诗词主题和题材的重复性，同时带有鲜明的地方色彩和对故土的眷恋性。

在第二个即资本主义阶段，人的社会关系的形式表现为"以物的依赖性为基础的人的独立性"。在第二种社会形态里，"资本"推动的社会生产创造了一个物质日趋丰富的世界，于是人从依赖自然发展到了对物的依赖。依赖于物方可生存的人此刻并没有摆脱不自由的状况，因为物质利益是驱动人类活动的基本力量；人要受物的支配。但是对物质的需求却推动了科学技术的发展，并使人类建立了广泛的社会联系，使人生活在一个越来越庞大的社会关系网络之中。人的活动范围扩大了，人的需求增长了，人的能力也得到了空前的发展。这一切使人有了自觉的主体意识，并开始追求个性的发展。这是一个资本主义的时代，也是一个现代化的时代。马克思对第二大社会形态及其对人的塑造的分析，极其深刻地揭示了"现代性"的双重本质，揭示了现代社会的发展其实是一个充满矛盾甚至具有悖论性的历史过程：没有人对物的依赖，就没有人的需要，没有"全面关系的建立"，没有科学技术的蓬勃发展，因此也不会有建立第三个社会形态所必需的物质基础和人的能力基础。但是要取得这个基础，人类却必须经历"以物的依赖性为基础"的历史过程，甚至要穿过人性被异化的炼狱。它意味着人类社会要进入第三种社会形态，人要获得"全面发展"和"自由个性"，并不一定是"现代性"发展的唯一结果，而是取决于人的"现代性"发展和对"现代性"的批判；"现代性"的难题，就在于这种矛盾性或悖论性。资本主义破坏了最初的内在的统一性，通过对物的依赖性而获得的人的独立性，使社会关系只能通过外在之物而发生关联，由内在关系建构的统一体不复存在。以物为中介的社会关系，使自我意识也要通过对象化的形式来获得，这是一种以他者的形式所实现的自我认识。

　　资本主义时代的社会关系使人们之间不再像以前那样通过内部关系彼此直接联系，而是通过外部关系发生间接的或社会的联系。因此，马克思说："毫不相干的个人之间的互相的和全面的依赖，构成他们的社会联系。"正如他所论述的，"这种互相依赖，表现在不断交换的必要性上和作为全面中介的交换价值上"。在交换中，资本主义以前的社会的人身的或内部的关系被市场的外部关系，即商品的价值之间的关系所代替。在资本主义社会，"活动和产品的普遍交换已成为每一单个人的生存条件，这种普遍交换，他们的相互联系，表现为对他们本身来说是异己的、独立的东西，表现为一种物"①。也就是说，资本主义历史阶段社会关系具有这样的特点：人与人有了普遍的联系，从而使本来互不相干、彼此陌生的人有了相互的依赖性。就文学研究而言，普遍联系的社会关系更为复杂和多样，从而使"单纯""真实""真诚"逐渐成为罕见的人品。正因为社会关系的复杂与多样，参与文学活动运作机制的因素因此更为多样，对批评的分析也因此有了更多的要求。社会关系的这种普遍联系是以"交换"和"物"为中介的；就是说，这种普遍联系不是直接的而是间接的，不是内在的而是外在的，不是自然的而是物化的。社会关系受制于"交换"规则。这个特点要求对资本主义时代社会关系的认识，必须关注"交换"功能和"物"的中介性。资本主义时代的社会关系具有"物化"的性质。从物化角度看，社会关系已有了"异化"性。不过马克思认为："毫无疑问，这种物的联系比单个人之间没有联系要好，或者比只是以自然血缘关系和统治服从关系为基础的地方性联系要好。"②因为广泛的社会联系有益于人的能力的发展，这是一种矛盾。所以，社会关系

---

① [德]马克思：《政治经济学批判（1857—1858年手稿)》，见《马克思恩格斯全集》第30卷，人民出版社1995年版，第106、107页。

② [德]马克思：《政治经济学批判（1857—1858年手稿)》，见《马克思恩格斯全集》第46卷上册，人民出版社1980年版，第108页。

的异化及其内在的矛盾性——异化但又为人的发展创造了条件——是把握这个历史阶段社会关系特点的关键。

从艺术生产的维度来看，历史发展的第一阶段和第二阶段在自我意识和社会关系上的这些差异，势必会在文学艺术活动中形成不同的特点。但是，现代文学理论与批评却用具有普遍意义的"审美性"去阐释古代文学和现代文学、古代作家和现代作家，全然不顾及文学艺术活动始终都是在一定的社会结构和社会关系中展开的。

把马克思的社会发展三阶段论以凸显社会关系某个特点的方式排列，清晰地呈现了社会关系、个性发展、人和人之间的关系与历史阶段 / 生产方式之间的对应性，或者说，呈现了社会关系、人与人之间关系的历史性或特定的历史形态。从这个角度来讨论艺术生产的社会结构视域可以提供的分析维度，对于批评理论的构建来说，显然具体多了，也更具有可操作性。由此来看文学艺术的性质特点，即使被现代文学理论强调的审美性，也显然是有着与各种历史形态相对应的、异质性的内涵。

人与自然的关系是艺术生产论审视文学艺术及其活动的又一个基本维度。自然之所以受到马克思的关注，首先是因为马克思将其视为人类实践的要素，就像他在《手稿》中说的那样：

> 只有在社会中，自然界对人来说才是人与人联系的纽带，才是他为别人的存在和别人为他的存在，只有在社会中，自然界才是人自己的合乎人性的存在的基础，才是人的现实的生活要素。只有在社会中，人的自然的存在对他来说才是人的合乎人性的存在，并且自然界对他来说才成为人。因此，社会是人同自然界的完成了的本质的统一，是自然界的真正复活，是人的实现了的自然主义和自然界的实现了的人道主义。①

人类的社会历史活动就是建立在人与人以及人与自然的相互关系的基础

---

① ［德］马克思：《1844 年经济学哲学手稿》，见《马克思恩格斯文集》第 1 卷，人民出版社 2009 年版，第 187 页。

之上的。正是在这个意义上，马克思讨论了技艺问题，指出中世纪"在城市中各行会之间的分工还是非常少的，而在行会内部，各劳动者之间则根本没有什么分工。每个劳动者都必须熟悉全部工序，凡是用他的工具能够做的一切，他必须都会做；各城市之间的有限交往和少量联系、居民稀少和需求有限，都妨碍了分工的进一步发展，因此，每一个想当师傅的人都必须全盘掌握本行手艺。正因为如此，中世纪的手工业者对于本行专业劳动和熟练技巧还是有兴趣的，这种兴趣可以升华为某种有限的艺术感。然而也是由于这个原因，中世纪的每一个手工业者对自己的工作都是兢兢业业，安于奴隶般的关系，因而他们对工作的屈从程度远远超过对本身工作漠不关心的现代工人"[1]。指出艺术与技艺之间存在着一定的关联性；艺术最早就是对技艺而言的。而且，马克思认为技艺、劳动所激发的兴趣，可以升华为"有限的艺术感"以及美感。就是说，艺术感也是在生产中形成的。那么，马克思从生产出发论述艺术所形成的艺术生产论，显然也包含了这样一层含义：艺术生产不仅生产艺术品，而且也生产或培养了艺术感。能否说，正是艺术与生产之间的这种类似于中世纪或前资本主义的关联性，为从生产的角度理解艺术提供了某种依据？考虑这个问题，是为了给以"生产模式"研究艺术寻找理论依据。

所以，就人与自然的关系而言，马克思把人化的自然和自然的人化视为认识这种关系的切入点。从马克思对审美问题的阐述中可以看出这个特点。

马克思不曾留下一本系统的美学专著，他的美学思想往往是以片断的形式散见于那些卷帙浩瀚的非美学的著述之中。这使人们在探讨他的美学思想时，首先面临着一个如何确定研究范围的问题。某些研究者认为，既然现在所要讨论的是马克思的美学理论，因此我们也只需着眼于那些直接有关美学的片断就够了。超出了这个范围，就有穿凿附会、捕风捉影之嫌。但是他们忘记了，正因为马克思是在非美学的著述中论及了美学问题，因此他的那些看起来似乎与美学无关的论述，在实际上却往往是他美学见解的理论前提和

---

[1]　［德］马克思、恩格斯：《德意志意识形态》，见《马克思恩格斯文集》第1卷，人民出版社2009年版，第558—559页。

知识语境，而马克思的美学话语之所以有着深邃的思想内容，给后人更科学地探索美的奥秘以启迪，也恰恰是因为它植根于这些理论以及由此形成的互文结构。马克思关于美学问题的论述和他的理论学说共同构成了马克思主义美学的整体，绝不能人为地把它们割裂开来。因此，要探讨马克思是怎样阐释审美问题的，也就不能不从他的审美学说赖以形成的理论开始谈起。

在言及审美的话语中，当马克思展开话题时，他首先肯定了审美意识是因为对客观存在着的审美对象的感知才发生的，"只有音乐才能激起人的音乐感"①。但是如果由此断言，马克思对审美意识何以形成的认识与一般的唯物主义者是完全一致的，认为他对审美的理解仅仅就是美感由美所决定的，那就把马克思的极为丰富的审美思想理解的过于简单和机械了。因为马克思在肯定了上述的内容之后，又紧接着强调："对于没有音乐感的耳朵说来，最美的音乐也毫无意义，不是对象，因为我的对象只能是我的一种本质力量的确证，就是说，它只能像我的本质力量作为一种主体能力自为地存在着那样对我而存在，因为任何一个对象对我的意义（它只是对那个与它相适应的感觉来说来才有意义）恰好都以我的感觉所及的程度为限。"② 这段话对上面那句短语所表述的内容是一个不可或缺的重要补充。由于这个补充，马克思强调审美意识的形成因素就不是一个，而是两个。虽然美的对象的客观存在是获得美感的基本条件，但美感的形成决不仅仅取决于对象，它既需要有能使主体产生审美感觉的对象，同时也需要有能够对美的对象的刺激做出相应回答的主体。这样，马克思实际上是把审美结构理解为发生在"主体—客体"结构中的一种关系。在这个结构中，主体之所以是必要的，不只是因为只有主体才是承担审美感受的载体，更重要的是由于只有当主体同时具备了审美的感官和审美的能力时，美的对象才有可能成为他的对象，感知才有可能成为对美的感知。所以，具有审美能力的主体的存在也是形成审美意识的一个重要因素，审美是一个建立在主体和客体相互作用的基础之上的交流与对话的过程，所以马克思称其是一种对象化活动。

---

① ［德］马克思：《1844年经济学哲学手稿》，见《马克思恩格斯文集》第1卷，人民出版社2009年版，191页。
② ［德］马克思：《1844年经济学哲学手稿》，见《马克思恩格斯文集》第1卷，人民出版社2009年版，191页。

可是当马克思这样来说明审美意识的产生时，他实质上已经对"存在决定意识"这个唯物主义的命题作了新的、不同于一般唯物主义者所理解的解释。因为在一般唯物主义者那里，"存在决定意识"的含义就是指人的主观意识是由他周围的事物、现象所决定的；对审美而言，也就是美感决定于美。而马克思对意识形成的看法却是："拜物教徒的感性意识不同于希腊人的感性意识，因为他的感性存在还不同于希腊人的感性存在。"① 从而意识被理解为决定于人的社会存在。所以美感的形成不但与对象的存在有关，而且与审美主体自身的存在也有着密切的关系。因此严格地说，马克思的审美学说并不是建立在"存在决定意识"这个哲学原理之上的，或者至少说，马克思不是在这个原理的本来意义上去说明审美的。构成《手稿》中的审美学说的理论基础的，是由马克思本人所创立的、在1844年已经初步形成的历史唯物主义。

这种说法的根据何在呢？答案要从马克思的哲学思想的形成过程中去寻找。多年来，在许多流行的哲学教科书中，人们常常可以看到这么一种说法，按照这种说法，马克思所以能够创立历史唯物论，是由于他把旧唯物主义的"存在决定意识"的原理应用于人类社会的结果，似乎马克思并没有对这个原理本身进行过批判性的改造，他仅仅只是照搬了旧唯物主义哲学的现成理论成果。其实这种说法并不符合马克思哲学思想形成的实际情况。在《〈政治经济学批判〉序言》里，马克思曾经对自己的思想发展作过这样的叙述："1842—1843年间，我作为《莱茵报》的编辑，第一次遇到要对所谓物质利益发表意见的难事"，"为了解决使我苦恼的疑问，我写的第一部著作是对黑格尔法哲学的批判性的分析。"这种分析使马克思得出了这么一个结果：政治上层建筑是由人们的物质生活关系所决定，市民社会决定国家，"而对市民社会的解剖应该到政治经济学中去寻求"②。《手稿》的写作就是这种寻求的最初成果之一，从此一发而不可收拾，政治经济学成了马克思毕生理论研究的主要课题。世界的本体，人类的意识，都在这个研究中被马克思——

---

① [德] 马克思：《1844年经济学哲学手稿》，见《马克思恩格斯文集》第1卷，人民出版社2009年版，第231页。

② [德] 马克思：《〈政治经济学批判〉序言》，见《马克思恩格斯文集》第2卷，人民出版社2009年版，第588、591页。

重新审理，由此而诞生了历史唯物主义。因此，历史唯物论不仅使经济学和历史科学，而且也使唯物主义哲学，都发生了革命性的变革。这个事实说明，马克思从一开始就不是在纯思辨的领域内去探讨存在与意识这类哲学的基本问题的。他是把理论与实际紧密地结合在一起，把人类社会的历史与现状作为他研究哲学的基本素材和出发点。所以可以说，马克思向唯物主义的转变，是在社会学的领域中实现的。在他还未成为历史唯物主义者之前，他并不是、也不可能是一个辩证唯物主义者。

从人类的历史和现状出发，马克思给"存在"这个概念赋予了崭新的哲学内容。"存在"作为一个哲学范畴，在旧唯物主义者那里是指客体的物质的自然。马克思也同样把"存在"理解为物质的存在，不过这种物质的存在却是指人类创造世界的物质生产活动，以及先是由这种活动产生、而后又反过来制约着这种活动本身的社会生产关系。而无论是人类的物质生产活动，还是社会生产关系，都是由人类自己能动的实践活动所构成。不以人的意志为转移的自然界当然是物质的存在，但是马克思认为，只有"在人类历史中即在人类社会的形成过程中生成的自然界，是人的现实的自然界"①，所以只有在自然物被社会的物质生产关系的体系所包含的时候，换言之，只有当自然界成为人类在生产劳动中的认识对象和改造对象的时候，它才能成为对人来说的现实存在，进而成为决定人类意识的存在。自然界的这种存在就是人化的自然，就是处在一定社会关系中或被人的物质生产劳动所改造的自然。虽然旧唯物主义也认为，物质的存在也包括人的存在，但是他们主要是从人也是自然物，意识就是人脑这种高级物质的产物的理解出发。可是马克思进一步指出，人不仅仅是自然的存在物，"只有在社会中，人的自然的存在对他来说才是人的合乎人性的存在"②，人脑实际上也是劳动的产物，人在本质上是社会存在物。所以，马克思的历史唯物主义对"存在"的界说，已经不仅仅是指对象的、客体的、自然的存在了，它所指的是由人的能动的物质生产活动所构成的"社会存在"，因为只有在社会生产中，自然界才与人发生

---

① ［德］马克思：《1844年经济学哲学手稿》，见《马克思恩格斯文集》第1卷，人民出版社2009年版，第193页。

② ［德］马克思：《1844年经济学哲学手稿》，见《马克思恩格斯文集》第1卷，人民出版社2009年版，第187页。

联系，成为人的对象，人自身的自然也才会获得改造，所以自然物的存在也包含在社会存在的范畴之中。

把旧唯物主义的"存在"和历史唯物主义的"社会存在"比较一下，我们可以清楚地看到，马克思所强调的正是人的生产实践活动的能动性。这样，当马克思在《手稿》里指出"宗教、家庭、国家、法、道德、科学、艺术等等，都不过是生产的一些特殊的方式，并且受生产的普遍规律的支配"① 时，当马克思以后又把这个思想更为明确地表述为"不是人们的意识决定人们的存在，相反，是人们的社会存在决定人们的意识"② 时，他是把意识看作人的生产实践活动的产物。显然，这种认识与旧唯物主义哲学有着重大的原则区别。旧唯物主义哲学把意识理解为自然客体单方面作用于人的感官的结果，主体的实践活动被排除了，所以它是被动的、直观的产物；而马克思的历史唯物论却告诉我们，意识把握客体，是通过一个中介环节实现的，这个中介环节就是以主体的能动活动为标记的人的社会实践，它与作为实践对象的客体共同构成了决定意识的"社会存在"这个范畴。现在，旧唯物主义仅仅从客体或直观形式去理解事物、现象、感性的主要缺点被历史唯物主义克服了，马克思科学地揭示了主体的实践活动在意识生成中的能动作用，从而向揭开审美的奥秘迈出了第一步。

和历史唯物主义的"社会存在"有别于一般唯物主义的"存在"一样，由前者所决定的意识也不同于后者，这就像马克思所说的："人的眼睛与野性的、非人的眼睛得到的享受不同，人的耳朵与野性的耳朵得到的享受不同，如此等等。"③ 为了强调这种"社会的人的感觉不同于非社会的人的感觉"④，马克思在《手稿》里提出了"人的感觉"这个概念。在这里，"人的感觉"是作为一个哲学概念而提出的，对它不应作狭义的理解。也就是说，

---

① ［德］马克思：《1844 年经济学哲学手稿》，见《马克思恩格斯文集》第 1 卷，人民出版社 2009 年版，第 186 页。

② ［德］马克思：《〈政治经济学批判〉序言》，见《马克思恩格斯文集》第 2 卷，人民出版社 2009 年版，第 591 页。

③ ［德］马克思：《1844 年经济学哲学手稿》，见《马克思恩格斯文集》第 1 卷，人民出版社 2009 年版，第 190 页。

④ ［德］马克思：《1844 年经济学哲学手稿》，见《马克思恩格斯文集》第 1 卷，人民出版社 2009 年版，第 191 页。

"人的感觉"既不同于心理学上所说的感觉，仅仅是指刺激物直接作用于感官时所发生的最简单的心理过程；也不限于生物学上的意义，只是为了强调人与动物的感觉有区别。在《手稿》里，这个概念属于历史唯物主义的范畴，它与社会存在相对应，是为了强调人的社会存在对感性意识的形成具有决定性的意义而提出的。通过对"人的感觉"的阐述，马克思揭示了人类感知世界的能力是在改造世界的生产劳动中逐渐发展的，揭示了在这一过程中生成的人所特有的感性意识的本质特点是怎样的。从"社会存在"到"人的感觉"，是马克思对历史唯物论的进一步展开和深化，它说明马克思不仅对旧唯物主义哲学的"存在"范畴，而且对它的"意识"范畴，也作了某种扬弃。他用"人的感觉"对"意识"也作出了新的解释。

"五官感觉的形成是迄今为止全部世界历史的产物"①。马克思在论述"人的感觉"时，首先强调的是它的形成是人类长期从事生产实践的结果。这一认识不仅在《手稿》中是马克思阐述这一问题的根本出发点，而且在以后的《资本论》里，马克思都仍然坚持这个思想。虽然在 1844 年，写作《手稿》的马克思还没有像后来所做的那样，把人的劳动的特点明确归结为制造和使用工具，但是就是从《手稿》对劳动所作的分析来看，他已经为阐明"人的感觉"开辟了一条不同于旧唯物主义的途径。

"人的感觉"只能在劳动中生成的命题包含着几层含义。

感性意识的对象是人类劳动的产物，对象世界的这一特点促使了"人的感觉"的生成，这是它的第一层含义。在《手稿》里马克思反复强调，劳动就是人的本质力量的对象化，"劳动的现实化就是劳动的对象化"②。因而，人通过劳动不仅生产出了为满足自己物质需要的产品，而且也改变了自然物质本身，在自然物上打上了人类活动的烙印。人与自然的关系因此而改变了，劳动使自然界丧失了它与人无关的绝对客体性，日益成为人化的自然，属人的自然，成了展现人的本质力量的能动性和丰富性的对象世界。此时，这个对象世界与人处在一种特殊的关系范围之内，它成了自然质与社会质的

---

① ［德］马克思：《1844 年经济学哲学手稿》，见《马克思恩格斯文集》第 1 卷，人民出版社 2009 年版，第 191 页。

② ［德］马克思：《1844 年经济学哲学手稿》，见《马克思恩格斯文集》第 1 卷，人民出版社 2009 年版，第 157 页。

统一体，它向人所展现的不仅是它的自然外貌，而且也成为人的本质力量的对象性的表现。当对象世界以这种人化的自然的形式感性地展现在主体面前的时候，"人的感觉"也因此发展起来了，因为意识在任何时候都只能是被意识到的存在。"人的感觉、感觉的人性，都是由于它的对象的存在，由于人化的自然界，才产生出来的。"① 这就是说，感觉现在之所以是属人的感觉，就是因为它不仅能够把对象世界作为物质存在的客体来把握，而且能够把握这个对象所体现的那些属人的、社会的内容。简言之，感觉现在可以把握对象的被人化的内质。马克思认为，当感觉仅仅只为消费的物质对象而存在时，当它仅仅只是出自本能而感受和占有对象时，它是非人的感觉，异化的感觉。眼睛要成为人的眼睛，只有在眼睛的对象首先成为人所创造的对象时才有可能。所以，"人的感觉"的第一个、也是它最基本的特性，就在于它能把握和占有对象中的社会内容。"人的感觉"是具有社会特性的感性意识。

正因为"人的感觉"是在劳动中生成的，它具有社会特性，所以人对于事物的感知活动能服从实践的目的而摆脱本能的控制，具有能动的选择性，从而产生了感知过程中的"自觉注意"。这是劳动使感觉人化的第二层含义。这里所说的自觉注意，不是指心理学中讲的随意注意，即有意识的感知活动，而是就"人的感觉"并非出自本能所言。动物也会在它的活动中选择什么，可是这种选择仅仅出自本能的需求，左右它选择的注意是本能的注意。达尔文虽然认为动物也能感觉和注意到美，可是他所说的事实恰恰证明了，雌鸟之所以会感觉到同类雄性的美丽的羽毛，完全只是为了交尾。而对于异类或天敌的美丽的外表，它不但不能欣赏，甚至会产生恐惧。因此这与其说是审美，还不如说是出自本能的性选择更为确切。可是人在感知活动中，不管他是否有意识，他在任何时候都往往只能注意到对象中能够给自己以"强的"刺激的那些方面，而将其他方面则推入了"昏暗"的背景，感觉"忽视"了它们的存在。这种"注意"与"忽视"，实际上就是初级的分析与综合，它使人的感知活动表现为一种"理知状态"而成为自觉感知。至于对象的哪些方面有可能成为"强的"刺激而"引人注目"，

---

① ［德］马克思：《1844 年经济学哲学手稿》，见《马克思恩格斯文集》第 1 卷，人民出版社 2009 年版，第 191 页。

哪些方面又被人"视而不见",这常常不是取决于人的生理结构,而是取决于人的社会实践。从心理反应的过程上看"人的感觉",以自觉注意为标记的能动性是它的又一特性。

劳动创造了世界,也使人从动物界中提升出来。当人通过劳动"作用于他身外的自然并改变自然时,也就同时改变他自身的自然"①,自然人化的过程也同样发生在主体身上。这种人化是指,人通过使用、制造和更新生产工具为特征的社会劳动,一方面完善了人的各种器官,如人的大脑、手脚等;另一方面也培育了人所独有的体力、智力和各种技能。劳动使感觉人化的第三层含义是指人作为社会的人、历史的人、实践的人,他能够把自己的实践经验、生产技能和其他能力转化为智力信息,把它们作为活的东西积累起来,积淀为心理结构。"由于人的活动,就建立了因果观念的基础"。人的心理积淀是实践活动的结果。它与马克思说的:"工业的历史和工业的已经生成的对象性的存在,是一本打开了的关于人的本质力量的书,是感性地摆在我们面前的人的心理学。"②相对于我们心理结构的生成历史和它的现实存在,就是一本合起来的人的心理学,它通过人的心理积淀证明了世界是由人所创造的。因此,人的大脑绝不像旧唯物主义者所说的那样,是一块洁净的白板或蜡块;人对事物的反映也绝不像他们所说的,是一个由感觉、知觉到概念的循序渐进的单线过程。人的意识,甚至包括某些最初级的感觉,都是在一定心理积淀的基础上发生的,它意味着主体是通过他的心理结构而感受客体的,任何对象的刺激都只有经过主体反馈系统的处理才转化为他的意识。这时所形成的感性意识与其说是由对象的内容所构成,还不如说它是因对象所引起的、主体的全部心理过程的总和。"人的感觉"的第三个特性是实践所造成的心理积淀制约着感性意识的形成。

"人的感觉"之所以是属人的感性意识,就是因为它以自己特有的"社会性""能动性"和"积淀性",表现了人类对客观世界的感知具有与动物根本不同的主体性,因此,人能够自由自觉地与对象相对立,能在感知对象的

---

① [德] 马克思:《资本论》第 1 卷,见《马克思恩格斯文集》第 5 卷,人民出版社 2009 年版,第 208 页。

② [德] 马克思:《1844 年经济学哲学手稿》,见《马克思恩格斯文集》第 1 卷,人民出版社 2009 年版,第 192 页。

过程中享受对象，而不管对象是否有用。也只有在这个时候，人才能"不仅通过思维，而且以全部感觉在对象世界中肯定自己"①。萌芽状态的审美意识，就孕育在这种感知世界的形式中，"人的感觉"是审美意识生成的历史前提。

"人的感觉"是人类审美意识生成的前提，也是马克思在《手稿》里直接论述审美的逻辑起点。他指出，当主体凭借着"人的感觉"去占有对象世界时，他是"以一种全面的方式，就是说，作为一个完整的人，占有自己的全面的本质"②。这种占有是"对人的现实的占有；这些器官同对象的关系，是人的现实的实现（……），是人的能动和人的受动，因为按人的方式来理解的受动，是人的一种自我享受"③。这就是说，"人的感觉"对对象的占有，由于能够把握对象中属人的内容，能够从对象中直观自身，从而认识人的价值和意义，而成为一种"享受"。享受作为人类占有对象的特有的新形式，是因为"人的感觉"具有社会性的特点而产生的。这时，对对象的享受也就成为主体对展现在对象的感性外貌上的人的整个生命表现的特殊占有方式。和美的本质是人的本质力量的对象化一样，"人的感觉"对对象中这一内容的把握，也因此具有了对美的事物的感受的性质。萌芽状态的审美意识，就孕育在享受这种特殊的占有方式中。

萌芽状态的审美意识一经产生，"享受"这种"人的感觉"所特有的占有方式，就以一种社会需要反过来要求创造特殊的对象来专门满足它，劳动的节奏因此而演化为和谐的音乐，劳动的动作也升华为翩翩的舞蹈，工艺美术随着工具的制造陆续出现……人的本质力量的对象化逐渐积淀为特有的内容与形式，这就是独立形态的美的对象。马克思说："每一种本质力量的独特性，恰好就是这种本质力量的独特的本质，因而也是它的对象化的独特方式，是它的对象性的、现实的、活生生的存在的独特方式。"④美的对象是

---

① ［德］马克思：《1844 年经济学哲学手稿》，见《马克思恩格斯文集》第 1 卷，人民出版社 2009 年版，第 191 页。

② ［德］马克思：《1844 年经济学哲学手稿》，见《马克思恩格斯文集》第 1 卷，人民出版社 2009 年版，第 189 页。

③ ［德］马克思：《1844 年经济学哲学手稿》，见《马克思恩格斯文集》第 1 卷，人民出版社 2009 年版，第 189 页。

④ ［德］马克思：《1844 年经济学哲学手稿》，见《马克思恩格斯文集》第 1 卷，人民出版社 2009 年版，第 191 页。

专为满足审美意识而创造的，它要以物质化的形态更集中地体现人的审美意识，从而它无论在内容上或形式上都日益脱离了自己与生产劳动的直接联系，以至形成了抽象的音乐美和形式美。

在美的对象逐渐独立的历史发展过程中，"人的感觉"的主体性起着巨大的作用，它集中地表现在想象活动上。想象是这样一种心理现象，它不同于记忆，只是在大脑里重现那些真实的表象，而是能够把非真实的东西想象为真实的东西，所以想象是一种创造。主体凭借着"人的感觉"所特有的社会性、能动性和积淀性，给色彩的配比、线条的组合都赋予了特殊的含义，把现实生活中毫无联系的东西综合统一起来，创造出了有如原始陶器上的几何纹样、色彩斑斓的衣着装饰、神话传说中的人面兽身等这类为满足审美享受的特殊对象。正因为美的对象是以这种方式创造出来的，所以它更多地蕴藏了人类心灵深处的东西，在不同的历史时代呈现着不同的历史风貌，使人们可以在今天的审美活动中仍然感受到人类祖先的心灵的颤动，体验到他们追求的欢乐和失败的悲哀。

"生产不仅为主体生产对象，而且也为对象生产主体。"[①] 美的对象的独立发展也促使审美意识迅速地成熟起来。审美意识特殊性的生成，并不像某些西方美学家所说的那样，是由于人具有一种什么样的神秘的"内在感官"；它也不像普列汉诺夫所说的那样，是由于在人的自然天性中就潜在着这种能力。审美意识的特殊性只能在劳动造就的"人的感觉"的基础上生成，它的特殊本质是"人的感觉"的主体性在反映美的对象时的具体体现。正如马克思所说："只是由于人的本质客观地展开的丰富性，主体的、人的感性的丰富性，如有音乐感的耳朵、能感受形式美的眼睛，总之，那些能成为人的享受的感觉，即确证自己是人的本质力量的感觉，才一部分发展起来，一部分产生出来。"[②]

审美意识的特殊性首先表现在理性直观上，也就是说，审美意识能把人类理性思维的成果通过感性直观的心理形式表现在它的反映过程中。在审美

---

① ［德］马克思：《1857年经济学手稿摘选·导言》，见《马克思恩格斯文集》第8卷，人民出版社2009年版，第16页。

② ［德］马克思：《1844年经济学哲学手稿》，见《马克思恩格斯文集》第1卷，人民出版社2009年版，第191页。

中，主体能从流动的线条、艳丽的色彩、婆娑的舞姿、铿锵的音调中，使心灵颤动，获得某种人生哲理的领悟，感性的形式在这里成了对主体而言的有意味的形式。这种心理现象所以发生，就是因为当主体以感性的心理形式去占有对象时，这种占有实际上是在心理积淀的基础上形成的。以往在社会实践中（它既是个体的实践，又是人类的实践）生成的概念、知识、理解，现在都以一种信息的形式积淀在主体的心理结构中。所以，人作为实践的和思维的人，在他反映对象的感性心理形式中，实际上并非仅有纯粹的感性东西，这种反映所形成的心理生成物其实是一种由感性因素和理性因素所组成的复合体。这就像马克思说的："眼睛成为人的眼睛，正像眼睛的对象成为社会的、人的、由人并为了人创造出来的对象一样。因此，感觉在自己的实践中直接成为理论家。"[①] 人的心理积淀能够使感觉和知觉不断地上升为思维，也能使思维不断地转化为更高层次的新的感觉和知觉，这是更深刻的感觉。所以人的感性意识的丰富性不仅表现在量上，表现在它感知世界的范围不断地随着实践的扩大而扩大，而且表现在质上，表现在深刻性上。

审美意识的另一个特点表现为，不仅是它的心理结果，而且是它的心理过程，都是以一种情感状态存在着。用旧唯物主义的美感决定于美的论点，只能肤浅地解释前者，却无法说明后者。可是审美意识不同于一般感性意识的一个本质区别，恰恰表现在情感在它形成的心理过程中具有决定性的意义。"忧心忡忡的、贫穷的人对最美丽的景色都没有什么感觉；经营矿物的商人只看到矿物的商业价值，而看不到矿物的美和独特性"[②]。所以不仅是审美的结果表现为一种情感感受的状态，而且审美的心理过程也要受到情感的调节和制约。用"人的感觉"的主体性可以说明这种现象。审美关系是建立在人"在他所创造的世界中直观自身"的基础上的，而"直观自身"就意味着主体是对对象的这样一种把握，这种把握只有在主体不仅确定对象是什么，同时还要确定对象与自身的关系应如何的情况下才能实现。因而，不经过体现了主体的社会存在、社会意识和社会需要的"人的感觉"，直观自身的

---

① ［德］马克思：《1844 年经济学哲学手稿》，见《马克思恩格斯文集》第 1 卷，人民出版社 2009 年版，第 190 页。

② ［德］马克思：《1844 年经济学哲学手稿》，见《马克思恩格斯文集》第 1 卷，人民出版社 2009 年版，第 192 页。

活动也就不可能存在，主体在审美过程中既在认知对象，又在评价对象在何种程度上体现了人类自身的价值。简言之，主体在审美时是对审美对象给予了评价性的反应，认知活动受到"人的感觉"的折射。因而情感活动是审美反映过程中必然发生的心理现象，马克思所以把它理解为"享受"，道理大概也在这里。

对企图从《手稿》中找到什么是审美的现成答案的人来说，他也许会感到失望，或者只能得出美感决定于美的肤浅认识。但已如前述，这恰恰不是马克思审美学说的精髓所在。在 1844 年已经初步形成的历史唯物论才是马克思建立他的审美学说的理论根据，他对审美理论的新贡献正是来自这个伟大的发现。可以说，从"社会存在"到"人的感觉"，从"人的感觉"到审美意识，是形成《手稿》中有关审美的片断论述的内在逻辑。马克思对美学的贡献并不表现在他是否对美或审美作出了什么概念形式的规定，而是在于他对美和审美的生成所作出的历史分析。如果这个理解还多少符合实际情况的话，那么，我们要掌握马克思的美学思想，确实只能从他的那些非美学的论述开始。

三、马克思主义文学批评话语的形成与发展

本雅明对马克思的艺术生产思想有着相当深刻的理解，他的一些研究可以说是对艺术生产理论的灵活运用，因此我们把他的研究活动作为马克思主义文学批评发展的个案来探讨。

如果在法兰克福学派文化批判的语境中来阅读本雅明，而选择的又是他对大众文化的阐释和思考，那么，你一定会强烈地感觉到，此刻你面对的是一位精英文化的叛逆者。

仅从本雅明的文化背景和学术经历来看，人们很难把他和大众文化联系在一起，更难以解释他怎么会以那么认真、那么投入的态度，去研究和阐述这种在别人看来浅薄得几乎是一目了然的文化现象。本雅明出身于一个犹太商人家庭，甚至成家后在经济上还要依赖父亲，为此他曾和父亲有过尖锐的

冲突；这个颇有些戏剧性的家庭矛盾，让人不由自主地联想到文学作品中常见的富家子弟形象。本雅明博士论文的题目是《德国浪漫派的艺术批评概念》，为谋求教授资格提交的论文是《德意志悲苦剧的起源》，两个极为专业化的选题都和现实的世俗生活没有直接关系，而且后者的晦涩艰深竟让一些教授们都不知所云，本雅明也因此与法兰克福大学的教职失之交臂。本雅明还研究过语言问题，可是许多人认为，他的语言观里有一种说不清道不明的神秘意味，从中既可以看到德国诗化哲学的浪漫主义传统对本雅明的深刻影响，又能发现他和犹太教神秘主义哲学之间的某种关系；从这些方面看，本雅明又像一位书斋型的学者。卡夫卡和普鲁斯特是本雅明关注、喜爱并做过精彩评述的两位作家，前者在表现上的现代性和寓言性，后者对温馨往事的迷恋和追忆，似乎都说明了本雅明在文学趣味上依然保留着知识阶层的嗜好；还有人指出，本雅明所以偏爱普鲁斯特，是因为《追忆似水年华》让他想起了自己的童年，那是一个与普鲁斯特的经历有些相仿、生活优雅同时又有点儿孤独的童年 ①……

然而就是这个本雅明，就是这个与精英文化传统有着千丝万缕联系的知识分子，却对大众文化有着异常深刻的理解。甚至可以说，不仅在当年，就是以今天的眼光来看，本雅明对大众文化的认识也有相当的超前性，他不仅超越了同时代众多知识分子坚守的精英主义的审美观念和文化立场，而且还敏锐地发现了大众文化造成的艺术世俗化所蕴含的革命意义，可是许多大众文化的研究者至今对此还茫然不觉，更不用说在某些知识分子那里，恐怕连追问大众文化有何价值的念头都不曾萌生过。

于是，我们对本雅明的讨论便有了两个相互关联的话题：一个是关于大众文化的，我们将分析讨论本雅明的大众文化理论；由于阿多诺等人的影响，在这个问题上有诸多误解需要梳理和澄清。另一个话题是关于本雅明的，本节试图解释，在大众文化研究上，为什么本雅明与同时代的其他知识分子——比如同样关注大众文化的霍克海默和阿多诺——会有全然不同的理

---

① [日] 三岛宪一：《本雅明——破坏·收集·记忆》，贾倞译，河北教育出版社 2001 年版，第 29—31 页。本雅明回忆童年时代柏林生活的散文集《驼背小人》，印证了这种说法并非空穴来风。参见 [德] 本雅明：《驼背小人——一九○○年前后柏林的童年》，徐小青译，上海文艺出版社 2003 年版。

解。讨论前一个话题或许有助于深化我们对大众文化的认识，而在后一个话题中，我想通过讨论研究者的思想方法和心态，说明怎样理解大众文化对知识分子来说也是一种挑战：本雅明与阿多诺等人的分歧告诉我们，知识分子既是大众文化的批判者，同时也面临着大众文化对其本身的批判。也就是说，本节讨论的对象虽然是已成历史的西方马克思主义学者和他们关于大众文化的论述，然而讨论的语境和目的却是现实的和本土的；回顾本雅明是为中国形态的马克思主义文学批评寻找更为开阔的视野和思路。

　　本雅明的大众文化研究所以与众不同，在很大程度上取决于他切入研究对象的"问题意识"。不过要说清楚这个问题，还得从霍克海默和阿多诺的《启蒙辩证法》讲起。虽然从时间上看，本雅明讨论大众文化的重要论文《机械复制时代的艺术作品》的法文文本 1936 年就发表了，比《启蒙辩证法》的问世几乎早了八年；而且后者特别是"文化工业：欺骗群众的启蒙精神"那一章的写作，在某种意义上甚至可以说是对本雅明的一种回应，但是对于后世的研究者来说，《启蒙辩证法》却成了理解本雅明必不可少的一种知识语境，因为人们只有通过将二者并置的互文性阅读，才有可能获得比较的眼光，从"问题意识"的差异中看出本雅明的创造性。

　　作为随着工业的现代化进程逐渐在都市中发展、兴盛起来的一种文化类型，现代意义上的大众文化（popular culture）确实如霍克海默和阿多诺所说，已经远离了传统的艺术生产方式而成为一种"文化工业"（cultural industry）。不过对于霍克海默和阿多诺来说，用"文化工业"命名大众文化，其本意似乎并不像人们今天解释并竭力张扬的那样，只是为了揭示和批判大众文化的商品性、复制性和模式化；他们讨论"文化工业"其实是为了阐明一个更有"形而上"意味的问题，那就是清算工具理性及其造成的"同一性"对于现代社会的影响，即强调"文化工业"这个概念在批判极权主义政治及其文化策略上的意义。就像阿多诺后来解释的那样，这个术语是"因其反大众含义而被选用的"[①]。指出这一点是想说明，"文化工业"论实质上是法兰克福学派"批判理论"的重要组成部分，他们试图通过"文化工业"来揭示

---

① 　[美] 马丁·杰伊：《法兰克福学派史（1923—1950）》，单世联译，广东人民出版社 1996年版，第 248 页。

现代资本主义社会在文化生产和消费上的垄断性与强制性，进而阐明大众文化是统治阶级"自上而下"地强加于社会大众的一种意识形态，是他们利用"启蒙神话"控制社会的一种策略或者手段。

霍克海默和阿多诺认为，对西方现代社会的形成起了决定作用的启蒙过程，其实并不像人们通常描述的那样，是一个将人类从迷信、愚昧中解放出来，并一劳永逸地使人获得了主体自由的辉煌历程。在他们看来，启蒙实质上交织着启智和蒙蔽、主体化和异化这样两个相互冲突、彼此矛盾的过程。一方面，"启蒙的纲领是要唤醒世界，祛除神话，并用知识替代幻想"①，这个过程推动了人的主体意识的生成。另一方面，工具理性带来的"技术的完善、商业和交往的扩大、人口的增长，都迫使社会走向一种更加严厉的管理形式中去"②；对工具理性的盲目追求，导致了人本意识的淡化和极权统治的发生，于是又有了促使现代社会走向异化的另一个过程。不仅如此，霍克海默和阿多诺还进一步指出，异化过程的发生并非源于资本主义社会对启蒙理性的误用，而是源于启蒙精神的理性观念本身就潜藏着思想和实践上的"自我毁灭的倾向"。这种"自我毁灭"表现为，以摧毁神话为目的的启蒙精神，由于把工具理性奉为无所不能的"上帝"，使之成为思想的主宰和统治的原则，从而制造了一个盲从工具理性的现代神话。然而作为工具理性的实践，现代科技的发展却带来了这样的后果："在这种社会里，生产设备趋向成为极权主义的，到了设备不仅规定社会所需要的各种职业、技能和处世态度，而且也规定个人各种需要和愿望的这种程度。……这种工业技术社会，是一种已经在各种技术的概念和构成中运转的统治制度。"③因为"生产过程对人的影响，并不仅仅表现在直接的当代形式中……而且还表现在为被整合进诸如家庭、学校、教会、崇拜构制等一系列变化缓慢和相对稳定体制中的形式"④。由此可知，不是外在的原因，而是启蒙理性本身发展的内在

---

① ［德］霍克海默、阿道尔诺：《启蒙辩证法——哲学断片》，渠敬东等译，上海世纪出版集团 2006 年版，第 1 页。

② ［德］霍克海默：《批判理论》，李小兵等译，重庆出版社 1989 年版，第 4 页。

③ ［美］马尔库塞：《单面人》，见《法兰克福学派论著选辑》上卷，张伟译，商务印书馆 1998 年版，第 488—489 页。

④ ［德］霍克海默：《批判理论》，李小兵等译，重庆出版社 1989 年版，第 54 页。

逻辑，注定了启蒙势必走向自己的反面，它通过工具理性、管理体制和泛化商品抽象量化的"同一性"进程，"夷平"了社会和文化的一切差异，剥夺了个体的自由，使现代社会陷入以理性之名所建构的、新的统治和奴役之中。霍克海默和阿多诺所以把"文化工业"视为"欺骗群众的启蒙精神"，原因就在于他们认定大众文化不过是资产阶级愚昧大众、为实现其精神统治的一种方式。

强调"文化工业"论的提出与批判"启蒙精神"之间存在着因果联系，一方面是为了说明，霍克海默和阿多诺关于大众文化的论述是在批判极权主义的特殊语境中展开的，因此与之相关的结论一般来讲并不具有揭示大众文化性质和规律的普遍意义，更不宜直接用来理解和解释中国本土的文化现象；另一方面则是要提醒研究者注意：以启蒙神话为反思对象的"批判理论"，同时也制约着霍克海默和阿多诺对大众文化的理解和想象，影响了他们研究大众文化的"问题意识"的形成。虽说在研究活动中，人们形成什么样的"问题意识"与诸多因素有关，比如语境、视角以及研究者的个人素质等，都有可能对"问题意识"的形成产生一定的影响，但是起决定作用的，还是构成主体"视域"（horizon）的"前理解"（fore-understanding），即研究者所依据的理论思想和既定的学术立场、价值观念。"前理解"不仅制约着研究活动对视角、层面和方法的选择，而且影响着研究对象的建构和确立。也就是说，研究对象并不是一个在研究活动尚未展开之前就存在的自在之物，而是研究主体在"问题意识"的引导下对材料进行梳理、分析后的一种发现和创造，是"问题意识"酝酿和建构的结果。正如加达默尔所说，精神科学的研究不同于自然科学的一个重要特点，就在于前者"研究的主题和对象实际上是由探究的动机所构成"①。由此来看霍克海默和阿多诺的大众文化研究，可以说他们之所以用"文化工业"来整合相关材料，强调大众文化的商品属性及其作为意识形态的"同一性"实质，从根本上讲乃是"批判理论"演绎的结果。

可是，作为促使"问题意识"形成的思想资源，"批判理性"可能提

---

① ［德］加达默尔：《真理与方法——哲学诠释学的基本特征》上卷，洪汉鼎译，上海译文出版社 1992 年版，第 365 页。

供的视域对大众文化研究来说却显得过于专断和狭窄了，以至形成理论、方法和对象的错位。由此形成的局限性表现在，由于"批判理论"把自己的立场确定为对日常生活中"流行的东西进行批判"①，从而一开始就先验地规定了它只能在其设定的圈子内，以否定的思路和话语来读解、描述流行于社会大众之中的各种文化现象。霍克海默的那句名言："必须搞清楚：口香糖并不消灭形而上学，而就是形而上学！"②形象地表明了在"批判理论"的眼里，大众文化具有怎样的意识形态属性可谓不言自明；无须研究，只要证明。

以霍克海默为代表的法兰克福学派所以坚守批判流行文化的立场，基于他们对现代资本主义社会运作体制和工人阶级生存状态的认识。他们认为，当年马克思揭示的自由资本主义的"不发达现象"和"无产阶级的物资贫困"，在今天都已成为不复存在的历史，当代资本主义的统治已从赤裸裸的经济剥削转向非经济压迫，即转向对社会和大众的精神文化控制，文化工业便是实施这种精神控制的主要方式。可是无产阶级却因为社会物质丰裕和自我的身心麻痹而丧失了与之对抗的能力，他们不仅没有了当年的革命激情和要求，不再与资本统治对立，而且在流行文化的侵蚀下，逐渐成为被资产阶级意识形态所控制的主要社会群体，"无产阶级的革命冲动，早已变成了在社会框架内的现实主义行为。至少在人们的心目中，无产阶级已经溶合到社会中去了"③。马尔库塞甚至断言，"无产阶级的绝大部分被资本主义社会所同化"④。在霍克海默们的眼里，发达资本主义国家的工人阶级已经失去了精神生产的能力，他们没有文化批判的要求，成了需要精神拯救的对象，于是有了霍克海默为"批判理论"所做的如是定位："这种批判的主要目的在于，防止人类在现存社会组织慢慢灌输给它的成员的观点和行为中迷失方向。必须让人类看到他的行为与其结果间的联系，看到他的特

---

① ［德］霍克海默：《批判理论》，李小兵等译，重庆出版社 1989 年版，第 250 页。
② 转引自［美］马丁·杰伊：《法兰克福学派史（1923—1950）》，单世联译，广东人民出版社 1996 年版，第 199 页。
③ ［德］霍克海默：《批判理论》，李小兵等译，重庆出版社 1989 年版，第 2 页。
④ ［美］马尔库塞：《反革命和造反》，任立译，见《工业社会和新左派》，商务印书馆 1982 年版，第 84 页。

殊性存在和一般社会生活间的联系，看到他的日常谋划和他所承认的伟大思想间的联系。"①而可能承担这一精神拯救重任的，只能是具有自觉批判意识的知识分子。霍克海默甚至强调，"为了同工人阶级顺从倾向作斗争，知识分子与工人阶级之间的紧张关系在目前还是必要的"，因为"一味去随声附和无产阶级的所有愿望的知识分子，实际上也就放弃了自己的真正功能"②。由此可见，尽管霍克海默们讨论大众文化的语境形成于对现代资本主义社会现实的反思和批判，但是就其价值取向而言，他们在批判中坚守的却是知识分子的话语权，其标准来自精英文化的传统，且受控于怀疑社会大众的理性精神的心理。以这样的方式和心态，在"批判理论"的论域中展开研究，只能将大众文化视为文化专制主义愚昧大众的产物。

正是基于这种认识，霍克海默和阿多诺尤为强调大众文化受制于资本运作的商业性和模式化，强调商品属性和模式化对审美价值的消解。不可否认，对于20世纪三四十年代的德国和美国的大众文化来讲——法兰克福学派关于文化工业的分析和认识，主要来自对这两个国家的文化现象的考察与反思——前者的愚昧性和后者的商业化，都足以证明他们的批判确有敏锐的现实感和深刻的洞察力，批判立场的选择确实让他们言中了大众文化的某些弊病。然而，同样不可忽略的是，"批判理论"提供的思路同时又限制了他们的视野，使他们对大众文化的另一面视而不见。我指的是，作为一种与社会的现代化进程同步发展起来的新的文化类型，大众文化从根本上说乃是工业社会和后工业社会的产物，是现代社会生活方式和现代科学技术共同孕育的一种文化现象，它的出现具有文化发展的历史必然性，绝非只是统治阶级运作权力、意志或欲望的结果。因此，若要把握大众文化的性质和特点，解释它的意识形态性，就必须分析研究它与大众的生存状况、现代生活方式和现代科学技术之间的复杂关系，如世俗生活与文化需求的关系、传媒技术与文化生产的关系、文化传播与市场运作的关系，等等。即使像法兰克福学派那样，从文化工业的"模式化"生产只能塑造无个性的群体来讨论极权政治

①　[德] 霍克海默：《批判理论》，李小兵等译，重庆出版社1989年版，第250页。

②　转引自 [美] 马丁·杰伊：《法兰克福学派史（1923—1950）》，单世联译，广东人民出版社1996年版，第100页。

对大众文化的利用和操纵，研究者也不能忽视对立阶级间的相互作用给大众文化的生产机制所带来的复杂而深刻的影响①。

与霍克海默和阿多诺在"批判理论"的框架内讨论问题不同，本雅明探究大众文化的"问题意识"萌生于对如下问题的思考：现代科技怎样改变了艺术作品及其与大众的关系。虽然阿多诺认为如此提出问题是对马克思的生产方式决定上层建筑学说的机械套用，其来自布莱希特"粗糙的、甚至是庸俗的唯物主义"对本雅明的影响②，然而在我们看来，本雅明对大众文化的认识所以能超越霍克海默们的局限，正是得益于他对马克思主义这一基本原理的深刻理解和灵活运用。

在《机械复制时代的艺术作品》的篇首，本雅明援引诗人保罗·瓦雷里的言论说，"我们必然会迎接一场伟大的创新，它将改变整个的艺术技巧，并因此影响到艺术自身的创造发明，甚至带来我们艺术概念的惊人转变"③。不过本雅明并没有让自己的讨论局限在这个观点上，瓦雷里的预言只是他的起点，本雅明给自己提出的问题是：现代科技和生产方式的发展变化会给艺术作品、艺术生产以及艺术与人的关系带来怎样的影响。本雅明认为，艺术作品的机械复制不仅会改变传统的艺术概念，而且还催生了一种新的文化类型，这是一种大众参与的、和资产阶级对立的、在感受方式和社会功能上有异于传统的文化。阿多诺则不赞成以这样的"问题意识"讨论大众文化；无

---

① 葛兰西对"霸权"（hegemony 或译"领导权"）问题的阐释为理解这种复杂关系提供了理论基础，"霸权理论"因此成为伯明翰学派研究大众文化的基础理论之一。参见［意］葛兰西：《狱中札记》第二章第二节"国家和市民社会"，中国社会科学出版社 2000 年版；［英］斯图尔特·霍尔编：《表征——文化表象与意指实践》"导言"和第六章第三节"大众文化和性别文化"，商务印书馆 2003 年版。

② ［美］马丁·杰伊：《法兰克福学派史（1923—1950）》，单世联译，广东人民出版社 1996年版，第 231 页。霍克海默和阿多诺从一开始就不完全同意《机械复制时代的艺术作品》的观点，此文在发表前作过许多改动，"然而，出版时究竟改动了多少是不明确的"，以至在编辑本雅明的文集时，关于此文改动的编者报告"就有近二百页"。参见［美］马丁·杰伊：《法兰克福学派史（1923—1950）》，单世联译，广东人民出版社 1996 年版，第 237 页；［日］三岛宪一：《本雅明——破坏·收集·记忆》，贾倞译，河北教育出版社 2001 年版，第 355 页。

③ ［德］本雅明：《机械复制时代的艺术作品》，见［德］阿伦特编：《启迪：本雅明文选》，张旭东等译，生活·读书·新知三联书店 2008 年版，第 231 页。

论是当年发表的论文《论音乐的拜物教与听觉的退化》，还是在后来的《启蒙辩证法》和晚年的《美学理论》等著述中，他对"复制技术势必带来艺术革命"的观点一直持保留态度①。其所以如此，从根本上讲与法兰克福学派的理论立场有关，即为了强调文化意识形态在现代社会中的作用，法兰克福学派一直有意无意地淡化马克思的经济基础决定上层建筑的理论；对工具理性和科学技术的历史进步作用的质疑，更强化了这种理论倾向。正因为如此，持相反见解、认为精神文化和生产方式之间存在着对应关系的本雅明，在阿多诺看来就显得有些幼稚、落伍甚至教条了，他批评本雅明"对流行艺术和技术革新的革命潜力的过分乐观主义的态度"②。偏见与自负，再加上法兰克福学派的理论立场，让霍克海默和阿多诺低估了本雅明研究科学技术和艺术生产之关系的重大理论价值。

强调现代技术介入艺术生产会改变艺术的性质以及艺术与大众的关系，构成本雅明讨论大众文化问题的基础，也是他确定大众文化价值所在的准则。以此作为"问题意识"，本雅明逐层深入地讨论了三个相互关联的问题：第一是技术复制与艺术生产之间的关系，第二是复制艺术品对感知方式的影响，第三是由此引起的艺术与大众关系的变化。按照这一思路追寻本雅明的研究，方可理解他高度肯定大众文化的根据何在。

本雅明指出，随着技术复制在现代艺术生产中的广泛运用，艺术品固有的某些特点甚至属性，都开始发生变化；其中最直接也是最重要的，就是艺术作品的"本真性"的丧失。这里所说的"本真性"，并不完全是指相对于"赝品"或"复制品"而言的原作的"真实性"，而是指与艺术作品的生存价值息息相关的那些属性，例如能够决定艺术品价值的创造个性、孕育了创造个性的历史条件和文化环境，等等；一件艺术品"独一无二"的生存，正是因为综合了这些因素，而它们则与传统的艺术生产方式相关联。正如本雅明所说，"原作的在场是本真性概念的先决条件"，"艺术作品的即使是最

---

① 参见［日］细见和之：《阿多诺——非同一性哲学》，谢海静等译，河北教育出版社2002年版，第90页。细见和之认为，极端地说，阿多诺的"遗作《美学理论》全篇均是对本雅明的回答"。

② ［美］马丁·杰伊：《法兰克福学派史（1923—1950）》，单世联译，广东人民出版社1996年版，第231页。

完美的复制品也缺少一种品质：它的时间和空间的在场，它在它碰巧出现的地方的独一无二的创造"①。可是，复制技术的使用却使艺术品的这些属性荡然无存，"独一无二"生存状态的破坏让艺术作品的权威性岌岌可危。于是常常有人根据本雅明的这个说法，将机械复制的革命意义解释为少数人垄断艺术作品的格局从此被打破了，但我以为本雅明说的革命意义并非仅指这种现象，如此理解反倒掩盖了其思想的真正价值。因为本雅明并非仅在艺术普及的意义上谈论复制技术，他更关注的是复制品怎样改变了人们感知艺术的方式，强调复制技术作为一种生产方式，可能给艺术生产带来如是后果，即"艺术的机械复制改变了大众对艺术的反应"②，以及由此形成的艺术的世俗化过程。也就是说，本雅明的论述实质上涉及两个问题，其一是技术复制对艺术品的影响，其二是由此引起的大众与艺术之关系的变化，后者更关系到艺术在今天的命运。本雅明通过"灵晕"（Aura）消亡的讨论，对这个极其重要的思想作了富于启发性的阐释。

如何理解"灵晕"在本雅明研究中是一个颇有争议的话题。从现象上看，分歧似乎来自人们对"灵晕"的理解各执一词，其实争议与本雅明自己对"灵晕"的态度"极其矛盾和摇摆不定"也有关系③。不过，我们以为本雅明的"矛盾"并不像某些论者所说的，是出于他在"灵晕"问题上的摇摆不定，而是更倾向于把他的矛盾理解成一种富于辩证意味的历史感，从中可以看到的倒是本雅明在文化研究上的严谨和客观。首先，本雅明通过"灵晕"概念，揭示了一种正在消失的艺术属性："我们不妨把被排挤掉的因素放在'灵晕'这个术语里，并进而说：在机械复制时代凋萎的东西正是艺术作品的灵晕。这是一个具有症候意义的进程，它的深远影响超出了艺术的范围。"④由此来

① ［德］本雅明：《机械复制时代的艺术作品》，见［德］阿伦特编：《启迪：本雅明文选》，张旭东等译，生活·读书·新知三联书店 2008 年版，第 234 页。

② ［德］本雅明：《机械复制时代的艺术作品》，见［德］阿伦特编：《启迪：本雅明文选》，张旭东等译，生活·读书·新知三联书店 2008 年版，第 254 页。

③ 参见［日］三岛宪一：《本雅明——破坏·收集·记忆》，贾倞译，河北教育出版社 2001年版，第 359—360 页。Aura 国内有多种译法，如"氛围""光韵""韵味"等。为了统一，本书一概用"灵晕"，有关引文亦作相应改动，不再赘述。

④ ［德］本雅明：《机械复制时代的艺术作品》，见［德］阿伦特编：《启迪：本雅明文选》，张旭东等译，生活·读书·新知三联书店 2008 年版，第 236 页。

看，所谓的"灵晕"是指对艺术具有规定意义的某种属性，它的枯萎意味着一种艺术品格的消亡，那就是艺术的礼仪功能："最早的艺术作品起源于为仪式服务——首先是巫术仪式，其次是宗教仪式"，其源于和传统关联的膜拜根基①。

以"礼仪""膜拜"诠释"灵晕"，是本雅明文化批判理论中最精彩的思想之一，它深刻地揭示了精英文化为什么一直把表现理想、满足纯粹的精神需求作为艺术最高境界的原因，因为只有如此艺术才能维持它的礼仪功能和保留膜拜对象的身份。从审美追求上讲，灵晕对精神生活的关注体现了艺术活动的人文传统，所以它的枯萎在本雅明看来是一种病症。在这一点上，他和阿多诺显然有共同语言。但是本雅明并没有像阿多诺那样否定技术复制，"问题意识"将他的思路带入了从技术复制的视角审视礼仪问题的领域，从而使他发现"机械复制首次把艺术作品从对仪式的寄生性以来中解放出来"②。获得这个视点意味着本雅明开始站在批判的立场上反思艺术的礼仪性，从而揭示出灵晕的另一面。

在论及灵晕的礼仪功能时，本雅明特意用一个注释对灵晕做了进一步说明。他说："把灵晕定义为'一种距离的独特现象，不管这距离是多么近'，正体现出了在时空知觉范畴内的艺术作品的仪式价值的准则。距离是贴近的对立面。从本质上讲，处在一定距离之外的对象是不可接近的。"③ 本雅明的意思是说，灵晕的礼仪功能不仅让艺术关注人的精神生活，而且也拉开了艺术和大众的距离。这个距离不是指物理时空意义上的距离，而是心理时空意义上的距离。对人来讲，一件艺术品在物理时空上可能近在咫尺，但是在人的感知活动中，艺术的礼仪功能和膜拜属性却会让芸芸众生不能不对它敬而远之，因为艺术并不关注大众的世俗生活，大众与艺术因此有了遥远的心理距离——"无论它有多近"。在这里，本雅明从大众感

---

① ［德］本雅明：《机械复制时代的艺术作品》，见［德］阿伦特编：《启迪：本雅明文选》，张旭东等译，生活·读书·新知三联书店 2008 年版，第 240 页。

② ［德］本雅明：《机械复制时代的艺术作品》，见［德］阿伦特编：《启迪：本雅明文选》，张旭东等译，生活·读书·新知三联书店 2008 年版，第 238—239 页。

③ ［德］本雅明：《机械复制时代的艺术作品》，见［德］阿伦特编：《启迪：本雅明文选》，张旭东等译，生活·读书·新知三联书店 2008 年版，第 239 页注释⑩。

知艺术的方式上，揭示了在精英文化制约下的艺术活动所隐含的一种危机，那就是，由于膜拜属性和礼仪功能的作用，艺术所追求的精神境界也越来越疏远了人们的日常生活经验，致使艺术的想象被幻想（fancy）所替代，理想的表现也因为失去对世俗人生的关怀而成为"乌托邦"，一种源于膜拜根基的"乌托邦"。本雅明认为"为艺术而艺术"理论的出现，就是对危机的反应，它的出现预示了坚守膜拜属性的艺术最终会蜕变成"以艺术的神学作为反应"①。也就是说，曾被精英文化视为价值之所在的那些艺术特征，如表现理想、超越现实、追求精神价值、和世俗的日常生活保持一定的距离，等等，都有可能因为坚守礼仪传统、膜拜根基和排斥任何一种社会责任，因为所追求的精神境界过于缥缈、苍白、空洞无物，而使艺术堕入虚无的深渊。

然而，随着复制技术的运用和灵晕的丧失，笼罩于艺术之上的神圣光晕开始消失了，技术复制使"艺术已离开了'美的外观'的国度，而这是迄今为止若无视为它能健康成长的唯一的范围"②。本雅明指出，"复制品能在持有者或听众的特殊环境中供人欣赏，在此，它复活了被复制出来的对象"③。复制技术的运用不但普及了艺术，使艺术品成为大众可以直接观赏的现实对象，犹如"旧时王谢堂前燕，飞入寻常百姓家"，而且还使艺术表现本身具有了现实的世俗内容，使摆脱了礼仪和膜拜性质的艺术不再远离大众的日常生活，也不再是一个与世俗社会无关的、只能仰慕的纯精神性对象，大众的故事和情感终于进入了复制艺术的视野……复制技术和社会大众介入艺术活动所带来的这些变化，使精英文化所推崇的审美趣味和审美关系开始走向没落。正如本雅明所说："这个意象让人能够很容易地理解灵晕在当前衰落下去的深化根基。这建立在两种亲口之中，它们都与当代生活当中日益增长的大众影响有关。这种影响指的是，当代大众有一种欲望，想使事物在空间上

---

① ［德］本雅明：《机械复制时代的艺术作品》，见 ［德］阿伦特编：《启迪：本雅明文选》，张旭东等译，生活·读书·新知三联书店 2008 年版，第 239 页。

② ［德］本雅明：《机械复制时代的艺术作品》，见 ［德］阿伦特编：《启迪：本雅明文选》，张旭东等译，生活·读书·新知三联书店 2008 年版，第 249 页。

③ ［德］本雅明：《机械复制时代的艺术作品》，见 ［德］阿伦特编：《启迪：本雅明文选》，张旭东等译，生活·读书·新知三联书店 2008 年版，第 236 页。

和人情味儿上同自己更'近';这种欲望简直就和那种接受复制品来克服任何真实的独一无二的欲望一样强烈。"①本雅明从感知方式的改变上,揭示了大众参与文化生产过程的实质就是:"一旦本真性标准不再适用于艺术生产,艺术的整个功能就被翻转过来。它不再建立在仪式的基础上,而是建立在另一种实践的基础上,这种实践便是政治。"②复制技术使文化艺术与大众的世俗生活发生了直接、密切的联系,现实的日常生活经验成为大众感知艺术作品、判断艺术价值的基础。从这个意义上说,大众文化对于现代社会的影响要比精英文化广泛得多也深刻得多,因为大众文化更贴近生活的脉搏和社会的运作,这种与日常社会融为一体的文化,显然拥有精英文化难以企及的现实感和实践性。

在本雅明看来,机械复制给艺术发展带来的最大影响,莫过于从根本上改变了大众和艺术的关系。大众文化的出现和繁荣,就是这种变化的见证、结果和标志。对于本雅明来讲,这个变化并不是指技术复制为文化工业提供了物质手段,从此使模式化和商品性成了艺术生产永远摆脱不了的噩梦,就像霍克海默和阿多诺在《启蒙辩证法》里描述的那样。本雅明对人和艺术关系变化的理解和解释要深刻得多,他的阐释不仅具有重要的理论价值,而且对理解马克思的艺术生产论、对展开艺术生产的人与自然关系维度的研讨,都有重要的意义。

在经验的层面上作现象性的描述,是大众文化研究中普遍使用的方法。倘若在其他研究领域里,如此操作势必被视为浅薄,但是对于大众文化研究来说,人们却能容忍甚至认同这种方法。究其原因,我以为问题似乎出在对大众文化的理解上——照搬西方后现代批评的现成话语,却不追究其语境规定的深层涵义,把大众文化理解成一个"简单"意义上的无深度的平面对象,构成国内许多研究者心目中的大众文化。以这样的观念理解大众文化,所谓的研究显然只能在经验和现象的层面上展开。可是对于本雅明来说,研究大众文化更需要关注的是现象层面之下的审美关系的变动,因为大众文化的特

---

① [德]本雅明:《机械复制时代的艺术作品》,见 [德]阿伦特编:《启迪:本雅明文选》,张旭东等译,生活·读书·新知三联书店 2008 年版,第 237—238 页。

② [德]本雅明:《机械复制时代的艺术作品》,见 [德]阿伦特编:《启迪:本雅明文选》,张旭东等译,生活·读书·新知三联书店 2008 年版,第 240 页。

质及其潜在的革命意义，就隐藏在由大众感知方式所规定的人与艺术的关系之中。所以，澄清这种关系，构成了本雅明讨论大众文化的基础和前提。没有这种思想作为铺垫，本雅明关于大众文化的许多命题，很容易被误读成受盲目乐观情绪支配的耸人之谈。不幸的是，包括阿多诺在内的诸多大众文化的研究者，正是在忽略本雅明的深层分析的情况下，谈论和评价他的大众文化学说的。所以否定者一味责备本雅明对大众文化做了过于乐观的估价，肯定者则相当浅薄地把复制品对艺术垄断权的颠覆，视为本雅明肯定大众文化的主要根据；两者都忽略了本雅明对问题的深层思考。其实，本雅明对大众文化的理解和对其潜在革命意义的判断，都是建立在独立思考和深入分析之上的，其对象就是大众与艺术关系的重构。

在本雅明看来，复制技术对大众与艺术之关系的影响，是通过这样一种感知方式表现出来的，即在人们接受艺术复制品时，其感知活动具有将观赏与评价结合为一体的特点。他以大众观赏电影为例，解释了二者同步发生的原因及其意义。本雅明指出，作为复制艺术的电影由于能够真实地表现生活，同时又借助于电影特有的技术手段将主观意图隐藏起来，于是形成了电影观赏的这样一个特点，即人们把"艺术的机械复制改变了大众对艺术的态度……这种积极反应……这种积极反应通过视觉情绪上的享乐与内行倾向的直接而亲密的混合最为典型地表现出来"①。也就是说，电影特有的现实性和真实感，使电影不可能成为一个单纯的审美对象，所以观众的感知活动也难以把审美性的鉴赏和社会性的批评截然分开。电影艺术营造的真实氛围为二者的结合提供了条件，体现了技术复制对艺术感知方式的改变。坚持要和世俗生活保持审美距离的"纯"艺术，作为单纯的审美对象，显然不可能让观众产生类似的感受，对功利性的排斥和拒绝承担社会责任，使它无法唤起人们的生活激情和审视社会、批判现实的欲望，因此它始终是一个"远"在理想彼岸的对象，无论它在观赏的空间上离大众多么近。通过两种不同的感知方式的分析，本雅明揭示了机械复制时代人与艺术的微妙变化。

正因为如此，本雅明强调，把握大众与艺术的关系是理解大众文化的关

① ［德］本雅明：《机械复制时代的艺术作品》，见［德］阿伦特编：《启迪：本雅明文选》，张旭东等译，生活·读书·新知三联书店 2008 年版，第 254 页。

键。本雅明的这个思想我认为对大众文化研究具有方法论的意义。而本雅明之所以坚持这个观点，是因为他认识到大众文化有这样一个特点，即大众是以自己的方式参与艺术活动的，这一过程受制于大众和艺术的关系。因此种种看似熟悉、已有定论的文化现象，在大众文化语境中却有了需要重新理解的意义，就像本雅明说的："大众是一个发源地，所有指向当今以新形式出现的艺术作品的传统行为莫不由此孕育出来。"①它意味着我们不能用传统的观念和方式来理解大众文化现象；研究大众文化的关键在于要揭示各种司空见惯的文化现象所隐藏的新质，而不能满足于传统观念对于这些现象已有的解释。本雅明就是以这样的方式，对大众文化的消遣性作了与众不同的阐释。

以消遣的方式参与各种艺术或文化活动，把艺术品视为打发时间的消遣对象，是大众文化的重要特征，对此人们似乎已经形成了共识，因此消遣性也就成了许多研究者批评大众文化的根据："艺术要求欣赏者专心致志而大众却追求消遣"②，所以消遣方式在解构艺术对象的同时也解构了艺术活动的主体，即否定了大众作为审美主体的身份，大众文化的性质也因此受到质疑。可是本雅明却不认同对消遣的这种解释，他提醒人们注意，从大众与艺术的关系上看，消遣并不意味着审美的消极性，就像定心凝神并不是唯一的审美方式一样。从人与艺术的关系来看，"一个面对艺术作品全神贯注的人是被它吸引进去了"；"相反，娱乐消遣的大众让把艺术作品吸收进来"③。从这个意义上讲，消遣与定心凝神的区别，实质上来自人与艺术关系的不同。定心凝神，沉入作品，意味着欣赏者从现实生活走进了艺术想象的世界之中。此刻，他与艺术"近"了，却与现实"远"了。而消遣则意味着对思考的排斥，电影诉诸感官的特点是形成这种感受方式的原因，不过这并不是说电影没有思想，而是因为电影排挤膜拜价值，把世俗生活的现实作为自己

---

① ［德］本雅明：《机械复制时代的艺术作品》，见［德］阿伦特编：《启迪：本雅明文选》，张旭东等译，生活・读书・新知三联书店 2008 年版，第 269 页。

② ［德］本雅明：《机械复制时代的艺术作品》，见［德］阿伦特编：《启迪：本雅明文选》，张旭东等译，生活・读书・新知三联书店 2008 年版，第 261 页。

③ ［德］本雅明：《机械复制时代的艺术作品》，见［德］阿伦特编：《启迪：本雅明文选》，张旭东等译，生活・读书・新知三联书店 2008 年版，第 261 页。

的表现对象。艺术对象和大众生活经验的这种关联，使"电影也带着它的震惊效果在半途中迎接这种感知模式"①，消遣心态和"让艺术作品沉入自身"，体现了大众文化对艺术价值的重新定位。

阿多诺在其晚年撰写的《美学理论》中，曾对本雅明的上述观点做了直接的反驳。他说："个体与艺术实现同一并非通过把艺术作品同化于自身，而是把自身同化于艺术作品。这正是'审美升华'一词的含义所在。"② 从根本上说，他们之间的分歧其实是两种艺术观的分歧。阿多诺所推崇的艺术，是在精英文化传统中发展起来的艺术。拒绝表现世俗生活，追求理想的精神境界，构成了这种艺术的显著特征。就像阿多诺说的，"艺术无论情愿与否，总想与世隔绝开来"，"正由于艺术作品脱离了经验现实，从而能够称为高级的存在……艺术作品是经验生活的余象（after-images）或复制品，因为它们向后者提供其在外部世界中得不到的东西。在此过程中，艺术作品摒弃了抑制性的、外在经验的体察世界模式"③。由此不难看出，阿多诺所推崇的是一种理想的艺术、纯粹的艺术、诉诸精神世界的艺术，我将其称为"彼岸的艺术"，即远离现实人生的此岸、生存于理想或未来的彼岸的艺术。虽然阿多诺也强调艺术对现实社会的批判，从而使他所推崇的艺术不同于纯粹的形式主义和唯美主义，但是阿多诺所说的批判则含有彻底否定现实人生具有审美价值的意义。所以在阿多诺看来，艺术不应美化人生与现实，而是应该把揭露、批判人生与现实的弊端作为自己唯一的责任。艺术的本质、社会功能及其重要性，就在于它与这个世界是对立的。用阿多诺自己的话说就是，艺术是"表现苦难的语言"，"唯一可能通向艺术的途径是下述思想：在现实面纱——该面纱由社会机构与虚假需求的互动关系编织而成——另一面的有些事情客观上需要艺术。需要一种能够为面纱背后的掩盖物辩护的艺术"④。正是基于对艺术的这种理解，阿多诺极其反感大众文化的"媚俗"性。而他所说的媚俗，其实就包括了关注现实的涵义。

① ［德］本雅明：《机械复制时代的艺术作品》，见［德］阿伦特编：《启迪：本雅明文选》，张旭东等译，生活·读书·新知三联书店2008年版，第262页。
② ［德］阿多诺：《美学理论》，王柯平译，四川人民出版社1998年版，第31页。
③ ［德］阿多诺：《美学理论》，王柯平译，四川人民出版社1998年版，第7页。
④ ［德］阿多诺：《美学理论》，王柯平译，四川人民出版社1998年版，第33页。

为此，阿多诺非常强调艺术的"实体化"和"自律性"。强调艺术与世俗的对立，反对艺术承担娱乐、消遣的功能，拉开艺术和日常生活的距离，是这两个概念的深层涵义。为此他批判大众文化"整合、操纵和引起质变的庸俗艺术与娱乐活动。娱乐活动从未纳入纯粹艺术概念。……娱乐活动通常作为文化衰败的活证在文化领域有着突出的表现。事实上，它时常就像幽默或滑稽那样，决意促成文化衰败"；"大众力图促进艺术的非实体化。该趋向明确无误的征兆就是渴望采用种种方式毁坏糟践艺术作品，或将其乔装打扮，或缩短它同观众的距离等等。大众想要消除那种将艺术与其生活分隔开来的可耻的差别"①。由此可见，阿多诺与本雅明的根本分歧，在于艺术、审美、文化能否融入日常的世俗生活，而这正是精英文化与大众文化的区别所在。

在这个意义上读解本雅明，方可见出他作为思想家的意义。本雅明从机械复制对艺术生产方式的影响中，从大众与艺术关系的变化中，揭示了大众文化的发生和发展，就是一个艺术世俗化的过程，其革命意义就在于使艺术回归"此岸"，彰显大众人生的审美价值。

---

① ［德］阿多诺：《美学理论》，王柯平译，四川人民出版社 1998 年版，第 30 页。

第五章　作为理论范式的马克思主义文学批评

如果只是从现象上来看 20 世纪以来的西方文学批评的发展，或许很多人都会留下一个杂乱无章的印象，即把 20 世纪相继出现、颠覆了传统文学研究成规的各种批评理论，都视为标新立异、自成一家的"学派"知识；它们因为各有自己的理论资源和文学见解，几乎难以找到彼此之间的关联，由各种学派连缀起来的批评历史，也因此被读解成一个仅靠别出心裁的"创新"和另起炉灶的"转向"所构成的、几乎找不到内在逻辑联系的过程。说得更具体一些就是，20 世纪西方文论的研究历史，往往被描述成一个由俄国形式主义、英美新批评、精神分析研究、结构主义叙事学、接受理论、女性主义文论、新历史主义批评、后殖民批评等思潮或学派各说各话的历史，在自然时间中各占一个时段成为把它们联结起来的唯一关系。面对这么一个对象，所能看到的只有分布在各个时间点上的学派，以及它们各自阐发的文学观念和与众不同的批评方法，却找不到不同思潮在精神层面上存在的关联，更无法解释由它们构成的文学研究历史是由于什么样的动因、又沿着怎样的路数发展演变的。

其实并非如此，20 世纪以来的西方文学研究在其发展过程中，特别是在 20 世纪 60 年代以后，就有了整体趋势上的转变，而促成这种转变的一个重要因素，是马克思主义文学批评范式的影响。

一、马克思文学研究的范式意义

虽然近几年来国内有越来越多的学者开始从理论模式的意义上思考马克思主义文学批评的性质与特点，但是如果从批评操作的现实情况来看，我们实际上并没有形成这样一种明确的观念或者共识，即马克思主义文学批评就是一种自成系统的、有别于其他批评理论的文学研究范式；范式意识的欠缺，在很大程度上已成为影响中国形态的马克思主义文学批评深入发展的重要因素。从这个角度看，可以说"马克思主义文学批评"并不像有些人所想象的那样，是一个不言自明的概念。因为我们的批评实践说明，对许多人来讲，所谓"马克思主义文学批评"就是引用经典作家的相关言论或是思想观点作为立论依据的批评；他们似乎并不看重甚至可能根本就没有意识到，一种文学批评之所以能够称之为"马克思主义的"，从根本上讲是因为它阐释问题的观念、范畴及论域都源于马克思主义而非一般的文学理论资源，因此它在文学观念和研究对象上，也有不同于其他批评理论的理解与选择，而这些特点则是仅在引经据典层面上与马克思主义发生关联的阐释活动不可能具备的。二者之间的区别就像马尔赫恩所说，只有与马克思主义建立了学理上的深层关联，文学批评才有可能体现"马克思主义在本质上的连续性，没有这种连续性，马克思主义就根本不可能成为一种传统"①。另一位学者戈尔曼则用"血缘关系"来喻指马尔赫恩所说的"连续性"，强调马克思主义文学批评"存在着几个基本的'血缘'特征，它们是马克思主义不可替代的核心，是任何自称马克思主义者的人们所必须具备的起码条件"②。我们说马克思主义文学批评是一种自成系统的文学研究范式，就是要强调这种批评的性质与特点只能取决于在思想基础和理论方法上具有源于马克思主义传统的连续性；仅在话语层面和观点引用上与马克思主义发生关系的批评，因为缺乏这

---

① ［英］马尔赫恩：《当代马克思主义文学批评·原序》，见 ［英］马尔赫恩编：《当代马克思主义文学批评》，刘象愚等译，北京大学出版社 2002 年版，第 1 页。

② ［美］罗伯特·戈尔曼编：《"新马克思主义"传记辞典》，赵培杰等译，重庆出版社 1990 年版，第 32 页。

种"血缘"意义上的连续性，倒有可能在学理基础上背离马克思主义的传统。在这里，如何理解"范式"（paradigm）与"范式"意义上的连续性是关键所在。

"范式"之说源于科学哲学家库恩，但是由于人们习惯于把"范式"理解成"研究模式"而让库恩不满，认为人们忽略了其理论的精髓所在。为此他特意说明，为避免把"范式"和"研究模式"混为一谈，他宁愿用"学科基质"（disciplinary matrix）或"科学共同体"（scientific community）这样的概念来说明"范式"的特点①。库恩指出，它们的不同在于，"学科基质"概念不仅表明"范式"具有"研究模式"的意义，同时还强调作为一种"研究模式"，"范式"更突出了"模式"的形成与操作都要和一定的知识系统以及由此产生的问题意识之间存在着对应性的结构关系。换言之，特定的理论思想、与其相关的知识系统以及研究群体的共识，是"研究模式"得以形成并展开"模式"研究的基础与前提。用库恩的话说，"一个范式就是一个科学共同体的成员共有的东西"，"它代表着一个特定共同体的成员所共有的信念、价值、技术等等构成的整体"②。库恩的解释告诉我们，不能把"范式"简单地等同于一种操作方法或者研究方式，"范式"观念包括了与"研究模式"相关的、并构成其学理基础的知识系统。我们正是在这个意义上把马克思主义文学批评理解为一种独立的文学研究范式。

用自成系统的"文学研究范式"来界说马克思主义文学批评，目的在于明确马克思主义的基本原理和理论研究的问题域对其文学阐释的根本制约性，其集中体现在这种批评是在马克思主义的论域中、以自己的问题意识来展开关于文学问题的探讨。因此，能否在马克思主义的学理基础上提出文学问题，在马克思主义的问题域中理解和阐释各种文学现象，才是判断文学批评是否具有马克思主义属性的唯一标识。因为批评操作一旦失去了这个准则和基础，任何引经据典都有可能因为脱离语境而发生对经典作家的误读，以致批评偏离了马克思主义文学批评特有的问题和视域。

20 世纪后期的文化批评，在思路和走向上显然与马克思主义文学批评范式有着直接或间接的关联。需要说明的是，我们所讲的文化批评是指狭

---

① ［美］库恩：《科学革命的结构》，金吾伦等译，北京大学出版社 2003 年版，第 163、160 页。

② ［美］库恩：《科学革命的结构》，金吾伦等译，北京大学出版社 2003 年版，第 160、157 页。

义的文化研究，即在文化视域中所展开的、以文学艺术为对象的批评或研究。广义的文化研究则是指对各种社会文化现象的研究，其对象既包括文学艺术，也包括非文学艺术。但是，即使狭义的文化研究，也会因为如何界定"文学艺术"而形成不同的认识，这里的分歧主要在于是否可以把某些边缘性的亚文艺现象如带有审美性或文学性的生活现象或文化现象作为狭义文化研究的对象。

文化批评的兴起让我们的文学理论研究陷入了既兴奋又疲惫的矛盾状态。对某些人来说，从文化的角度读解文学是理论研究回归社会历史批评传统的征兆，于是有了"三十年河东，三十年河西"的感慨，生发出"早知今日，何必当初"的兴奋。可是在另一些人看来，文化批评的介入对文学理论研究来说简直是一场灾难，无边无涯的文化研究不仅会让周旋于其间的文学理论疲于奔命，而且，更令人担忧的是，一旦被文化批评模糊了文学研究的审美边界，身陷其中的文学理论很可能会因此失去自己的学科身份。

有意思的是，在西方学界也能见到类似的反应。米勒就曾不无讥讽地指出，因为文学研究的中心从 20 世纪 70 年代以后发生了所谓的"文化转向"，以致"一些早于新批评、已经过时了的注重传记、主题、文学史的研究方式，开始大规模的回潮。基于此类研究方法的论著横空出世"，某些研究者"有意识的回到那种更温暖、更有人情味的作品中去"，借助它们重申文学与历史和政治之间存在着不可分割的密切关系①。但是站在截然相反立场上的伊瑟尔却坚持，由于"抛弃文学而转向高度政治化的半截子艺术"，所以在他看来，"在现阶段，'文化研究'是一锅混乱不清和琐屑无谓的大杂烩"，并且诚恳地告诫人们，"毕竟文学已经陪伴了人类发展二千五百年，我们不能如此轻易地像'文化研究'习惯所做的那样将其废除"②。

重提关于文化批评的各种说法，用意并不在分辨这种文学研究方式本身的是非，这里关注的其实是另一个问题：这些反应——无论是期许还是抱怨——对文化批评的理解，是否因为过分注重或夸大其作为一种批评方

---

① ［美］米勒：《当前文学理论的功用》，见 ［美］米勒：《重申解构主义》，郭英剑等译，中国社会科学出版社 1998 年版，第 216—217 页。

② ［德］伊瑟尔：《虚构与想像：文学人类学疆界》，陈定家等译，吉林人民出版社 2003 年版，第 13 页。

式在操作层面上的某些特点或弱点，却在有意无意之间淡化了文化批评作为一种文学理论研究的知识特征。说得更具体一些，我们指的是这样一种现象：当人们论及文化批评时，争论的焦点往往集中在它的研究边界、学科归属，以及由此造成的对文学阐释的泛化等现象，却很少有人追问，文化批评为什么要把文学和文学活动拖出现代文学理论规划的研究框架，即不是单纯的审美关系中讨论文学艺术，却要将其置于复杂多样的文化领域和社会关系网络之中去研究。促使文化批评作出如是选择的"问题意识"是什么？强调这一点是因为，在我看来，放弃对文化批评的"问题意识"及其展开文学研究的知识状况的追问，多少说明质疑者忽略了一个基本问题，那就是，文化批评其实是在与传统文学理论研究有别的另一种知识语境中、用另一套知识话语来理解和解释文学的；而我们的讨论却忽略了文化批评与传统文学理论在研究的知识构成上的这种差异，忽略了文化批评的"问题意识"及其与马克思主义文学批评的知识状况之间所存在的对应关系。

强调这个问题的重要性是因为，正如福柯所说，知识构成了"我们自己的思想的限度"，并规定着经验的秩序和思考的方式①。从这个意义上讲，任何理论研究对文学的思考都与一定的知识基础和知识视域相关联；因此，进入相关的知识语境，把握理论话语特有的知识蕴涵，是我们理解和运用某种文学理论的基础与前提。可是这些年来，在我们对各种西方文学理论的介绍、阐释和借鉴中，却往往因为偏重于"方法"或"模式"而忽略了理论生成的知识语境，更少关注理论研究的演变与知识状况之间的内在联系，各种误读和误解的现象也因此发生。比如，就接受美学（reception aesthetics）或接受理论（reception theory）而言，作为一种文学批评理论，它的特点其实并不像许多人所理解和描述的那样，主要体现在对读者阅读和接受过程的关注上；如此理解等于说接受美学的"问题意识"产生于对接受活动本身的思考。其实并非如此，接受美学的"问题意识"来自对传统文学观念即以作者为中心的文学观的质疑，它对读者作用和接受意义的强调是为了颠覆那种以

---

① 参见〔法〕福柯：《词与物——人文科学考古学》，莫伟民译，上海三联书店 2001 年版，第 1—9 页。

作家创作来界定文学的古老观念。在接受美学看来，文学并不是一个一成不变的客体，文本的意义也并非由作家所赋予；文本只有在读者阅读的参与下才能获得自身的意义，文学的实现也因此被解释成一个取决于接受活动建构的历史过程。所以接受美学强调："为了使文学发生，读者其实就像作者一样重要。"① 显然，理论研究只有进入现象学和解释学的知识系统，在与之相关的知识语境中才能把握接受美学的上述思路，了解其研究文学的"问题意识"及其究竟是怎样产生的。通过这个事例我们力图说明，20世纪以来的西方文学理论之所以会形成不断发展演变的态势，不仅仅是因为它在研究方法上能够不断创新，更值得重视的是理论研究的知识状况对发展演变所起的作用。也就是说，理论研究能够不断地更新自己的知识结构，在新的知识语境中酝酿它的"问题意识"来调整文学研究的思路，才是促成文学理论研究不断发展的重要原因。

阿尔都塞指出，文本阅读或理论研究的局限与它可能拥有的视界有关，"如果人们想要揭示与看有关的忽视的原因，那么必须达到这样一点：必须彻底改变关于认识的观念，摒弃看和直接阅读的反映的神话并把认识看做是生产"② 。这说明改变或拓展视界是理论研究能有所得的前提。理论研究的突破源于它的视界的变化或问题框架的转换，即寻找新的思路来打破已成习惯的思考。从这个意义上思考知识状况与理论研究的关系，可以说改变理论研究现有的知识结构，走出既定的知识语境给理论研究设置的框架，对理论研究的视界和视角的转变具有重要的作用。

从这个角度看文化批评，我们以为尽管作为一种文学理论研究的模式文化批评在实践操作中还存在着许多问题，但是我们却不能因此而轻视文化批评在另一种知识状况中思考文学问题对拓展文学研究思路的意义。为了阐明有别于传统理论研究的"另一种知识状况"的特点，我们可以从米勒对文学理论研究转向的分析说起。

关于西方文学理论研究在20世纪70年代以后所发生的变化，米勒在《当

① ［英］伊格尔顿：《二十世纪西方文学理论》，伍晓明译，北京大学出版社2007年版，第73页。
② ［法］阿尔都塞、巴里巴尔：《读〈资本论〉》（第二版），李其庆等译，中央编译出版社2017年版，第15页。

前文学理论的功用》一文中有一个堪称经典的分析。他说："自 1979 年以后，文学研究的中心有了一个重大的转移，由文学'内在的'、修辞学研究转向了文学'外在的'关系研究，并且开始研究文学在心理学、历史或社会学语境中的位置。……其关注的中心在于语言与上帝、自然、历史、自我等诸如此类常常被认为属于语言之外的事物之间的关系。"① 研究趋向的转变意味着知识语境的变更，文学理论因此面临着对知识结构、研究思路和问题意识的调整。于是如何把握文学研究上的这种转变，也就理所当然地引起了人们的普遍关注。但是，由于知识状况的限制，许多人似乎只注意到米勒上述言论前半部分所描述的现象——文学研究的中心发生了由"内"向"外"的转移，却有意无意地忽略了推动转移发生的原因是语言研究的格局发生了根本的变化，即米勒所说的，20 世纪 70 年代以后文学理论对语言的关注已从"集中研究语言及其本质与能力"，转向探讨语言和外部世界之间的复杂关系。在米勒看来，是否注意到语言研究的这个变化可谓事关重大，因为一旦排除了文学理论研究涉足于社会和历史的领域是通过语言阐释这个环节实现的，文学研究对历史、社会和自我等问题的关注，就会被误解成文学理论已退回到传统的观念和方法之中。国内学界有一种似是而非的说法非常流行，显然和这种误解相关。它把 20 世纪以来的西方文学理论研究的走向和变化，描述成一个因"语言转向"陷入困境而不得不过渡到"文化转向"的历史过程。这种把语言研究和对文学的文化阐释解释成彼此无关甚至相互对立的两种理论话语的认识，显然还是在传统文学理论赖以生成的知识状况中读解理论转向的产物，从中人们不难发现对以往的社会历史批评方法的眷恋，更可以见出知识状况对理论研究的影响。因为从这种说法中可以看出，坚守传统的知识结构使它无法理解米勒再三强调的那种变化，即今天的理论研究之所以关注文学和文学活动的社会意义、历史维度和文化内涵，并非源于对社会历史批评方法的重新认同，而是基于一种和后结构主义思想密切相关的认识，即"文学研究虽然同历史、社会、自我有着千丝万缕的联系，但这种联系，不应是语言学之外的力量和事实在文学内部的主题反映，而恰恰应是文学研究

---

① ［美］米勒：《当前文学理论的功用》，见［美］米勒：《重申解构主义》，郭英剑等译，中国社会科学出版社 1998 年版，第 216 页。

所能提供的、认证语言本质的最佳良机的方法”①。也就是说，20 世纪 70 年代以后的理论研究对文学与历史、社会和自我的关系的关注，是建立在把语言和语言活动视为一种“症候”（Symptom）的认识之上的。症候意识的形成说明理论转向之后的文学研究不仅走出了传统的社会历史批评的知识语境，放弃了把文学语言的描述视为对现实生活的“再现”或“反映”的观点；而且还走出了形式主义批评的知识语境，不再把语言仅仅视为结构研究和形式研究的对象。今天的理论研究更倾向于把文学语言视为一种有待分析的“症候”，强调文学研究的目的就在于通过对语言症候的把握和分析，揭示隐藏于文学文本深层的意识形态蕴涵。

文学理论研究能够迈出这一步，使自己的语言阐释超越新批评和结构主义的“语言形式”而转向后结构主义的“语言文化”，和拉康把语言研究引入精神分析有着密切的关系。所以，进入拉康的知识语境又成为我们认识文学研究转向的关键，它对我们理解今天的理论研究以什么样的知识话语来阐释文学的意识形态性具有重要的意义。

与弗洛伊德把无意识和欲望、冲动等生物性机能联系在一起不同，拉康的精神分析理论更强调语言和无意识的关系。拉康指出，“欲望必须从文字上去理解”，“无意识就是具体言谈中跨越个人的那个部分”②，“人的欲望就是他者的欲望”③。这说明拉康将无意识解释为由语言塑造的、形成于主体间关系的产物，并据此提出了“无意识就是他者的话语”的观点④。而拉康所理解的语言，又是一个能指占据了绝对优势的符号系统，在这个符号系统中，语言的意义不是生成于能指与所指的对应关系，而是形成于能指与能指之间的连绵过程，语言阐释也因此成了一种追寻踪迹、捕捉意义的文化分析活动。所以，拉康认为，语言以及人的语言活动与其说是在指称事物、传递

① ［美］米勒：《当前文学理论的功用》，见［美］米勒：《重申解构主义》，郭英剑等译，中国社会科学出版社 1998 年版，第 218 页。

② ［法］拉康：《精神分析学中的言语和语言的作用和领域》，见《拉康选集》，褚孝泉译，上海三联书店 2001 年版，第 268 页。

③ ［法］拉康：《主体的倾覆和在弗洛伊德无意识中的欲望的辩证法》，见《拉康选集》，褚孝泉译，上海三联书店 2001 年版，第 625 页。

④ ［法］拉康：《精神分析学中的言语和语言的作用和领域》，见《拉康选集》，褚孝泉译，上海三联书店 2001 年版，第 275 页。

意义，还不如说是显露无意识活动的一种症候。这个思想不仅让后精神分析理论彻底摆脱了与生物学的关联，而且还把语言研究从狭小的形式主义和结构主义的知识语境中解放出来，使文学理论的语言研究从此获得了开阔的文化视野。

受拉康的启发，阿尔都塞提出了"症候阅读"的理论，其要义在于强调这样一种阅读方式：从文本表面的连续性和整体性中，其实可以辨识出语言的缺失、空白和疏忽；相对于构成了文本的语言来说，它们是沉默的，并没有说出来，但是我们却可以在言说和沉默之间发现，文本的意指是和这些没有说出来的东西纠缠在一起的。症候阅读应该做的就是揭示文本和各种社会意识形态之间存在的这种微妙关系。它意味着，文本分析不仅要读解靠语言的字面意义所构成的"第一文本"，而且更要关注文本语言的缺失和空白，读解不在场的语言所构成的"第二文本"。所谓的症候，即呈现在二者形成的张力之间，症候阅读就是通过分析和捕捉文本的隐性话语来阐释文本的意义。对于文学文本来说，症候主要以风格的断裂、禁忌和盲区等形态存在着。它们或以存心保持沉默把症候阅读引向对文本难言之隐的探寻，或以无意识的浮现使症候阅读注意到个人与社会、感性与理性之间的差异或冲突。可以说，文学研究正是依靠这种具有解构意味的语言症候分析，才走进了社会、历史和文化的论域。由此可见，无论是在操作程序上，还是在文学社会属性生成机制的理解上，这种理论研究都与传统的社会历史批评不同。

与症候阅读的理论有所不同，保罗·德曼是从语言和实在的关系上来说明，具有解构意味的文化批评为什么必须在语言分析中引入意识形态话语。他说："我们叫做意识形态的东西，正是语言和自然的现实的混淆，指涉物和现象论的混淆。因此说，文学性的语言学，比起包括经济学在内的其他任何探索方式来说，在揭示意识形态的畸变性上，都更是一种不可或缺的有力工具，在解释畸变性的发生上，都更是一种决定因素。"[①]在这里，保罗·德曼是在现代语言哲学的知识语境中阐述了这样一种观点，即语言不能复制世界而只能反映人的思维形式。因此，文学语言给人们呈现的并不是现实世界

---

① ［美］保罗·德曼：《对理论的抵制》，见［美］保罗·德曼：《解构之图》，李自修等译，中国社会科学出版社 1998 年版，第 103 页。

本身，而是现实生活的一个仿像，或者说是一个精神化了的"现实"。语言的特性决定了它既不能复制也不能再现实在，语言只能建构。所以德曼强调："文学是虚构，并不是因为它拒不承认'现实'，而是因为无法先验地确定，语言是按照哪些或者像是现象世界的原则而发挥作用的。"① 从虚构性上理解文学，要求理论研究把文学活动纳入精神生产的复杂机制中加以观照。文学虚构重建了人与自己的生存现实的关系，重建了现实世界的秩序。在这种重建中，势必要融入对现实的理解和期待，这就为理论研究阐释语言活动的文化蕴涵留下了想象的余地。理论研究因此不能不关注各种意识形态对文学语言建构"现实"的参与，更不用说语言建构"现实"这一行为本身的意识形态性了。正如阿尔都塞所说："意识形态表述了个人与其实在生存条件的想象关系。"② 正是在这个意义上，与社会和历史相关的各种因素成了文学语言分析必不可少的要素。

互文性理论的产生进一步丰富了文化批评的知识话语，其不仅为语言研究提供了更为开阔的文化视野，也为文学理论研究向社会历史之维延伸拓展了更大的空间。作为后结构主义批评的核心范畴，互文性理论不仅揭示了不同文本之间存在着错综复杂的指涉关系，从而给文学语言分析进入广泛的社会历史领域拓展了思路。而且，在后现代解构批评的知识语境中，互文性理论还被赋予了另一层意思，即文本的意义由于互文关系而形成了不确定性。这种不确定性不是来自传统文学理论所说的文学语言的形象性或多义性，而是源于文本的相互指涉所造成的无休止的意指过程。需要特别指出的是，互文现象虽然是一种普遍存在的文学现象，在文学发展的历史过程中到处都有它的踪迹，但是互文性理论却产生于后现代知识系统，它与传统互文观念的区别就在于，互文理论不是在渊源关系而是在意义衍生的关系上来理解文本相互指涉这种现象的。强调文本之间的相互指涉所造成的意义延伸可能无所不在，无穷无尽，为理论研究在解构的层面上以开放的方式阐释文本意义提供了思路，更为理论研究创造了一个在社会、历史和文化的论域中读解文本

---

① [美] 保罗·德曼：《对理论的抵制》，见 [美] 保罗·德曼：《解构之图》，李自修等译，中国社会科学出版社 1998 年版，第 102 页。

② [法] 阿尔都塞：《意识形态和意识形态国家机器（研究笔记）》，孟登迎译，见陈越编：《哲学与政治：阿尔都塞读本》，吉林人民出版社 2003 年版，第 353 页。

的空间。

　　正因为互文性理论是以解构的思路来理解文本意义不确定性的，所以在阐释互文关系的批评实践中，解构批评往往会放弃对文本确切意义的把握和判断，而去关注各种意义之间的差异，通过追溯文本指涉关系的踪迹去显示意义的"延异"和"播撒"，以至形成了文化批评在文学阐释上的泛化。从这个角度讲，可以说互文性理论已成为文化批评解构文本的一种策略，借此把文学理论置于新的知识语境中，实现把文学研究从审美关系引入文化关系的目的。

　　艾柯曾批评对文学的文化研究有"过度诠释"的倾向，卡勒在辩解时对文化批评的上述策略作了这样的解释，他说："在文学研究中人们实际上不只是得到对具体作品的诠解（使用），而且还会获得对文学运行机制——其可能性范围及其独特的结构——的总体理解。"并表示"我本人则坚持认为，文学研究的目的正是去获得关于其运行机制的知识"①。卡勒一语道破了文化批评作为一种理论研究的特点就在于它不仅仅关注文本及其呈现的意义，而且更关注文本的生产和消费机制，特别是这个机制的运作过程对文本意义的影响。此刻，理论研究走出了作者、文本语言为批评设置的具体语境，在把握文本运作机制的基础上，为批评活动重新寻找和建构了另一种语境，这是一个和语言、文化、社会、历史、性别、阶级、族群、教育、出版、意识形态等因素相关的语境。"它们想问的是'文本做了些什么'，'它又是怎样做的'这样的问题：它怎样与其他文本、其他活动相连；它隐藏或压抑了什么；它推进着什么或与什么同谋。许多非常有趣的现代批评形式追寻的不是文本记住了什么，而是它忘记了什么；不是它说了些什么，而是将什么视为想当然。"②以这样的方式，在这样的语境中读解文本，阐释文本的意义，文学显然不再是单纯的审美对象，它只能成为意识形态的构成物。

　　事实上，在文化批评的知识话语中，文学的审美性确实已成了一个边缘性的概念。在文化批评看来，作为一种虚构活动的产物，文学所表现的一

---

① ［美］卡勒：《为"过度诠释"一辩》，见［意］艾柯等：《诠释与过度诠释》，王宇根译，生活·读书·新知三联书店1997年版，第145、147页。

② ［美］卡勒：《为"过度诠释"一辩》，见［意］艾柯等：《诠释与过度诠释》，王宇根译，生活·读书·新知三联书店1997年版，第141—142页。

切，已经远远超出了审美的疆界。文学和文学活动实质上是在人与现实和历史的整体关系的基础上，而不是仅仅在审美关系上与人的生活相关联的。作为拥有虚构权力的一种精神生产，文学想象中有着探求和思考各种问题的冲动。文学因此获得了多重身份，文学活动也因此有了生产各种意义的可能。不可否认，致力于从审美关系上阐释文学的理论研究，确实以领域的界定、学科的建立和对文学审美自律性的确认，深化了人们对文学的认识和感受，也推动了文学本身的发展。但是，对文学审美自律性的追求和张扬，也导致了理论的封闭和贫乏，使文学研究丧失了开阔的视野和活跃的思路。文化批评形成跨学科的特点，拒绝把自己限制在一个划定的范围内，就是为了适应文学的多重身份和文学活动本身早已"越界"的现实。因此，当理论研究还以单纯的审美视界和审美话语来观照、界说文学时，倒有可能因为忽略、掩盖和遮蔽了文学的丰富性而使自己的想象过于贫乏，从而使我们的文学研究远离了文学本身。

从文化批评的上述情况看，它与西方马克思主义文学批评确实有着某种关联，至少在文学研究的视域和问题意识上，可以看出马克思主义文学批评给予的某种影响。当然，在研究的主题和关注的文学现象上，文化批评更多的是在语言层面上展开，这与20世纪西方文学研究偏重于语言范式有关。但是值得注意的是，文化批评的语言研究已经全然不同于20世纪之初的那种偏重于形式的语言研究，而是开始注意意识形态因素对语言文化的影响。也正因为如此，文化批评又在一定程度上弥补了马克思主义文学批评的不足，或者说是丰富了马克思主义文学批评的视域。这里既是指文化批评语言意识给予马克思主义文学批评的影响，也是指文化批评给意识形态研究带来的某些新思路。梳理这些关系也有这样的期待，即希望马克思主义文学批评也能进入语言批评的场域，在新的论域中发展自身。

我们从一开始就声明了，讨论文化批评本身的是非不是目的，本节要说的是知识状况对文学理论研究的影响。从这个角度看，文化批评对于文学理论研究的冲击，其实不在它的实践操作所产生的影响，而是在于它对国内当前的文学理论研究知识状况的质疑；文学理论知识结构的更新已成迫在眉睫的问题。我们不必也不会都在文化的论域中研究文学，但是却不能不思考文化批评的知识结构对拓展文学理论研究视野的意义。

　　通过上述讨论我们试图说明，只有在"范式"的意义上理解马克思主义文学批评的性质与特点，我们才可能完善和发展中国形态的马克思主义文学批评。从这个意义上讲，建设中国形态的马克思主义文学批评同样需要经历艰巨的理论探讨过程。

　　西方马克思主义的文学理论家詹明信①也认为，马克思主义文学批评是一种在自己特有的问题域中展开文学批评的理论范式。他在接受访谈时谈到马克思主义文学批评与西方当代文学研究的关系，指出后结构主义"是一个历史概念，而作为一个历史概念，它又是从马克思主义的问题性中生发出来的。我说的不是马克思主义本身，而是马克思主义所致力探讨和解决的问题"，而结构主义"所探讨的语言在社会生活中的作用和位置。这一问题是从马克思主义的框架中生发出来的。战后，马克思主义在寻求一种更为贴切精微的关于文化和意识形态的概念。而所有具体的后结构主义题旨都来自对于这一问题的探讨"；"我所要强调的是，人们当然可以脱离历史而谈后结构主义文本本身的价值，但如果你想在更大的语境中弄清楚问题的来龙去脉，你就得注意马克思主义的框架。……至少是认为马克思主义的问题——基础和上层建筑的问题，意识形态的本质问题，表象的问题，等等——是他们各自议题中的基本因素。"②詹明信在这里明确指出，后结构主义是在马克思主义的"问题性"中形成的。从詹明信强调"问题性"不是源于马克思主义本身的说法来看，"问题性"与"问题域"两个概念非常接近。若是这样，那么把握马克思主义的"问题域"似乎已引起詹明信的关注。他认为马克思主义与后结构主义的关系主要体现在后者寻找文化与意识形态更"贴切"和更"精微"的关系上。以往人们把文化与意识形态的关系简单地归结为由"阶级"身份所决定，其实"语言"能更贴切、更精微地揭示这种联系，后结构主义对结构主义的超越就是从这一点开始的。其转化的契机在于把语言问题从形式转向了文化、转向了意识形态。这个思路的转变实际上是对马克思主义的"问题性"的认同。在论及德里达、德勒兹等人

---

① 　美国杜克大学著名的马克思主义文学理论家弗雷德里克·詹姆逊，有多个中文译名，如詹明信、詹姆逊、杰姆逊等。为译名的统一，我们都使用或改译为詹明信，不再赘述。
② 　[美]詹明信：《晚期资本主义的文化逻辑：詹明信批评理论文选》，陈清侨等译，生活·读书·新知三联书店1997年版，第3页。

的研究时，詹明信指出："大理论家更为明确地意识到他们自己的工作是如何建立在马克思主义问题性（再强调一次：不是马克思主义本身）之上的。"认为德勒兹"他本人的思想也是以一种奇特的方式从这一基础发展出来的。这一切把他和马克思主义联系在一起"①。他说："马克思主义固然是一种符号体系，但我觉得它更是一个有待探讨的问题领域。我所做的一切都围绕着这个问题，这个问题在我看来仍然意义深远。如果我们谈的是同其他理论的对话，那我们有从性别理论到后殖民主义的一系列理论。它们提出了非常不同的理论取向。"②詹明信直言不讳地声明，他毕生所做的就是在这个马克思主义文学批评的问题域中研讨各种问题。这个说法的特点是指明"问题域"不仅包括马克思主义本身已经提出的问题，而且它还是一个可以孕育新问题的"母胎"。也就是说，我们一旦把握了马克思主义的"问题域"，在这个"问题域"中思考和分析现实，那么就有可能提出属于马克思主义的问题，尽管这些问题可能是马克思主义本身不曾涉足的。这也是詹明信所以要一再强调，他所说的"问题性"不是指马克思主义本身的问题。从这个意义上讲，只有把握了"问题域"，我们的马克思主义研究才有可能创新，与时俱进。所以詹明信说，有着马克思主义批判思想的性别理论、后殖民主义，都可以形成"非常不同的理论取向"。而没有"问题域"意识，不能在"问题域"的基础上研究马克思主义，永远只能停留在对马克思主义著述的文字解释上，无法避免教条主义。

从这些讨论中，詹明信特别强调了马克思主义文学批评范式的问题意识、知识结构对西方马克思主义乃至各种批评理论的影响，指出承继马克思主义文学批评的关键并不在于搬用理论的术语概念，而是把握这种文学研究范式的根本即理论研究的问题域。这一范式的特点就在于有自己文学研究对象，批评场域，表现为对审美政治或政治审美的关注。而作为理论基础，马克思主义文学批评范式则有自己的理论知识基础，它把历史唯物论与现代文学理论结合起来，形成文学批评的开放性。或在马克思主义的基本理论框架

---

① ［美］詹明信：《晚期资本主义的文化逻辑：詹明信批评理论文选》，陈清侨等译，生活·读书·新知三联书店 1997 年版，第 5 页。

② ［美］詹明信：《晚期资本主义的文化逻辑：詹明信批评理论文选》，陈清侨等译，生活·读书·新知三联书店 1997 年版，第 23 页。

中重新思考现代文学理论提出的文学问题，并在知识结构上形成广义的人类学视角、关注物质生产与精神生产之间的复杂关系以及意识形态性等，体现了马克思文学批评特有的知识结构或知识语境。

显然，这种认识与只关注文论史上的知识"点"却无视各"点"之间"关系"的认知思路不同，注意到许多人对 20 世纪西方文论的接受，是执着于对某家某派知识的掌握而不问它们之间的"关系"。于是出现了这样的接受景观：赞赏者或为某家折服，热衷于模仿套用；或因新派、后学的"冒出"焦虑，唯恐自己赶不上而"落伍"。而批评者则认为，所谓的学派知识不过是批评家借助文学之外的某种理论所玩的概念游戏，时过境迁，喧嚣一时的"新说""学派"终会烟消云散。其实，这种看似对立的观点在认知方式上并没有根本的区别：它们都把各种西方文论视为形影孤单的个体存在，只看见它们的异质性却忽略了在看似相悖的观念中还可能存在的"共识"。这种"共识"主要还不是指不同学派在知识或观念上难免会有的重叠和交叉，而是说从谱系关系来看文学研究，各个学派的理论观念虽有一定的异质性，但在它们各自的问题意识中却不乏相近甚至相似的意向，那就是 20 世纪以来的各种文论思潮，都以自己对文学的独特解释表达了它们对"现代文学理论"诠释文学的合法性的质疑，它们都以自己的问题意识和理论方法，挑战甚至动摇了"现代文学理论"的权威。

于是，各个学派相继提出的质疑和不断生发的问题，汇聚成推进 20 世纪文论研究不断前行的动力，同时也给彼此阐释文学的思路中注入了"自反性"（reflexive）的成分，文学研究的探索和争议，因此才形成了逐渐偏离"现代文学理论"轨道的趋向。就此而言，可以说各种文论实际上都是"现代文学理论"的叛逆者，只是它们的叛逆还有自觉与否和程度大小的区分。

在理论研究的基本问题上，西方马克思主义承继了马克思的路向，即坚持对资本主义的批判。就批判所依据的关键性的知识来讲，西方马克思主义主要取之于马克思的理论资源，这集中体现在他们对意识形态问题的关注上。但也应该注意，西方马克思主义虽然坚持批判资本主义的基本路向，但在批判的基本对象上却与马克思不同，他们的批判从经济基础即以私有制、生产关系为对象，转向了思想文化即以意识形态领域为对象。西方马克思主义虽然汲取了马克思的思想资源，但同时又用结构主义、精神分析学或后现代思想去修正马克思；如此对接、整合实质上并没有补充、丰富马克思的思想，而是在某种程度上改变了马克思思想理论的本意。所以，简而言之就是，我们既要看到西方马克思主义在某些方面对马克思的继承，又要看到他们在某些方面对马克思的修正甚至扭曲。这一点对理解法兰克福学派的一些成员具有重要的意义。它说明法兰克福学派的一些成员对马克思和马克思主义的理解与我们有着相当大的区别。简要地说，这些学者更强调异化对人性的扭曲。这种思想不仅和黑格尔有关，而且与费尔巴哈的人本主义的唯物论有关，所以他们更愿意强调青年马克思的思想和著述。但是，马克思虽然不乏这种人类学思想，即所谓的人本主义，可是他对人性异化的反思和批判始终是和社会批判联系在一起的，这在《1844 年经济学哲学手稿》(以下简称《手稿》)，讨论"人的感觉"时就显示出来了。也就是说，马克思始终把人的研究置放在社会历史的环境中，在社会历史的语境中读解人的问题，并指出人性异化的根源在于资本主义的私有制。法兰克福学派的某些学者却常常在有意无意之间忽略、淡化乃至蔑视异化问题与资本主义经济体制之间的因果关系，将人性异化本身视为资本主义体制的产物，而这种体制的产生又被他们视为资本主义的社会管理方式和生活方式、意识形态、政治、文化的产物。所以，马克思理论研究的关键词如经济剥削、阶级阶层、生产资料、分配与占有制度等，在法兰克福学派的理论研究中极少出现。这就是阿尔都塞为什么要反对人本主义、力主对资本主义社会展开科学研究的原因所在。这说明研讨马克思与人类学的关系，强调人类学视野使马克思的后期理论研究开始关注非经济因素的历史作用，都需要把握一个度。

正是在这个意义上，我们说马克思的思想学说和马克思主义文学批评范式，对 20 世纪的美学研究形成了巨大影响，从文学批评的角度切入资本现代性问题的思考，使马克思的文学思想潜藏着可被不断地拓展和引申的问题和能量。艺术生产论与当代语境相结合，与其他思潮的对话、交流与碰撞，都成为推动 20 世纪文学批评发生转变的重要因素。问题在于，马克思本人的美学思想与后继者的关系，是否仅仅体现在后者对马克思一些具体论述的继承或修正上。我们认为不能如此简单地理解马克思与西方马克思主义的关系，这依然是建立在对二者关系的表层或现象的认识上，在一定程度上无视甚至低估了西方马克思主义学者的创造。我认为这种创造的表现是，西方马克思主义的某些人实际上是在"范式"的意义上和马克思发生关系的，而不是仅仅着眼于某些具体论述。其体现为这些学者抓住了马克思文论思想最基本的问题：在现实语境中，美学和文学艺术活动必然要受"物化—异化"的干扰，所以文学研究的基本任务就是揭示审美活动与意识形态之间的关系。

　　就是说，马克思对20世纪美学研究的影响，主要并不在于他的某些观点或理论被继续关注和讨论，而是在于人们把今天的美学研究置于马克思的问题域和理论范式之中。或者用作者的话说，是在"某种知识框架"中；但是必须明确，这里所说的知识框架，就是指跨越了现代文学学科的知识框架。就是说，当前研究文学的知识系统已不再是传统意义上的文学理论，而是所谓的"理论"，其内涵和话语的特点就在于无法用现代现有的学科分类去指认，也就是说，既不是哲学，也不是社会学、语言学或政治学，当然更不是传统意义上的文学理论。这种"理论"研究的特点是把文学、文化上的问题，尤其是当前出现的新问题，放在新的论域中展开研究，把这些新的文化、文学现象的出现，与现代社会生活或现代经济体制联系起来，也就是放在所谓的"现代化""后工业社会""消费社会""媒体社会""景观社会"或"全球化""跨国资本主义"的语境中去研究，把这些文学、文化现象视为这类社会、政治和经济的产物。如此研讨文学或文化显然不是现代文学理论以审美讨论阐释文学的路数，而是重新强调所谓"外部"研究的必要性。这种取向无论当事人的动机和意图是什么，客观上是在马克思文学研究的"问题域"中展开的。文学研究的这种走向是否也在表明，马克思是有预见的，而这正是马克思主义文论研究的特点，是其生命力的体现。

　　用自成系统的"文学研究范式"来界说马克思主义文学批评，目的在于明确马克思主义的基本原理和知识语境对其文学阐释的根本制约性，其集中体现在这种批评是在马克思主义的论域中、以自己的问题意识来展开关于文学问题的探讨。因此，能否在马克思主义的学理基础上提出文学问题，在马克思主义的问题域中理解和阐释各种文学现象，才是判断文学批评是否具有马克思主义属性的唯一标识。因为批评操作一旦失去了这个准则和基础，任何引经据典都有可能因为脱离语境而发生对经典作家的误读，以致批评偏离了马克思主义。

二、马克思主义文学批评范式的形成

如果我们承认马克思提出的"艺术生产"是一个重要的文学理论概念，而不是仅仅把它理解为只是相对于"物质生产"所言的一种比喻，那么对于试图认识文学活动价值的理论研究来讲，人类在文学活动中的精神需求便成了一个不可忽视的研究对象。因为"有意识的生命活动把人同动物的生命活动直接区别开来"①，按照自身的需要去创造生活是人的本质特征之一，而"没有需要，就没有生产"，为需要所支配的消费是"创造出生产的观念上的内在动机，后者是生产的前提"②。文学活动作为一种艺术生产，必然要受主体需求的制约，文学之所以会在生产自身的过程中生成了独特的性质与形态，显然也同主体需求的特殊性相关。我认为，假如理论能改变自己的习惯视角，从需求出发审视一下文学，它或许有可能发现自己的盲点，对文学形成新的理解。

借助于反映理论构筑了自身体系的文学理论，虽然不曾明确提出过"精神需求"这个范畴，但是当它把文学本体界定为"生活的反映"时，事实上就是认为文学是为满足人们对客观世界的认识需求而生成发展的。但是，无论是从文学活动的发生角度来看，还是认真倾听一下那些制造了传世之作的作家们对自己追求的表白，都似乎不能让我们轻易地苟同上面那个过于简单的结论。至少，从现象上看，人类从事文学活动的需求也是极其复杂的，它远非如此单纯、外在和明了。

人类究竟出自什么样的需要而开始了最初的文学活动，现在已经无法找到直接的答案了。恐怕那些神话和歌谣的创造者们，也很难讲清楚是什么驱使他们沉于幻想和忘情地讴歌。其实，文学活动作为需求、动机的对象化的产物，早已将人类祖先的精神追求外化和凝练在自己的内容与形式中了。

---

① ［德］马克思：《1844 年经济学哲学手稿》，见《马克思恩格斯文集》第 1 卷，人民出版社 2009 年版，第 162 页。

② ［德］马克思：《1857—1858 年经济学手稿摘选·导言》，见《马克思恩格斯文集》第 8 卷，人民出版社 2009 年版，第 15 页。

我们发现，人类最初的文学活动并不是为满足对客观世界本身的认识需要而发生的，也没有给自己提出如实再现客观世界的任务，相反，它倒是以营造虚幻的想象世界为己任，例如神话的制造。从现象上看，神话中既有主体对客观世界的直接描摹，也有主体的主观想象和情感幻化。在这个意义上，难免有人把神话视为古代人类对外在于自己的客观世界的主观认识。但是这种解释也未必符合古代人类创造神话的原始心态。现代人类学对神话研究的重要成果之一，就是确认神话实质上是一种文化实体。对自然现象、人类由来，以至宇宙生成的解释，即所谓的对客观世界的认识，在这个文化实体中并不具有独立的意义，或者说并不构成这种文化活动的目的。它们在当时都不过是实现神话的文化功能的手段。神话"所尽的特殊使命，乃与传统的性质，文化的延续，老年与幼年的关系，人类对过去的态度等等密切相联"。所以马林诺夫斯基认为："神话的功能，乃在将传统追溯到荒古发源事件更高、更美、更超自然的实体，而使它更有力量，更有价值，更有声望。"①这就是说，神话对远古的先民来讲，实际上是一种文化指令，具有礼仪规范和价值规范的效力，具有制约实践的神秘力量，其功能类似于理想模式对主体活动的作用。因此，与其说神话世界是客观世界的主观反映，还不如说它是人生的理想世界的建构，人类祖先用它来塑造自身。神话是"和现存实践的意识不同的某种东西"②，带有强烈的超越现实的理想色彩。很显然，对人类祖先来讲，它不是诉诸认识客观世界需求的对象，而是一种更内在、更深刻、更遥远的精神追求，寄托着原始人类对自己命运的思索和建构自身的愿望。人类对文学的需求，就是从这块精神土壤中萌发的。随着神话生存基础的消失，文学的内容在其显现形态上确实越来越贴近生活了，但是促使人类创造了神话的那种精神欲求，却依然活跃在文学的生命中。它使后来的文学虽然多以描摹生活世界的方式呈现着自身，但又把自己的目的寄托于这种再现之外。继神话之后出现的诗，作为最初的纯文学，往往是以它的节奏和旋律来实现这种追求的。用"反映生活"的眼光来读民歌《芣苢》，

---

① 参见［英］马林诺夫斯基：《巫术、科学、宗教与神话》，李安宅译，中国民间文艺出版社1986年版，第127页。

② ［德］马克思、恩格斯：《德意志意识形态》，见《马克思恩格斯文集》第1卷，人民出版社2009年版，第534页。

凭借诗中的描绘，人们完全可以想象出一幅古代妇女采集劳动的风俗画。可是作为诗来吟诵，谁能忘记"采采芣苢"的多次重复所形成的节奏与旋律。民歌的创造者们似乎在追求、表现着一种要比劳动欢快情绪更为深邃的内容，那就是生命运动的旋律。这生命的自由律动来自具体对象，又超越了具体对象；它是劳动的节奏，又将这种节奏升华了；前者是个别的、瞬间的，后者是普遍的、永恒的。《芣苢》作为文学的魅力，就在于通过超越，将瞬间化为了永恒，使人们在生命律动的感受中获得了更高的满足。而不是因为再现了古代生活的某一场面。就是常常被人当作原始狩猎生活真实写照的《弹歌》，也是因为在"断竹、续竹、飞土、逐宍"的客观描绘中，表现了紧张的劳动气氛和狩猎者热烈而亢奋的情绪，从而给人以生命活力的体验，才有了文学的价值。

人类早期所创造的一切文学作品，几乎都能使我们产生类似的感受或联想。我们不要把人类从事文学活动的精神需求过于简单化或外在化了，而忽略了隐藏于现象之下的那种追求，那种对心灵、对人性的默默无言而又焦虑执着的呼唤。可以说，"不用想象某种现实的东西就能现实地想象某种东西"①，从而使假定性大于真实性，使理想的表达多于对实在的认识，诉诸感性直观远胜过理性分析，是人类早期文学活动的基本特点。

不可否认，在文学走向成熟的过程中，尤其是在现实主义文学的叙事形态里，再现客观世界的特点非常突出。然而文学在形态上的这种变化，并不意味着它放弃了自己最初的追求，优秀的作家们也不是仅仅为了如实描事对象世界、满足对客观事物的认识需求才拿起了笔。托尔斯泰由一枝被车轮碾过却仍能倔强生长的牛蒡花，激起了他创作《哈吉穆拉特》的强烈愿望，这不只是证明创作需要灵感，而且证明托尔斯泰由此所形成的对人的生命力的哲学思考，是超越了具体对象、向更为深远的人生意义探索。文学不是哲学，但它追求哲学意味。这个高层次的艺术境界所要满足的需求，或多或少地都含有一些"形而上"的因素。巴尔扎克曾经说过"法国社会将要作为历史家，我只能当它的书记"的话，因而有人将卷帙浩繁的《人间喜剧》奉为

---

① ［德］马克思、恩格斯：《德意志意识形态》，见《马克思恩格斯文集》第 1 卷，人民出版社 2009 年版，第 534 页。

反映生活的典范，一个满足认识客观世界需要的对象。但是请不要忘记，同一位巴尔扎克在同一篇《〈人间喜剧〉前言》里宣称，他构思这部巨著的最初动机，"是从比较人类和兽类得来的"。他并未在再现的层次上止步，而是还要追求更高的、同样带有"形而上"意味的哲学境界——"对自然里面的根源加以思索，看看各个社会在什么地方离开了永恒的法则，离开了真，离开了美，或者在什么地方同它们接近"①。面对着这么一位巴尔扎克，谁还能说他和他所代表的现实主义文学只是为满足认识客观世界的需求而存在？一个"书记员"的头衔，何以能说明有着哲学家野心的巴尔扎克？把《人间喜剧》仅仅视为法国历史的再现，这未免委屈了它的创造者了。因为在巴尔扎克的心灵深处，也躁动着人类祖先创造神话和歌谣时所沸腾的那种激情，从而驱使他的追求远远超出了具体实证的范围，超出了对生活的再现或反映。如此来看文学对生活的描绘，不妨说它是以广义象征的方式处理着再现。从某些现象上看，文学似乎出于对客观世界的认识需要，以直接或间接的方式反映着生活对象。但是这些说到底都不过是以形象或形象体系所组成的符号，文学正是通过它们诉说着和追求着"大于其本身"的东西，揭示着和寻找着要比描摹对象本身固有的意义更为深远、更为丰富的蕴涵。

作为一种生成于审美关系基础之上的社会意识形式，文学在本质上是人类渴望认识自己的生命需求所追求的精神家园。文学活动的精神需求，创造文学的深层动机，出自人的与生俱来而又历久弥新的那个强烈欲望——认识你自己。

尽管直到今天，在相当一部分现代人身上，认识人自身的精神需要也常常被种种物质欲望所遮蔽，但是无论对人类来讲，还是对个体而言，他的生成，他的觉醒，他从愚昧无知进入文明，都不可能离开这种自我认识。正如马克思所说："动物不把自己同自己的生命活动区别开来。它就是自己的生命活动。人则使自己的生命活动本身变成自己意志的和自己意识的对象。他具有有意识的生命活动。"②人的实践目的的形成，就是人类意识到自我的最初

---

① 　[法]巴尔扎克：《〈人间喜剧〉前言》，陈占元译，见王秋荣编：《巴尔扎克论文学》，中国社会科学出版社 1986 年版，第 63 页。
② 　[德]马克思：《1844 年经济学哲学手稿》，见《马克思恩格斯文集》第 1 卷，人民出版社 2009 年版，第 162 页。

表现，人由此才开始了自己的历史，一部按照人的需要、人的面貌和人的意志来创造人的生活的历史。帕斯卡尔认为，"思想形成人的伟大"①，而使人伟大的思想，首先体现在人对自我的觉醒。因此，人类渴望认识自身的需要不是一种精神奢侈，而是人之为人的起点，进化发展的动因和人的本性的体现。

如果说，在人类早期的社会实践中，认识自身的需要还包容在物质生产活动之中的话，那么随着社会分工的发生，它就越来越摆脱这种依附状态，成为一种相对独立的精神活动。恩格斯根据马克思晚年所留下的哲学人类学手稿，在《家庭、私有制和国家的起源》中指出："根据唯物主义观点，历史中的决定性因素，归根结底是直接生活的生产和再生产。但是，生产本身又有两种。一方面是生活资料即食物、衣服、住房以及为此所必需的工具的生产；另一方面是人自身的生产，即种的繁衍。"② 我们认为，随着社会的进步，后一种生产便逐渐地摆脱了对自然的血缘关系的依赖，而演化为对人的社会的文化素质的追求。也就是说，在文明社会里，人类自身的生产主要体现为精神文化的生产，种的繁衍不再是纯粹的生命的自然延续，而成了在特定精神文化制约下的社会行为。在这个意义上，也可以把马克思所说的精神生产理解为一种人类生产自身的活动。因此人对自身的认识，就必然地成为精神生产的重要内容。正是为了满足这种人类认识自身和建构自身的需求，才生成了作为一种精神生产的文学活动。

可是，如此界定文学本体，会不会使它在哲学中丧失了自己的规定性呢？从两者最深层的性质上讲，文学与哲学确有相通之处，哲学的深处有诗，诗的极致蕴含着哲学，它们本是人类自我意识的孪生姐妹。但是又必须承认，文学并不等于哲学。它们的区别不仅表现在一个用抽象的概念符号、另一个用形象符号来外化人的自我意识，而且更表现在它们所以会用不同的符号或方式来显现自身的内在原因上，即哲学与文学本来就是对人的自我意识的不同层面的把握。因此可以说，通过形象、情感、意境等显现人的内省体验，外化自我意识的感受层次，使他人在对形象符号的直觉和感悟中获得

---

① ［法］帕斯卡尔：《思想录》，何兆武译，商务印书馆1985年版，第157页。
② ［德］恩格斯：《家庭、私有制和国家的起源》，见《马克思恩格斯文集》第4卷，人民出版社2009年版，第15—16页。

理解，为文学开拓了一个与哲学迥然有异的人的自我意识的世界。

人类通过文学所要实现的自我认识不仅与哲学相异，而且和以科学态度所进行的自我认识也有区别。在文学活动中，当人将自身作为一个内省对象，试图回答"人应当成为怎样的人"时，它的价值判断往往会给人以悖论的迷惘，以致大量的、不同民族和不同时代的作品，虽以各自的形态和方式，却以相似的困惑，表现了一个永恒的主题："我是谁？我所作的一切符合还是违背了人的本性？"德国作家鲁多夫·洛克尔正是凭着文学的这种共同追寻，在他所写的《六人》中，既荒诞又和谐地让生活在不同时空、诞生在不同作家笔下的浮士德、唐璜、哈姆雷特、堂吉诃德、梅达尔都斯和冯·阿夫特尔丁根，一起走到了象征人生之谜的斯芬克斯脚下。文学表现的这种自我意识的困惑生成于人类认识自身的方式，而且是唯一的方式，那就是人只有通过他所创造的对象世界来认识自己。由于人只能在特定的社会形态中进行自己的实践，所以人的个性在这种社会里获得什么样的发展，他所创造的世界也将以相应的面貌成为他的对象性的存在。对追求完美人性的文学而言，人对自身的认识由此会陷入理想和现实的矛盾。

马克思对人的发展曾做过这样的论述："人的依赖关系（起初完全是自然发生的），是最初的社会形式，在这种形式下，人的生产能力只是在狭小的范围内和孤立的地点上发展着。以物的依赖性为基础的人的独立性，是第二大形式，在这种形式下，才形成普遍的社会物质变换、全面的关系、多方面的需要以及全面的能力的体系。建立在个人全面发展和他们共同的、社会的生产能力成为从属于他们的社会财富这一基础上的自由个性，是第三个阶段。"①在这段以人的发展为线索的论述中，马克思把个体之间的社会联系形式及人对社会的控制程度和自由度，作为划分社会形态的标准。与我们所熟悉的、以生产关系为划分社会形态标准的论述不同，马克思在这里突出了个体与社会的关系，突出了个体发展的历史阶段性。当我们以个性发展的这一历史为基础去看人对世界的创造并通过创造对象认识自身时，就会发现人类因自身发展所受的限制，他通过对象世界而把握到的自我形象，即以对象世

---

① ［德］马克思：《政治经济学批判（1857—1858 年手稿）》，见《马克思恩格斯全集》第 30 卷，人民出版社 1995 年版，第 107—108 页。

界为主体所呈现的那个现实的人，远非是一个完整而丰富的人。它与人类所追求的理想自我，总有着或大或小的距离，在资本主义社会的异化关系中，呈现于对象世界中的那个人，甚至可能是一个"非人"。对对象世界所显示的这个客观的、现实的"人"的确认，是以科学态度认识人自身的活动，它的价值标准来自现实生活，回答"人必然是怎么样的"问题。文学却不满足于此，它固执而焦虑地呼唤和寻找着人性的本原，时时将理想的自我与现实的自我加以比较，甚至不怕陷入无解的困惑。人类在审美层次上展开的这种自我认识，使文学自觉或不自觉地对于对象世界所呈现的那个现实的"人"采取了扬弃态度。它肯定人生的现实性和必然性，又不满甚至怀疑这种现实和必然的命运，它展示人生的欢乐，又使你在咀嚼中尝到一丝苦涩，它不否认来自现实的价值标准，却又使这些标准无法厘定文学中的人性。于是，面对着堂吉诃德、安娜·卡列尼娜、阿Q、繁漪、倪吾诚这些艺术形象，人们仿佛失去了善恶选择或是非判断的能力。这不是文学家们故弄玄虚，人为地制造朦胧与困惑，而是文学在追求理想与肯定现实的两难处境中势必走入价值判断的悖论"怪圈"的反映，是主体在内省层次上实现人的自我认识的复杂性与矛盾性的表现。在文学活动中，人不仅执着地追求着能在创造对象世界中实现人的价值的那种生活或生活的那个瞬间，而且渴望知道他是在什么样的生活中，由于什么原因才丢失了理想的自我。前者孕育了对文学至关重要的审美理想，后者则以人对自身的思考、寻找和追求，显示了审美理想对文学活动的规范。它同人在对象世界中发现了理想的人性一样，也是在一个更高的层次上证明了人的觉醒。不同之处仅在于认识此刻采取了人对自己现实命运的怀疑、否定和反叛形式。

从最根本的意义上讲，文学在人类生活中所肩负的就是这样一种认识人自身、寻找人自身和确定人生价值的使命。这就是文学本体，也是我们所以把文学视为精神生产的根本原因。马克思所说的精神生产，按照我们的理解，其要义不在把精神活动解释为一种生产过程。而在于强调精神活动的目的与所满足的需要的特殊性，在于从人类生产自身的意义上对文学活动的特殊价值的确定。文学因此成了一个有着自己品格的文化自足体，它以特有的方式和"语言"，表达着哲学的理性语言所无法描述的人生哲学，用比科学认识更高的价值尺度衡量着和规范着人类，使人们通过这个审美世界感悟人生，反省自我，追求完美，使人的心灵获得净化、丰富、充实与升华。

　　长期以来，我们的理论一直把文学的本质解释为生活的反映。显然，唯物主义对意识与存在关系的认识是形成这种观念的哲学根据。然而存在决定意识作为一个基本的哲学命题，讲的只是意识对存在的依存性，而不是对各类精神现象具体生成原因的直接说明，更不是对各种意识形态的特殊本质的规定。把文学放在反映关系中去解释，至多只能说明包括文学在内的一切精神现象产生的客观根源，即文学最一般的属性，却没有揭示文学及其他社会意识不同的、特殊的性质。所以我们认为，文学的本质规定不能仅从它的来源去寻找，同时还必须从它对人类的意义、价值和它所满足的需要的特殊性，即文学在人类生活中所发挥的特殊功能上去认识。马克思主义的历史唯物论，尤其是马克思关于物质生产与精神生产的学说，是促使我们形成上述认识的哲学根据。这是因为马克思以人的实践为基础，以人的生成发展为出发点，从人的需要的多样性上阐明了两种生产的生成、分化和关系，阐明了它们因此所形成的与世界的不同关系和对世界的不同掌握方式。

　　从需要的角度来看，物质生产以满足人类的物质需求为目的，这就决定了主客体之间的关系必须以反映为基础，因为主体只有通过对客观世界本身的正确认识才能取得实践的自由，有效地改造客观世界。而精神生产则是为了弄清楚这个世界同人自己的存在和发展的关系，它以确定世界和人生的意义为目的。于是人对自身的认识便成为精神生产的前提，主体的内在尺度是判断对象有无意义的根本尺度，它"实际上是表示物为人而存在"[1]，主客体关系此刻表现为价值关系。作为精神生产的文学活动，主体对客体的把握也因此具有了价值关系，而不是反映关系的性质。它说明在文学活动中，人类需要把握的不是客体本身固有的属性，而是它与主体的关系，它对主体而言的意义。价值关系不同于反映关系的特点就在于对客体本身的认识在这里只是一种手段，用主体内在尺度衡量客体，对客体进行主体性描述，从而判断客体主体化的性质和程度，才是文学的目的。因此主体在价值关系中始终居于主导地位，形成了价值关系特有的主体性原则。在反映关系中，主体作用

---

[1]　[德] 马克思：《剩余价值理论》，见《马克思恩格斯全集》第 26 卷（第三册），人民出版社 1974 年版，第 326 页。

表现为中介性，即存在只有经过主体的中介作用才能转化为意识，但后者不过是前者的观念形态。而生成于价值关系的主体作用则表现为主导性，客体以主体需求为转移，主体在选择、评价、同化客体的过程中把握客体。文学因此成了一种不仅是包含了主体成分，并且还要受主体的情感、意志所支配的精神现象。

由于将文学界定为生活的反映，由于无视文学需求的特殊性，现有的文学理论面临的另一个难题，是无法解释文学所以必须用形象来表达的内在原因。可是，当我们把文学视为人的自我认识在内省体验层次上的表现时，这种内在的必然性便显露了出来，那就是上述的心理内涵往往不可能通过抽象的概念语言来传达。庄子早就发现了这种言与意的矛盾，认为"意之所随者，不可以言传也"。有人据此批评庄子，说他否认语言可以表达思想，其实是误解了庄子的本意。这里所讲的"意"，即庄子哲学中的"道"，指的是人从大自然的生命运动中所体验、感悟到的一种精神境界，而不是指对有形有体的物理世界的认识。庄子说意不可以言传，是说人的内省体验或审美感悟不能用抽象的概念语言来描述。因为"可以言论者，物之粗也；可以意致者，物之精也"，细腻、丰富的内省意识，是很难外化为清晰的逻辑过程和概念语言的。应该承认它是审美的事实，我们自己不也常有找不到贴切词语来表达复杂感受的时候吗？不能简单地把这类现象的产生一概归咎于词语的贫乏和缺少言语表达的技巧，其实许多被誉为语言大师的文学家倒比普通人更受这种难言之苦的折磨。陆机有过"恒患意不称物，文不逮意"的感叹，高尔基也多次讲过，"世上没有比语言的痛苦更强烈的痛苦"，并认为"这些埋怨的产生是因为有些感觉和思想是语言所不能捉摸和表现的"①。但是"言"所不能尽的"意"，用"象"却有可能表达，即所谓的"立象以尽意"。其原因在于，形象作为一种传达信息的符号，有着其独具的功能：在表达思想感情时，它既有某种确定的指向性，又有无须对这种倾向作出定量规定的模糊性；形象同它所表达的内容之间的关系从来都不是那么严格和确定，它只是暗示意义，所以比概念语言的说明要模糊、

---

① ［苏］高尔基：《我怎样学习和写作》，戈宝权译，生活·读书·新知三联书店 1984 年版，第 86 页。

宽泛和含蓄得多，为主体把握和表达对人生意蕴的领悟、倾吐复杂微妙的感情提供了有效的方式。对接受者来讲，通过直接或间接作用于人的感官的方式来传播信息的形象，能给自己以感性刺激，甚至唤醒深层无意识反应，调动那些仅属于个人感觉和感情中的具体经验，激发想象和联想。于是，不可言或言之不尽的内心体验，便通过艺术形象的中介，在人们心灵的交流中变成了可以把握的实在。

人类的文学活动所以能延绵数千年而不衰落，显然与它具有不可替代的社会价值有关。如果用反映生活界定文学的本质，把文学的社会功能仅仅理解为对客观世界的认识的话，那么文学自身的目的性便消失了，而它以形象再现生活的做法又不能不使自己对客体的认识仅处于感性的层次。于是文学便成了科学认识或哲学认识的一种图解或注脚，起着"看图识字"的作用。但是，人类从事文学活动的特殊精神需求却告诉我们，人类所以需要文学，是为了实现不同于认识客观世界的另一追求，那就是认识、建构和完善人类自身的追求。在这个意义上不妨说，文学活动主要不是规定人在自己的主观意识中对客观世界的反映具有多大程度的相符性，而是规定人在对象世界中如何以感性直观的方式去发现、感受、理解和评价客观存在的人生意义和人的价值，并以理想的人性对其作出判断。

这也就是我们所谓的精神家园，它是人的美好情感的耕耘之地，是人性追求得以满足的伊甸园。相对于认识客观世界和物质欲求的满足来讲，它似乎太缥缈了一些，可是我们绝不能因此而低估文学活动的社会意义和文化价值。马克思在批判资本主义制度下的人性异化时，把失去了精神家园的人称为"非人"，指出"私有制使我们变得如此愚蠢而片面"，"一切肉体的和精神的感觉都被这一切感觉的单纯异化即拥有的感觉所代替"。并认为人只有"以一种全面的方式，就是说，作为一个完整的人，占有自己的全面的本质"[①] 时，才能成为真正的人。因此，包括文学活动在内的审美活动是任何其他社会活动都无法代替的，它也不附属于其他社会活动。这就是人类所以需要文学的根本原因，也是文学特有的社会意义和文化价值。

---

① ［德］马克思：《1844 年经济学哲学手稿》，见《马克思恩格斯文集》第 1 卷，人民出版社 2009 年版，第 189、190 页。

三、马克思主义文学批评范式与文学研究的历史走向

　　文学具有虚构的性质是中外文学理论的共识，而且几乎已经成为人所共知的常识。但也许正因为如此，"习以为常"和"理所当然"的心态，反倒让人们有意无意地忽略了追问虚构对于文学的意义。乔纳森·卡勒曾指出，"理论的主要效果是批驳'常识'"，"对任何没有结论却可能一直被认为是理所当然的事情提出质疑"①。在虚构问题上我们几乎忘却了理论研究的这个特点，于是在文学的阐释中，"虚构"不是作为一个空洞的能指被我们一笔带过，就是把"想象"和"审美"视为这个符码的所指，或是从文学心理活动的想象性上解释何为虚构，或是用审美创造来解释虚构何为，将虚构视为审美创造的方式和手段。其实，用想象心理界定虚构，只能说明文学思维活动的某种特点，并没有涉及虚构作为一种精神生产方式究竟意味着什么的问题。至于把虚构解释成审美创造的一种方式或手段，在我看来却有些本末倒置了，因为这种说法混淆了二者之间的因果关系。也就是说，我们与其把虚构理解为实现审美创造的手段，还不如说审美创造其实是虚构活动的一种表现形态。这里要讨论的，就是作为一种虚构的意识形态的文学及其活动所隐含的、比审美更为丰富也更为复杂的蕴意。②

　　任何理论话语的操作都要受历史语境的制约；我们的理论所以很少论及虚构，可以说是"事出有因"：由于中国近现代文学生成、发展的特殊境况，致使我们的文学理论在实现自身的现代转化和现代建构的过程中，不能不分外关注文学与现实人生之间的直接联系，以致在某种程度上将虚构问题"悬置"起来，淡化乃至放弃了对文学虚构性的追问，文学理论因此很少展开关

---

① ［美］乔纳森·卡勒：《当代学术入门：文学理论》，李平译，辽宁教育出版社、牛津大学出版社 1998 年版，第 4、5 页。

② 在后现代话语系统中，甚至历史也被视为一种虚构叙事。即使接受这种说法，我们也应注意到文学虚构和历史虚构之间的差异。文学艺术是有意为之的虚构活动，而历史叙事的"虚构"则是"想象某种现实"的产物，其虚构性并非来自作为叙事对象本身的子虚乌有，而是源于叙事的"意向性"和语言、文化给叙事带来的限制。

于虚构有何意义的讨论。在阐释文学的理论话语中，人们经常使用的倒是和
"虚构"意义相反的那些概念和术语，例如"再现""模仿""反映""真实性"，
等等。如是取舍的背后，似乎还隐含着"反映""再现"要优于"虚构"的
价值判断。即使有时候无法绕过虚构问题，理论的思考也多半徘徊在文学活
动的心理层面和创造层面上，把"虚构"视为"想象"这种心理活动的同义
语，认为虚构是文学以审美的方式再现现实生活的一种手段。诸如此类的说
法虽然也涉及了文学虚构活动的某些方面，但是毕竟没有在文学本体的论域
中，把虚构作为精神生产的一种特殊方式来理解。理论的如是运作，意味着
我们更倾向于把文学解释成一种再现社会生活的意识形式，而不是把文学视
为一种虚构的意识形态。

　　难道"再现生活的意识形式"和"虚构的意识形态"之间还有什么区别
吗？确实有，而且在我看来，能否自觉地将二者区别开来，还直接影响到对
文学和文学活动的理解。

　　首先指出上述两种意识活动有区别的是马克思，而马克思区分二者的目
的，则是为了阐明"意识形态"这种精神生产活动的特点。马克思在《德意
志意识形态》中指出，当历史上最重要的社会分工即精神劳动和物质劳动相
分离的格局形成之后，人类才开始有了"纯粹的"精神生产即意识形态的生
产；而意识形态作为"纯粹的"精神生产的根本特点，就在于它不同于"现
存实践的意识"。马克思说：

　　　　分工只是从物质劳动和精神劳动分离的时候起才真正成为分
　　工。从这时候起意识才能现实地想象：它是和现存实践的意识不
　　同的某种东西；它不用想象某种现实的东西就能现实地想象某种东
　　西。从这时候起，意识才能摆脱世界而去构造"纯粹的"理论、神
　　学、哲学、道德等等。①

　　正如马克思后来所说，《德意志意识形态》是他和恩格斯为"清算""我

---

① ［德］马克思、恩格斯：《德意志意识形态》，见《马克思恩格斯文集》第 1 卷，人民出版
　社 2009 年版，第 534 页。

们从前的哲学信仰"①和批判唯心主义历史观而合作撰写的一部著作。因此，揭示以往的德国思想家们颠倒了存在和意识的关系，批判他们把理论、宗教、哲学等意识形态视为推动社会发展的根本力量，以致把历史的发展描述成"在'纯粹精神'的领域中兜圈子"②，就成为这部著作的一个主题。正是这个特定的语境和主题，使马克思在阐释意识形态问题时，尤为关注意识形态的虚构性，强调意识形态是在"摆脱世界"之后，"现实地想象某种东西"的产物。在这个基础上，马克思尖锐地指出，以往的德国思想家们认为"问题完全不在于现实的利益，甚至不在于政治的利益，而在于纯粹的思想"③，实质上是把虚构的思想观念当成了推动人类历史活动的根本原因。因此，人们常常强调，揭示意识形态的虚构性是马克思论述意识形态问题的要点。

但是，这并不意味着作为"纯粹的"精神生产，虚构的意识形态在人类的历史活动中没有任何价值。我们应该看到，马克思关于意识形态虚构性的阐释，不仅具有批判唯心主义历史观的意义，同时也是对意识形态以及这种精神生产活动的一般性质、基本特点和特殊功能的深刻揭示。也就是说，马克思关于意识形态的论述还包括了这样一些内容：人的意识活动不仅像旧唯物主义所说的那样，只是对客观实在的感知；人的意识活动还可以"摆脱世界"进入精神生产的领域，生产像意识形态这样"纯粹的"精神产品。马克思把人类的意识活动能够生产"纯粹的"精神产品的这个特点，视为人的主体能动性的体现，就像他在《关于费尔巴哈的提纲》中所说的那样，人的意识活动因为能够构造不同于"感性客体"的"思想客体"而显示了人的"能动的方面"，只是旧唯物主义对此视而不见，"唯心主义却把能动的方面抽象地发展了"④。从这个角度来思考问题，我们从马克思关于意识形态的论述中，还可以得到这样一些启示：

---

① ［德］马克思：《〈政治经济学批判〉序言》，见《马克思恩格斯文集》第 2 卷，人民出版社 2009 年版，第 593 页。

② ［德］马克思、恩格斯：《德意志意识形态》，见《马克思恩格斯文集》第 1 卷，人民出版社 2009 年版，第 546 页。

③ ［德］马克思、恩格斯：《德意志意识形态》，见《马克思恩格斯文集》第 1 卷，人民出版社 2009 年版，第 546 页。

④ ［德］马克思：《关于费尔巴哈的提纲》，见《马克思恩格斯文集》第 1 卷，人民出版社 2009 年版，第 499 页。

　　第一，"意识"至少可以分为两种类型，一种是生成于"现存实践的意识"，它是"想象某种现实的东西"的产物；另一种意识类型则生成于"现实地想象某种东西"，其特点在于通过想象的虚构活动使原本子虚乌有的东西成为一种"思想客体"；虚构可以说是人类特有的一种精神生产活动。

　　第二，严格地说，"想象某种现实的东西"并不属于"纯粹的"精神生产，因为这种意识生成于对现实对象的想象，具有反映和摹写的特点。即使接受现象学的说法，将其视为"意向性"作用的结果，这种意识活动的创造性也是有限的。然而，"现实地想象某种东西"的虚构活动，却可以说是一种创造性的精神生产，因为虚构活动建构了一个原本并不存在的精神对象。

　　第三，以"现实地想象某种东西"的虚构方式所生产的"纯粹的"精神产品，也就是意识形态，表现了人的思想、愿望、信念和追求。也就是说，意识形态不是生成于对实在之物的直观或想象，而是生成于人和世界的关系，生成于人对这种关系的认识和理解、虚构和想象。就像马克思说的："这些个人所产生的观念，或者是关于他们对自然界的关系的观念，或者是关于他们之间的关系的观念，或者是关于他们自身的状况的观念。显然，在这几种情况下，这些观念都是他们的现实关系和活动、他们的生产、他们的交往、他们的社会组织和政治组织有意识的表现，而不管这种表现是现实的还是虚幻的。"[1] 阿尔都塞对于意识形态的解释，似乎就是受马克思这个论述的启发，他说："意识形态所反映的不是人类同自己生存条件的关系，而是他们体验这种关系的方式；这就等于说，既存在真实的关系，又存在'体验的'和'想象的'关系。"[2] 后来，在研究笔记《意识形态和意识形态国家机器》中，阿尔都塞以更简洁的语言对意识形态作了这样的阐述："意识形态表述了个人与其实在生存条件的想象关系。"[3]

　　这意味着虚构的意识形态所建构的观念世界是一个与人的理想、愿望和

---

[1]　[德] 马克思、恩格斯：《德意志意识形态》，见《马克思恩格斯文集》第 1 卷，人民出版社 2009 年版，第 524 页注释②。

[2]　[法] 阿尔都塞：《马克思主义和人道主义》，见《保卫马克思》，顾良译，商务印书馆 1984 年版，第 203 页。

[3]　[法] 阿尔都塞：《意识形态和意识形态国家机器（研究笔记）》，孟登迎译，见陈越编：《哲学与政治：阿尔都塞读本》，吉林人民出版社 2003 年版，第 353 页。

信仰相关的意义世界。我以为，当我们强调文学具有意识形态的属性时，首先就是在这层意思上说的。明了这层意思使我们认识到，作为意识形态，文学从根本上说不是对某种现实的反映或想象，而是对人与现实关系的想象，这种想象或是把人与现实的关系理想化了，或是拿理想作为想象这种关系是否合理的准绳；无论是哪种情况，理想和愿望的参与都使文学的想象包含了虚构的成分。

　　强调文学的虚构性并不意味着否认或是淡化文学与现实人生的关系，而是为了澄清这种关系的本来面貌。其实，马克思在论及希腊神话和希腊艺术时，已经对这种关系作了清晰的梳理。马克思指出，"任何神话都是用想象和借助想象以征服自然力，支配自然力，把自然力加以形象化；因而，随着这些自然力实际上被支配，神话也就消失了"①。在这里，马克思一方面强调了虚构是艺术创造的基础，另一方面又揭示了现实生活与虚构想象之间的互动关系——希腊神话和希腊艺术的繁荣与衰落，取决于现实生活给想象和虚构留下了多大的空间。而维系这种关系的基础，则是人类渴望超越现实的追求。

　　对于文学的虚构和现实生活之间的这种关系，伊瑟尔有更具体的分析。他说："毫无疑问，文本中弥散着大量的具有确定意义的词语，它们来源于社会，来源于一些非文本所能承载的现实。这种现实本身，对文本并没有多大的意义，因为，文本并不是为了追求现实性而表现现实的。这也就是说，文本没有必要依照事实本身（ipso facto）使自己成为虚构之物。实际上，在文本产生的过程中，作者的意图、态度和经验等等，它们未必就一定是现实的反映。这些意图、态度和经验等，在文本中更可能只是虚构化行为的产物。"伊瑟尔的结论是："……虚构将已知世界编码（transcode），把未知世界变成想象之物，而由想象与现实这两者重新组合的世界，即是呈现给读者的一片新天地。"②

　　在伊瑟尔看来，文学对现实的理解和把握不能不受主体意向的制约，而作者的意图、态度和经验的参与就是一种虚构化行为，文本的创造因此体现

---

① ［德］马克思：《1857—1858 年经济学手稿摘选·导言》，见《马克思恩格斯文集》第 8 卷，人民出版社 2009 年版，第 35 页。

② ［德］伊瑟尔：《虚构与想像：文学人类学疆界》，陈定家等译，吉林人民出版社 2003 年版，第 13—16 页。

为虚构将已知世界重新编码的过程。具体地说，文学创造的虚构行为体现在"选择""融合"和"自解"上。

伊瑟尔所说的"选择"，是指作家根据他对世界的认识和态度来挑选现实生活的材料，"选择，作为一种虚构化行为，揭示了文本的意向性"①。选择所以是一种"意向性"的虚构行为，是因为选择使被选择的对象离开了它原有的体系，材料在现实生活中具有的意义和功能也随之丧失了。可是，当选择的虚构行为使被选择的材料成为作家表现自己对生活的理解和解释的载体时，它在虚构的文本中又形成了全新的意义。"融合"则是在选择基础上进一步发生的虚构行为，它将来自现实生活的零散材料、各种各样的异质因素，按照作家意向组成一个有机整体即虚构的文本。伊瑟尔特别强调，如此操作的融合具有"跨越疆界"的特点，其融入了各种生活因素和成分，表现了文学活动和现实生活的广泛联系。显然，融合形成的文本蕴意已经不是现实材料本身原有的了，而是来自文学创造的虚构体系。从这个角度来看，可以说文本的蕴意并不存在于被描述的现实对象之中，而是来自作家以文学形式介入现实生活的倾向和姿态，来自虚构的艺术世界。从这个意义上说，文学不是对现实世界存在结构的平庸模仿（mimesis），而是通过虚构对现实世界的一种改造。

伊瑟尔用"自解"揭示了文学虚构的双重意义。一方面，自解表明，对于文学来说，虚构是无须掩饰的，文学承认虚构的价值并充分利用自己的虚构权力。另一方面，自解又在表明，文学承认虚构的世界确实是一个不同于现实的"仿佛如此（as-if）的世界"，从而提醒读者"当一种文本挑明其虚构性时，我们应该改变其接受心态"②。就像卢卡奇所说，这么做会产生这样一种效果，"即艺术作品以其特有的品质提供了一种与接受者已有的经验所不同的对现实更真实、更完整、更生动和更动态的反映，并以接受者的经验以及对这种经验的组织和概括为基础，引导他超越自己的经验

---

① ［德］伊瑟尔：《虚构与想像：文学人类学疆界》，陈定家等译，吉林人民出版社 2003 年版，第 19 页。
② ［德］伊瑟尔：《虚构与想像：文学人类学疆界》，陈定家等译，吉林人民出版社 2003 年版，第 34 页。

界限，达到对现实更具体的洞见"①。也就是说，对虚构的自解激发了读者面对一个非真实的虚构世界的热情，同时又使读者的自我真实性在想象中得以展开。

从巴赫金对虚构意义的论述中我们可以看到更清晰也更深入的思路。巴赫金指出，文学创作并不是对现实生活的复制，而是用现实生活的材料来重建一个新的世界，为此他特别强调创作活动中的"孤立"和"隔离"。巴赫金的"孤立"和"隔离"，与伊瑟尔所说的"选择"和"融合"相当接近。不过，大约是出自对形式主义理论的警觉，巴赫金更强调"孤立"和"隔离"对于意义生成的而不是材料取舍上的作用。他说："孤立和隔离不是针对材料、不是针对作为实物的作品而言的，而是针对作品的意义、内容而言的；作品的内容从它与整个自然界、整个存在的伦理事件之间的某些必然联系中脱离出来……"②

这意味着当现实生活中的材料一旦被作家选中，使材料脱离了与现实生活的原有联系，从现实生活中孤立出来或隔离开来，被作家置于创作所虚拟的关系之中时，它们就获得了新的内容、新的意义和新的功能。这个过程在巴赫金看来就是虚构，"所谓艺术中的虚构不过是孤立的正面表述，事物被孤立出来因而也就是虚构出来，亦即不是统一的自然界中实有的，也不是存在的事件出现过的"。而"孤立""隔离"亦即"虚构"对文学创作来说之所以是必需的，是因为只有通过这种方式，作家才能张扬他认为有价值的东西。巴赫金强调，"虚构的对象，只能是事件中主观上认为有价值有意义的某种东西，某种对人有价值的东西"，"被隔离的、虚构而不可逆转的是对事件的追求，是对价值内涵的专注情绪"③。巴赫金的分析说明了，文学虚构的意义在于以"孤立""隔离"的方式，发掘和表现现实生活中有价值的东西。文学只能借助于虚构，才有可能实现对人生的反思和批判。

---

① ［匈］卢卡奇：《艺术与客观真理》，刘象愚等译，转引自［英］塞尔登编：《文学批评理论——从柏拉图到现在》，北京大学出版社 2000 年版，第 58—59 页。

② ［俄］巴赫金：《文学作品的内容、材料与形式问题》，晓河等译，见《巴赫金全集》第 1 卷，河北教育出版社 1998 年版，第 360 页。

③ ［俄］巴赫金：《文学作品的内容、材料与形式问题》，晓河等译，见《巴赫金全集》第 1 卷，河北教育出版社 1998 年版，第 361 页。

作家毕飞宇和评论家张钧就生活经验与虚构想象的关系所做的如下讨论，印证了巴赫金的理论：

> 张钧：……我总觉得，人活到哪个份上，才能写到哪个份上。……如果仅仅依靠想象性的经验，我想你也许能够写出很灵动的东西，但很难写出很沉痛的东西。有的东西靠想象可以获得，而有的东西只有靠体验才能得到，尤其是一些比较个人化的东西。……
>
> 毕飞宇：……想象是什么？就是由这个经验到那个经验的飞跃。经验本身，它是一个具有很强升华力的东西，它的升华力之所以形成，靠的就是作家的意愿与想象……我们经常听一些阅尽人间春色的人给我们讲，他们的经验多么多么丰富呀，但是他们就是写不出，原因是什么，就是他们的经验缺少想象，没有升华力，没有由此及彼的功能。换句话说，作为个体的人来讲，他们没有非常丰富的想象去带动他们的经验，所以那种经验对他们来说是死的，没有任何形而上的意义，顶多是生活本真意义上的，但这种生活的经验又有什么意义呢？
>
> 张钧：可以说想象性经验就是文学之所以成为文学的一种表征。
>
> 毕飞宇：是这样的。在这里，我绝不否定经验对于一个作家的重要性，只不过强调了作家的某一种能力。①

毕飞宇的创作体验说明，对于文学创作来说，虚构想象的真正功能并不表现在对现成的生活经验的梳理和修饰上，也不是对现实生活经验空白的补充或是延伸，虚构想象的作用在于对现实经验的提升和超越，在于通过对现实经验的提升和重组生产新的意义。由此来看，巴赫金所说的"孤立"和"隔离"，意味着中断现实生活经验对构思的钳制是进入艺术创造的前提。迈

---

① 张钧：《历史缅怀与城市感伤——毕飞宇访谈录》，见《小说的立场——新生代作家访谈录》，广西师范大学出版社 2002 年版，第 119 页。

不出这一步，就不能进入一个虚构和想象的世界，不可能产生创造性的艺术构思。

从虚构性上理解文学的意识形态性，意味着批评需要把文学纳入精神生产活动的复杂机制中加以观照。就像伊瑟尔说的，在文学的虚构活动中我们可以发现和人的实践活动密切相关但又有所不同的人生的另一面。他说："我们的虚构化行为总是将我们远远地带出这一世界以及我们自身的本来状态，我们的幻想化行为将我们转移到一个想象性生活的天地。文学即产生于这些情性的相互作用，它因而也就允许我们回答人类为何需要虚构、我们为何总想走出自身，以及我们为何喜欢耽溺于一个想象的生活等等问题。"①

在文学研究中，弗洛伊德关于文学活动和"白日梦"（day-dreams）的关系的阐释，从精神分析学的层面涉及了这个问题，在一定程度上揭示了虚构活动的复杂机制。弗洛伊德认为，文学创造与所谓的"白日梦"有关。白日梦虽然和梦一样也是非现实的，具有和梦相近的心理特征，但是白日梦又不是梦，因为它与睡眠无关。梦是幻觉的产物，而白日梦表现的则是幻想和想象。②白日梦与现实生活有着更直接、更密切的联系。弗洛伊德强调，白日梦形成于心理补偿的需要："幻想的原动力是没有得到满足的愿望，每一次幻想是一个愿望的满足，就是对令人不满意的现实作了一次改正。"③文学创作之所以和白日梦一样，就是因为文学的虚构和想象往往也是针对现实生活中难以实现的愿望和难以满足的理想而展开的，它意味着文学虚构是为了弥补现实的不足，带有心理补偿的理想化的特点。根据精神分析学的理论，弗洛伊德进一步指出文学虚构所要弥补的缺憾其实源于人的童年生活的经验，对匮乏的现实感受，不过是唤醒或激发童年回忆的动因。这个过程用弗洛伊德的话说就是："现实中一种强烈的感受唤起创造性作家对早期的通常属于童年时期经验的回忆，从那里产生出一个愿望，在作品中得到了实现。

---

① ［德］伊瑟尔：《虚构与想像：文学人类学疆界》，陈定家等译，吉林人民出版社 2003 年版，第 4 页。

② 参见［奥］弗洛伊德：《精神分析学引论》，高觉敷译，商务印书馆 1984 年版，第 70—71 页。

③ ［奥］弗洛伊德：《创造性作家与白日梦》，黄宏熙译，见［英］戴维·洛奇编：《二十世纪文学评论》上册，上海译文出版社 1987 年版，第 68 页。

这一作品本身展现了不久前令人激动的事物，也展现了回忆中的事物。"在弗洛伊德看来，文学虚构的机制就是"利用现在的某一场合，在过去的模式上，构筑一幅未来的图景"①。这个虚构机制的形成从心理活动的层面上讲，既和来自现实感受的意识活动有关，又与童年经验的无意识活动有关；从时间关系上看，文学的虚构活动联系着过去、现在和未来。弗洛伊德的分析虽然局限在文学虚构行为和心理活动的关系域内，然而即使如此，他对虚构机制的解释，也比"虚构／审美"论有着更为开阔的人生语境，对我们认识文学的虚构活动机制不无启发。

相比之下，阿尔都塞对虚构活动机制的阐释更突出了人与社会的矛盾。和弗洛伊德强调虚构的心理补偿功能不同，阿尔都塞是从"个人与其实在生存条件的想象关系"来解释虚构活动的。这就是说，虚构活动重建了人与他的生存现实，即人与社会、人与历史、人与自然以及人与他人和人与自我之间的种种关系。这些关系和人与实际生存条件关系的不同在于，虚构和想象的关系重建了世界秩序，并在其中融含了人的理想、愿望，融含了人对实际关系的批判。除此之外，阿尔都塞还认为，意识形态的这种虚构和想象会渗入教育、家庭、传播、宗教和文化之中，以他所谓的"意识形态国家机器"的现实形式发挥作用。

阿尔都塞的阐释揭示了虚构想象所表现的，从根本上说是人生存的整体状态，与人生的各种关系都有直接或间接的联系，而不是单纯的审美关系。

文学对人生理想的执着追求，说明文学的虚构性既对文学的审美性的生成具有重要的意义，又说明文学虚构势必要超越审美的局限，把文学带入更宽阔的文化领域。也就是说，我们既要承认虚构与审美之间存在着内在的联系，存在着一种互动关系，即只有借助于艺术虚构，文学才能实现对人生的审美把握；而审美关系又为虚构和想象提供了一个平台，使虚构和想象在审美的语境中，表现具有审美价值的理想和愿望，而不沉溺于个人的琐碎和欲望的幻想。同时我们又要看到，文学作为一种虚构的意识形态，它所展示的形象和意蕴，也远远超出了审美的疆界。作为虚构意识形

---

① ［奥］弗洛伊德：《创造性作家与白日梦》，黄宏熙译，见 ［英］戴维·洛奇编：《二十世纪文学评论》上册，上海译文出版社 1987 年版，第 73、69 页。

态的文学活动，实质上是在人与现实、历史的整体关系的基础上，而不是仅仅在审美关系上，与人的生活发生联系。由此来看，当我们以单纯的"审美"理论和"审美"话语来界说文学时。"虚构"文学的诸多特点，其实是被掩盖和遮蔽了。

正如伊瑟尔所说，"文本的意向性，是由作者'捣毁'的世界和由他'重建'的世界共同组成的"①。文学活动的这个特点使文学的虚构不能不涉足于人与现实世界的多种关系，即使一位作家立足于纯粹的审美，他的理想和幻想的生成也要和现实世界的各种非审美的对象发生关系。文学虚构对理想愿望的表现，虚构对现实的重新编码，都使文学的虚构活动不可能仅仅用审美来定位和描述。所以，对文学虚构的解码，势必将文学研究带入一个更为广阔的领域。或许正是因为看到了这个特点，批评理论（critical theory）才强调文学批评不但要阐释文本本身，同时还要把文本的生产过程、生产环境，把文本与社会现实、与历史文化等，都纳入批评的视野。也就是说，批评的对象不仅仅是文学或文学文本，它更关注的是文学活动。批评追索文本意义的范围也因此不限于文本自身提供的空间，而是沿着文本生产的主体间性和言语活动的互文性拓展自己的视野和思路……

把文学视为一种虚构的意识形态，意味着文学批评需要从这样一种视角来审视文学：人类通过文学的虚构活动，除了表现人对世界的审美把握之外，还有更丰富更复杂的意义需要揭示。强调这种意义不是对文学的价值和文学活动意义的否认，而是对文学价值和文学活动意义的重新思考。

---

① ［德］伊瑟尔：《虚构与想像：文学人类学疆界》，陈定家等译，吉林人民出版社 2003 年版，第 20 页。

参考文献

《马克思恩格斯文集》10 卷本，人民出版社 2009 年版。

《马克思恩格斯全集》第 30 卷，人民出版社 1995 年版。

《马克思恩格斯全集》第 31—32 卷，人民出版社 1998 年版。

《马克思恩格斯全集》第 33 卷，人民出版社 2004 年版。

《马克思恩格斯全集》第 34 卷，人民出版社 2008 年版。

《马克思恩格斯全集》第 42—43 卷，人民出版社 2016 年版。

《马克思恩格斯全集》第 44 卷，人民出版社 2001 年版。

《马克思恩格斯全集》第 45—46 卷，人民出版社 2003 年版。

《马克思恩格斯选集》4 卷本，人民出版社 1995 年版。

［德］马克思:《资本论》（法文版第一卷），中国社会科学出版社 1983 年版。

［苏］里夫希茨编:《马克思恩格斯论艺术》4 卷本，中国社会科学出版社 1982 年版。

陆梅林辑注:《马克思恩格斯论文学与艺术》2 卷本，人民文学出版社 1983 年版。

L. Baxandall and S. Morawski（Eds），*On Literature and Art*, New York, International General, 1973.

［英］柏拉威尔:《马克思和世界文学》，梅绍武等译，生活·读书·新知三联书店 1980 年版。

［德］豪格主编:《马克思主义历史考证大辞典》第 1 卷、第 2 卷，俞可平等编译，商务印书馆 2018 年、2021 年版。

［匈］卢卡奇:《历史与阶级意识》，杜章智等译，商务印书馆 2004 年版。

［苏］里夫希茨:《马克思论艺术和社会理想》，人民文学出版社 1983 年版。

［英］麦克莱伦:《马克思思想导论》（第 3 版），郑一明等译，中国人民大学出版社 2008 年版。

［意］默斯托主编:《马克思的〈大纲〉——〈政治经济学批判大纲〉150 年》，闫月

梅等译，中国人民大学出版社 2011 年版。

[美] 卡弗：《马克思与恩格斯：学术思想关系》，姜海波等译，中国人民大学出版社 2008 年版。

[法] 阿尔都塞：《保卫马克思》，顾良译，商务印书馆 2006 年版。

[法] 阿尔都塞、巴里巴尔：《读〈资本论〉》（第二版），李其庆等译，中央编译出版社 2017 年版。

[韩] 郑文吉：《尼伯龙的宝藏》，赵莉译，南京大学出版社 2012 年版。

聂锦芳：《清理与超越：重读马克思文本的意旨、基础与方法》，北京大学出版社 2005 年版。

聂锦芳主编：《马克思的"新哲学"——原型与流变》，中国社会科学出版社 2013 年版。

聂锦芳主编：《〈资本论〉及其手稿再研究：文献、思想与当代性》，经济科学出版社 2013 年版。

张一兵：《回到马克思：经济学语境中的哲学话语》，江苏人民出版社 2003 年版。

责任编辑：刘　畅
封面设计：周方亚

图书在版编目（CIP）数据

马克思主义文学批评范式研究／孙文宪 著．—北京：人民出版社，2020.7
　（2023.8 重印）
ISBN 978－7－01－021800－7
（"马克思主义文学批评的中国形态研究"系列丛书／胡亚敏主编）
Ⅰ.①马… Ⅱ.①孙… Ⅲ.①马克思主义－文学评论－理论研究
　Ⅳ.① A811.691

中国版本图书馆 CIP 数据核字（2020）第 005582 号

马克思主义文学批评范式研究
MAKESIZHUYI WENXUE PIPING FANSHI YANJIU

孙文宪　著

人 民 出 版 社 出版发行
（100706　北京市东城区隆福寺街 99 号）

中煤（北京）印务有限公司印刷　新华书店经销

2020 年 7 月第 1 版　2023 年 8 月北京第 2 次印刷
开本：710 毫米 ×1000 毫米 1/16　印张：15.25
字数：242 千字

ISBN 978－7－01－021800－7　定价：75.00 元

邮购地址 100706　北京市东城区隆福寺街 99 号
人民东方图书销售中心　电话（010）65250042　65289539